# Salesmaking
セールスメーキング

編著 **田村直樹**
Compiled by TAMURA Naoki

同文舘出版

# 序

　本書のタイトルは『セールスメーキング』とした。そこに込められている意味は,「こうすればセールスはうまくいくのだ」という現場感覚である。英語で「理解する」を「メイクセンス（Make Sense）」というが,「ああ,これか！」というセールスにおける実感のことを示す造語が,セールスメーキングである。使い方としては「彼は実にセールスメイクが上手い」とか,「これはわが社のセールスメイクに必要な知識だ」という具合である。

　この本の出版動機は次のとおりである。文系大学生のほとんどが営業職（特に男子は7割）や,男女とも販売・接客の現場に配属される。その割に,大学でセールスの授業はまずない。経営学やマーケティング論はあっても,セールスの授業はほとんどない。販売士資格の講座ならばあるが,これは小売業のマーチャンダイジングが中心なので,セールスとは少し違っている。結局,彼らはセールスや営業について何も学ばず社会に出る。そして,セールス現場の洗礼を受け,その多くが仕事に希望を見失う。

　こんなことになったのは,われわれ大人の責任なのである。営業やセールスの世界は「理屈ではなく,義理人情だ」といって理論がないというように仕向けてしまった。大学は理論を教えることが大事だと思っているので,営業・セールスは科目として上がってこない。研究者も大学に科目のない分野は研究対象にしない（就職先がないから）。といった悪循環が繰り返されてきた。企業も新人を採用しようにも彼らに営業・販売の知識がないので,人材育成にために多くの手間と時間を費やすことになる。

　そんなネガティブなサイクルを反転しようという試みが,本書の目的である。本書は,マーケティング論の授業でも利用可能な工夫をしてある。付録にマーケティングの基礎知識の章がある。それを利用すれば,マーケティング科目でも本書は講義可能になる。講義用パワーポイントも編著者は準備しているので,希望される講師の方には配布したい。

多くの大学生は，いわゆるメーカーのマーケティング部や企画部に配属されるのではない。したがってこれから就職する者に必要なのは，むしろセールスへの理解である。セールスがわかればこそ，そこから顧客ニーズを収集し新製品開発へとフィードバックが可能になる。マーケティングはそこからである。企業はまずセールスメーキングが最優先である。それがうまく機能しなければ，提供されるサービスやブランドも真価を発揮できないであろう。

　図表序-1は本書の位置づけである。市場形成に影響を与える一連の活動をマーケットメーキングと呼んでおく。形成されるマーケットを社会・文化レベル（上段）で捉えると，そのマーケット現象は個人の力ではほとんど操作不可能な領域にある。しかし，そのマーケット形成に影響を与える活動が存在する。それがマネジメントレベル（中段）としてのセールスであり，サービスでありブランドである。このレベルの有効性は，さらにそのベースとなる実践活動レベル（下段）に影響される。実践活動レベルは，コミュニケーション，リレーション，イノベーションの3つの領域で整理できる。この3つは企業や組織が操作可能な領域であり，マーケティング競争の源泉を意味する。本書はセールスに影響を与える実践活動レベルに焦点を当て検討を進めていく。なお，サービスとブランドに関しては別の機会にて検討する。

図表序-1　マーケットメーキング概念図

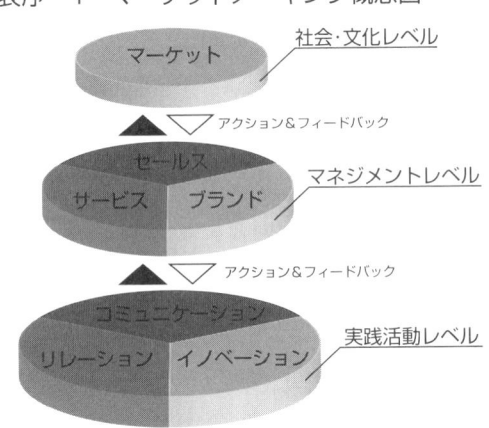

本章は3部構成となっており，全16章のケースで構成されている。第1部は，コミュニケーションを中心にみていく。この段階をセールスメーキング01とした。ここでは，自動車販売（1章），ブライダルコーディネーター（2章），呉服販売（3章），保険セールス（4章），不動産営業（5章）のケースから，顧客とのコミュニケーションを円滑にする理論が解説される。

　第2部はセールスメーキング02とし，顧客との関係性を広げより多くのリピーターを獲得するケースと理論が用意されている。アパレル販売（6章），化粧品販売（7章），キャビン・アテンダント（8章），法人営業としての生産設備販売と医療機器販売（9章），データベース営業としてのスナックメーカーの営業支援（10章）である。

　第3部はセールスメーキング03として，企業を市場につなげるイノベーションについてのケースと理論を検討する。コピー機販売（11章），テレマーケティング（12章），SFA：セールス・フォース・オートメーション（13章），販路コーディネータ（14章），営業職派遣（15章），インターネット営業（16章）である。

　本編著者はセールス現場の経験があり，かつセールス・営業に関する理論家である。そこからみても本書がカバーしている範囲は営業・セールスの世界を理解するには格好のリソースであると確信している。今回は実務経験者も執筆に参画いただき，さらに各章には「パワーアップ・ポイント」として現場で役立つ理論を補足した。こうして，従来の理論書でもハウツー本でもない，画期的なセールス・営業のバイブルになったと自負している。

　本書をとおして，将来を担う若者諸君がセールス・営業の現場に自分の居場所をみつけられることになれば，それは望外の喜びである。


2014年4月

　　　　　　　　　　　　　　　　　　　　　　　編著者　田村 直樹

## ◉ 目　　次 ◉

序 …………………………………………………………………………………… ⅰ

# Salesmaking 01　消費を生み出すコミュニケーション

## 第1章　顧客から好かれるセールスパーソン
### ―自動車ディーラーのケース―

**1** はじめに ………………………………………………………………… 2
**2** 市場背景 ………………………………………………………………… 2
**3** 事例：自動車ディーラー ……………………………………………… 4
　1．新人時代の壁　4
　2．現在の工夫の数々　5
　　（1）自己紹介シート　6
　　（2）顧客の時間を大事にする　6
　　（3）長期にわたる関係性　7
　　（4）顧客の購入意欲　7
　　（5）下取り制度の利用　8
　　（6）過去の顧客（管理顧客）　8
　3．独自の視点とメッセージ　9
**4** 解説：顧客から好きになってもらう …………………………………… 11
　1．自己開示　11
　2．聞き役の強化効果　12
　3．従属の効果　12
**5** おわりに ………………………………………………………………… 13
　パワーアップ・ポイント01　「フット・イン・ザ・ドア・テクニック」　15

| 第2章 | **伝統を守るコミュニケーション**<br>―ブライダルコーディネーターの役割― |

1 はじめに …………………………………………………………… 16
2 婚礼市場の特徴 …………………………………………………… 17
3 事例：ブライダルサービスの現場 ……………………………… 20
　1．婚礼に対する認識　20
　2．婚礼の伝統　22
　3．婚礼現場でのもてなしの変化　23
4 解説：伝統と流行のせめぎあい ………………………………… 26
5 おわりに …………………………………………………………… 28
　パワーアップ・ポイント02　「ドア・イン・ザ・フェイス・テクニック」　30

| 第3章 | **価値を生み出すコミュニケーション**<br>―京都老舗呉服直営店「總屋」のケース― |

1 はじめに …………………………………………………………… 31
2 市場の特徴 ………………………………………………………… 32
　1．呉服市場の規模　32
　2．呉服販売の問題点　34
3 事例：株式会社千總「總屋」 …………………………………… 37
　1．概要　37
　2．製品の特長　39
　3．販売の特徴　40
4 解説 ………………………………………………………………… 42
5 おわりに …………………………………………………………… 44
　パワーアップ・ポイント03　「単純接触効果」　46

## 第4章　消費者ニーズを導く認知的道具
　—生命保険営業のケース—

- **1** はじめに …………………………………………………… 47
- **2** 市場の背景 ………………………………………………… 47
- **3** 事例：ハイパフォーマーの実践 ………………………… 48
  - 1．セールスプロセスについて　48
    - （1）アプローチ　49
    - （2）実情調査　49
    - （3）プレゼンテーション（商品提案）49
    - （4）クロージング　49
  - 2．もう1つのクロージング　50
  - 3．例話に埋め込まれたメッセージ　51
  - 4．紙と鉛筆によるインタラクション　53
  - 5．紹介を取り付けるセールストーク　55
- **4** 解説：再構成される提案営業のコンテクスト ………… 55
- **5** おわりに …………………………………………………… 58
  - パワーアップ・ポイント04　「初頭効果」 59

## 第5章　営業における情報戦
　—不動産営業のケース—

- **1** はじめに …………………………………………………… 60
- **2** 不動産市場の特徴 ………………………………………… 61
  - 1．不動産業とは　61
  - 2．不動産業の主な特徴　62
- **3** 事例：総合不動産業における仲介業務の事例「ホクト君の情報戦」… 63
  - 1．現地調査の重要性　63
  - 2．不動産の調査　65

3. 営業情報の収集　66
　　4. 好機の到来　68
　　5. 成約を手に入れる　69
■4 解説：不動産営業を支える情報戦 ………………………………… 70
　　1. 選択肢過多の逆効果の回避　70
　　2. 心理的リアクタンスの回避　71
　　3. アフォーダンスの効果　72
　　4. 両面提示の効果　73
■5 おわりに ……………………………………………………………… 74
　パワーアップ・ポイント05　「ブーメラン効果」と「心理的リアクタンス」　76

# Salesmaking 02　リピーターを広げるリレーション

## 第6章　顧客ロイヤルティを高める接客販売
### ―アパレルブランドのトップセールス―

■1 はじめに ……………………………………………………………… 78
■2 市場の背景および特質 ……………………………………………… 78
■3 事例：トップセールス販売員の実践 ……………………………… 80
　　1. 概要　80
　　2. 来店時の顧客の把握と判断　81
　　3. 顧客に対して常に「新発見」を提案する　82
　　　ケース1　83
　　　ケース2　84
　　4. 「おもてなし」の接客と親近感　84
　　5. 自分の名前を覚えてもらう　86
　　6. 顧客管理とリレーションシップ　86

4 解説：顧客ロイヤルティを形成するクリエイティブ・セールス … 87
5 おわりに …………………………………………………………… 89
  パワーアップ・ポイント 06　「接近行動」と「逃避行動」　91

## 第7章　リピーターを広げるオピニオン・リーダー
　　　　　―ポーラレディの役割―

1 はじめに ………………………………………………………………… 92
2 市場の特徴 ……………………………………………………………… 93
　　1．株式会社ポーラのターゲット市場　93
　　2．ポーラレディ制度　94
3 事例：ブランド理解者としてのポーラレディ ……………………… 96
　　1．顧客とのコミュニケーション　96
　　2．顧客からポーラレディへ　97
　　3．ブランドの真の理解者としてのポーラレディ　98
4 解説：価値につなげるポーラレディ ………………………………… 99
　　1．準拠集団とは　99
　　2．オピニオン・リーダーとは　101
5 おわりに ………………………………………………………………102
  パワーアップ・ポイント 07　「承認欲求」　104

## 第8章　キャビン・アテンダントの接遇
　　　　　―リピーターを生み出す源泉―

1 はじめに ………………………………………………………………105
2 市場の背景 ……………………………………………………………105
3 事例：差別化につながる接遇 ………………………………………107
　　1．空の上での安全　107
　　2．「真実の瞬間」　108

3．顧客に対する気づき　110
　　4．顧客に接遇する　111
　　5．チームで顧客に接する　112
　**4** 解説：制約の中での印象づくり　114
　　1．言語という制約　114
　　2．プリコラージュを生み出す制約　115
　**5** おわりに …………………………………………………………116
　**パワーアップ・ポイント08**　「同調性」と「バンドワゴン効果」　118

## 第9章　キーパーソンの役割
　　　　　―法人営業の特徴―

　**1** はじめに ……………………………………………………………119
　**2** 市場の特徴 …………………………………………………………120
　**3** 事例：法人営業におけるキーパーソン ………………………121
　　1．生産設備販売のケース　121
　　　（1）誰がキーパーソンなのか　121
　　　（2）人脈は広がる　122
　　2．医療機器販売のケース　123
　　　（1）概要　123
　　　（2）キーパーソンとの関係構築　125
　　　（3）新たなキーパーソンの育成　126
　　　（4）既存顧客との良好な関係から広がる顧客の輪　128
　**4** 解説：キーパーソンの心理学 …………………………………129
　　1．自己関与性　129
　　2．専門家としての信頼性　130
　**5** おわりに …………………………………………………………131
　**パワーアップ・ポイント09**　「コスト意識」　132

## 第10章　データベース営業
　　　　　　―カルビーの営業改革―

- **1** はじめに ……………………………………………………… 133
- **2** 企業の概要 …………………………………………………… 133
- **3** 事例：カルビーの営業改革 ………………………………… 134
  - 1. シェア奪回　134
  - 2. これまでの営業　135
  - 3. 営業改革　136
    - （1）データ分析　136
    - （2）提案営業　136
    - （3）仕組みづくり　137
  - 4. 提案事例　138
    - （1）月曜日の位置づけ　138
    - （2）棚の面取り　138
  - 5. 企業文化　139
    - （1）新人の育成　139
    - （2）顧客への向き合い方　139
    - （3）営業企画課のアナリスト　139
- **4** 解説：リソースコンパイラー ……………………………… 140
  - 1. データベース営業の問題点　140
  - 2. データのテクスト化　141
  - 3. リソースのコンピレーション　142
- **5** おわりに ……………………………………………………… 144
- パワーアップ・ポイント10　「自己関与」　145

# Salesmaking 03　市場につなげるイノベーション

## 第11章　チーム営業の新展開
### ―コニカミノルタの事例―

1. はじめに ……………………………………………………148
2. 市場の特徴：オフィス向け複合機市場 …………………149
   1. マネージドプリントサービス(MPS)へのパラダイムシフト　149
   2. ソリューション営業　150
   3. チーム営業　150
3. 事例：コニカミノルタ株式会社 ………………………151
   1. 概要　151
   2. 営業戦略　152
   3. 営業チームのメンバー構成　153
   4. チーム結成のプロセス　155
   5. オプティマイズドプリントサービスの成功例　156
4. 解説：サッカーチームフォーメーションによるチーム営業　157
   1. 営業チームのサッカーフォーメーション　157
   2. サッカー営業のチームプレー　158
   3. 野球チーム営業との比較　159
   4. サッカーフォーメーションの自律性　161
5. おわりに ……………………………………………………162
   パワーアップ・ポイント11　「ランチョンテクニック」　164

## 第12章　テレマーケティングによる営業支援
### ―マルチプル・リレーションシップ戦略への展開―

1. はじめに ……………………………………………………165

**2** 市場の特徴 ……………………………………………………… 166
**3** 事例：遠隔コミュニケーションによるマーケティング …… 167
　1．会社設立の経緯　167
　2．アウトバウンド業務の特徴　168
　3．導入成功事例（1）：監視カメラ　170
　4．導入事例（2）：水処理メーカー　171
　5．テレマーケティングのノウハウ　171
　6．リサーチへの活用　172
　　（1）電機メーカー（生産部門）172
　　（2）製薬メーカー　173
　　（3）リサーチ会社①　173
　　（4）リサーチ会社②　173
　　（5）リサーチ会社③　173
**4** 解説：マルチプル・リレーションシップ戦略 ……………… 174
　1．関係性志向の営業　174
　2．拡張性志向の営業　175
　3．トレードオフの問題　175
　4．マルチプル・リレーションシップ戦略　177
　5．テレマーケティングによるマルチプル・リレーションシップ戦略　177
**5** おわりに ……………………………………………………… 178
　パワーアップ・ポイント 12　「返報性のルール」　180

## 第13章　セールス・フォース・オートメーション（SFA）
―SFA が織り成すジレンマ―

**1** はじめに ……………………………………………………… 181
**2** セールス・フォース・オートメーションの起源 …………… 181
　1．概要　181
　2．SFA の評価　182

（1）SFA は有効か　183
　　（2）SFA は売り上げに貢献するのか　186
■3 事例：SFA が織り成すジレンマ ………………………………………186
　1．社命を受ける　186
　2．開発開始　187
　3．ついに稼動　188
　4．意外だった技術的障壁　189
　5．SFA が織り成すジレンマ　190
■4 解説：情報を解釈するのは誰か …………………………………………192
■5 おわりに …………………………………………………………………194
　パワーアップ・ポイント 13　「スリーパー効果」　195

## 第14章　顧客接点のイノベーション
　　　　　　―販路コーディネータの役割―

■1 はじめに …………………………………………………………………196
■2 販路コーディネータとは ………………………………………………197
■3 事例：販路コーディネータ ……………………………………………198
　1．フォントメーカーにおける新サービスの販路開拓　198
　　（1）S 社の課題　198
　　（2）D-FONT シリーズ定額サービス　199
　　（3）販売促進　201
　　（4）反応率アップ　202
　2．医療系人材紹介会社における販路開拓　202
　　（1）麻酔科医の現状　202
　　（2）A 社の課題　203
　　（3）マッチングシステムの構築　203
　　（4）人的アプローチ　204
　　（5）成果とノウハウ　205

**4** 解説：販路開拓のイノベーション ································206
　1．スモール・ワールド現象　206
　2．現代の販路とは　207
**5** おわりに ································································208
　パワーアップ・ポイント 14　「応酬話法」　209

## 第15章　営業職派遣の世界
　　　　　―プロセス営業へのインパクト―

**1** はじめに ································································210
**2** 派遣市場の特徴 ·······················································210
**3** 事例：営業職派遣の世界 ···········································212
　1．概要　212
　2．営業職派遣の現場　213
　　（1）人間関係をどう捉えるか　213
　　（2）モチベーション　214
**4** 解説：アウトプット管理かプロセス管理か ·····················215
　1．アウトプット管理とは　215
　2．プロセス管理とは　216
　3．営業管理様式の選択課題　217
　4．クランという管理様式　219
　5．営業職派遣でクランは可能か　220
**5** おわりに ································································221
　パワーアップ・ポイント 15　「クライマックス法」と「新近効果」　222

## 第16章　インターネット営業
　　　　　―弱者の戦略―

**1** はじめに ································································223

❷ 市場背景 ……………………………………………………………… 224
❸ 事例：家具・インテリア小売店舗（BtoC）のケース ……… 225
　　1．EC 事業への参入　225
　　2．ネットビジネス研究会への参加と改善　226
　　3．EC 事業の環境変化と対応　228
❹ 解説：弱者の戦略 ………………………………………………… 230
　　1．ランチェスター戦略論　230
　　2．資源ベース戦略論　232
❺ おわりに …………………………………………………………… 234
　　パワーアップ・ポイント 16　「PAC モデル」　236

## Appendix　マーケティングの基礎知識

1　マーケティングとは ……………………………………………238
2　マーケティングの流れ …………………………………………238
3　SWOT 分析（自社と環境の分析）……………………………239
4　セグメンテーション（戦略の決定 1）………………………239
5　ターゲティング（戦略の決定 2）……………………………240
6　ポジショニング（戦略の決定 3）……………………………241
7　マーケティングミックス ………………………………………242
8　市場地位別戦略 …………………………………………………243
9　製品コンセプト …………………………………………………244
10　プロダクトライフサイクル ……………………………………245
11　価格設定（ペネトレーション価格とスキミング価格）………246
12　取引総数最小化の原理 …………………………………………246
13　不確実性プールの原理 …………………………………………247
14　メディアの特徴 …………………………………………………248
15　パブリック・リレーションズ（PR）…………………………249
16　プッシュ戦略とプル戦略 ………………………………………249

索引　251

セールスメーキング

# 消費を生み出す
# コミュニケーション

第1章　顧客から好かれるセールスパーソン
　　　　　―自動車ディーラーのケース―
第2章　伝統を守るコミュニケーション
　　　　　―ブライダルコーディネーターの役割―
第3章　価値を生み出すコミュニケーション
　　　　　―京都老舗呉服直営店「總屋」のケース―
第4章　消費者ニーズを導く認知的道具
　　　　　―生命保険営業のケース―
第5章　営業における情報戦
　　　　　―不動産営業のケース―

# 第1章 顧客から好かれるセールスパーソン
―自動車ディーラーのケース―

**Keyword**

・自己開示　　・聞き役　　・強化の効果　　・従属の効果

## 1 はじめに

　本章の目的は，顧客から好かれるセールスパーソンとはどのような心がけや工夫をしているのかをみていくことにある。人は嫌いな人物の頼みごとを聞くのは抵抗があるものである。反対に好きな人物の頼みごとならば聞いてあげようという心理が働くものである。セールスパーソンも同様に顧客から嫌われたり疎んじられたりすると，せっかくの提案も受け入れてもらえないことになる。

　そこで本章では自動車ディーラーのトップセールスパーソンの事例を通じ，顧客から好かれることの理解を深め，実際に現場で活かせるような概念で解説していく。

## 2 市場背景

　わが国の自動車（新車）市場の特徴は以下の３点に整理できる。第１に成

熟市場であること，第2に顧客のコスト意識が高いこと，第3に顧客のニーズがはっきりしていることである。

　第1に，JAMA（一般社団法人日本自動車工業会）が2011年に行った調査によると，全国乗用車世帯保有率は77.5%であった[1]。同団体の調査ではわが国の乗用車世帯保有率は1999年以降8割弱で推移している（図表1-1）。つまりセールスパーソンは新規顧客の開拓よりも，買い替えや他社製品からの乗り換えによって新規契約を獲得していかざるを得ない。そのためには顧客との関係構築が不可欠になってくる。

図表1-1　わが国の乗用車世帯保有率の推移

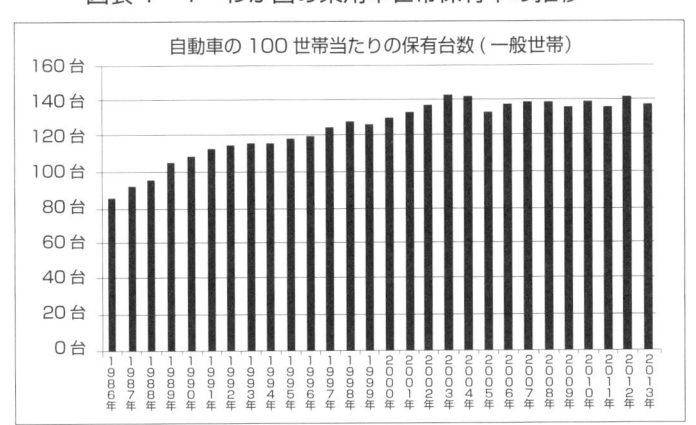

出所：内閣府消費動向調査主要耐久消費財の保有数量(一般世帯)：乗用車より筆者作成

　第2に，ライフステージや居住場所によって，顧客があらかじめある程度車の使い方を決めている（＝ニーズが比較的明確）という点が自動車市場の特徴である。例えば，近所への買い物のみに自動車を使う主婦や，子どもが成長し夫婦2人だけになった世帯などの場合は小型車への需要が大きい。反対に小さな子どもがいる家庭などでは，ある程度の積載量がある普通車やワ

---

1）一般社団法人日本自動車工業会「2011年度乗用車市場動向調査」より。

ゴン車への需要が大きい。だからこそ車のセールスパーソンにとって，顧客のライフスタイルや使用目的にあった提案をすることが重要になる。

第3に，維持費が安い，小回りが利くといった理由で近年新車購入台数に占める小型車の割合が増加している。希望する車種として「使い勝手がよく，経済的で実用性が高い」と答えた人が全体の94％に及ぶことからも顧客のコスト意識は高い。そのため，提案した車を選ぶことがいかに顧客のメリットになるかを訴求することがセールスパーソンにとって腕の見せ所となる。

以上の背景から，自動車セールスパーソンは顧客のニーズや買い替え時期などの状況を把握し，自らの提案の経済性を訴求することが必要とされる。次節では，顧客と好ましい関係を構築することで，顧客のニーズやコスト意識に応じた提案をするトップセールスパーソンの事例を検討する。

## 3 事例：自動車ディーラー

### 1．新人時代の壁

本章で取り扱うA社は大手自動車メーカーT社の車両を販売するメーカーとは資本関係のない正規ディーラーであり，主なターゲットは大阪のベッドタウンにある店舗近隣のファミリー層である。

A社に勤務する坂田氏（仮名）は，トップセールスパーソンとして活躍しており，年間約50台，多い月では10台以上の売り上げを誇っている。しかし，最初からそうした好成績であったわけではなく，新人時代の成績はまったく振るわなかった。

特に1年目は，顧客との関係構築に苦戦していた。坂田氏は高校，専門学校時代から営業に向いているといわれてきたほど人との会話能力には自信があった。ただしそれは同年代との場合であり，自分の親世代の顧客に対しては何を話せばいいかわからず，会話がうまく続かないという悩みを抱えていた。

当時の状況を坂田氏は，自分自身が緊張していることで，つい目の前のもの（製品）で会話をしてしまい，コミュニケーションが続かなくなってしまっ

ていたと振り返える。悩んだ末，突破口となったのは「息子さんはおいくつですか」というセリフであった。当時坂田氏は21歳であり，ターゲット顧客の息子・娘世代である。そこで，子どもの年齢を会話の糸口にして自分に親しみをもってもらおうとしたのであった。

自動車ディーラーは6人中4人が入社1年以内に辞めてしまうなど，新人時代に壁に直面する人も多い業界である。そのような新人セールスパーソンのよくある失敗が「顧客の話を聞かないこと」であるという。新人のセールスパーソンは顧客に1つのことを聞かれると，聞かれていないことまで4つ，5つ自分の知っている知識を話してしまうという。

例えば，あるセールスパーソンが一見の顧客を接客した際，必死に車を売り込んだところ1時間ほどで「もう2時間も経っている」といわれ，顧客に帰られてしまった。本人は一生懸命であるにもかかわらず，せっかくの商機を逃してしまったのである。

成約に必死になるあまり，顧客との関係構築に失敗することがある。例えば，「お名前は何とおっしゃるのですか？」「どちらにお住まいですか？」「お仕事のお休みはいつですか？」などと自分の仕事の段取りに必要な情報のみを集めようとして，セールストークが尋問のようになってしまう。相手が勘のいい顧客であった場合「お仕事のお休みはいつですか？」と聞かれて，「あ，休みの日にセールスの電話をかけてくるつもりだ」と気が付き，警戒されてしまう。

坂田氏によると，本来顧客との関係構築は人と友達になる過程と同じであるという。友人になりたい相手を前にした場合，ほとんどの人が「お名前は？」と聞く前に「僕の名前は〜です。」と名乗るはずである。しかし，仕事になった途端に新人セールスパーソンはこのことを忘れてしまうという。

## 2．現在の工夫の数々

A社ではセールスパーソンは経験年数によって1ヵ月当たりの営業目標が決められているが，その目標を達成できるのは1年のうち，2〜3回とい

うセールスパーソンも少なくない。その中で現在8年目の坂田氏は，ほぼ毎月目標を達成し，A社でトップクラスの成績を維持している。

　自動車セールスは基本的に休日にショールームに来た顧客に対し，ニーズに応じた車を提案したり，勧めたりする。つまり顧客とのファーストコンタクトはショールームである。消費者は，大手メーカーT社の車であれば日本全国のT社系ディーラーから購入可能である。したがって，坂田氏は消費者には他のディーラーからではなく，自分の店舗で購入してもらおうと日々工夫を凝らしている。

(1) 自己紹介シート

　第1に自己紹介書があげられる。初めての顧客がショールームに来た際，坂田氏はまず，A4の自己紹介書を渡してから資料の準備を始める(図表1-2)。この自己紹介書には坂田氏の写真やプロフィール，趣味，息子氏のことなどが書かれている。坂田氏は資料等を準備しながらこっそり顧客の様子を観察し，顧客の目線が自己紹介書のどのあたりをみているかを確認して話の糸口にする。坂田氏の趣味は多彩である。それらに，出身地，趣味，息子さんの話題などを合わせると，顧客と共通の話題が必ずあるという。

　また，カタログを持ち帰ってもらう際にカタログしか入っていない他社の封筒と，自己紹介書の入った坂田氏の封筒では，後者の方が顧客の印象に残りやすい。これはもともとA社の他店で使われていた手法であったが，営業成績の調子が悪かったときに坂田氏が他店のセールスパーソンと情報交換して得たアイディアである。

(2) 顧客の時間を大事にする

　第2に，坂田氏は準備や顧客対応の際，必ず小走りで移動している。顧客に対して「せっかくお時間を作ってもらったのだから」というスタンスで常にきびきびと動く。坂田氏は，「人対人なので，合う／合わないはあってもとにかく一生懸命にやろうと思っています」と語り，実際に元気のいい対応

図表1-2　自己紹介シート

出所：坂田氏からのインタビューをもとに筆者作成

を顧客が気に入り成約に結び付いたこともあった。

## (3) 長期にわたる関係性

　第3の工夫は，A社の強みで，店長以下は転勤がないため基本的に担当者が変わらないという安心材料の訴求である。坂田氏は必ず顧客に他社で車を買ったとき担当が変わっていないかと問いかける。そこで担当が変わっていたと聞けば，すかさずA社は転勤がないのでずっと担当は変わらないとアピールする。これを聞いた顧客は新たな判断材料を得ることになる。

## (4) 顧客の購入意欲

　第4の工夫は，顧客の購入意欲を推定することである。坂田氏には「購入意欲の高い顧客」と「購入意欲の低い顧客」の判別がおおよそつくという。前者は話をしている中で，カタログをみる姿勢が前傾であったり，机上にカタログをおいておくと前に乗り出してきたりする。反対に後者は腕を組んで

いたり，椅子に深く腰掛けていたりする。この「車を欲しいと思っている顧客」をいかに見つけるかがセールスパーソンの腕の見せ所である。

さらに坂田氏は顧客の乗ってきた車からも関与度がわかるという。例えば，素人目に区別がつかない同じ車種でもメーカー標準仕様のエンブレムをつけている顧客と，欧州仕様のエンブレムにつけ替えている顧客では車に対する思い入れに格段の差がある。こうした，わかる人だけにわかる「こだわり」はセールストークの糸口になるだけではなく，顧客の関与度の程度を見抜く手がかりになっている。

## (5) 下取り制度の利用

第5の工夫は，下取り制度を利用した信頼関係構築である。自動車セールスには下取りという制度があり，車種，年式によって決まる基本価格と中古車市場の動向等によって下取り価格が決まる。買い替えを希望する顧客に対し，車種や年式を確認して本件の下取り価格が基本価格より上なら話をさせてほしいと交渉する。こうすることでたとえ冷やかしで来店した顧客でも，自分の車の下取り価格は聞きたくなり興味を引くことができる。

もし基本価格よりも上だった場合，将来的にはガクッと下がることもあるのでどうするかと尋ねる。このように，そのまま買い替えの提案につなげていく。一方，基本価格よりも下だった場合，潔く下取りはしないでおこうという提案をする。

## (6) 過去の顧客（管理顧客）

最後に第6の工夫は，過去の顧客（管理顧客）へのアプローチである。初対面の顧客には上述のような対応を展開していくが，自動車セールスパーソンには多くの管理顧客も抱えている。管理顧客とは過去にそのセールスパーソンから車を買った人，および現在乗っている車や個人情報を把握している顧客のことである。

そのような顧客の中で，車検が近いなど乗換時期に近づいている顧客に対

して，坂田氏は平日にアプローチをする。具体的には，平日のうちに顧客の自宅ポストに勧めたい車のカタログや，現在乗っている車の査定書などを投函しておく。そしてその日の夜に電話で，たまたま顧客の自宅の近くまで行ったのでカタログや査定書を投函した旨を伝える。坂田氏はこのとき，査定書の裏に手書きで乗り換える根拠を示す図や数式を添える。

　例えば，今乗っている車をあと5年乗り続けたときのガソリン代と，今ハイブリッド車に乗り換えた場合のガソリン代の差額が，乗り換えに必要な費用とほぼ変わらないことなどを具体的な数字で示し「一度お話しさせてください」と書いておく。そうすることで旦那さんが奥さんを説得しやすくなり，ショールームに足を運んでくれる可能性が高くなるという。もちろん，他のショールームにはこうした提案のために，空欄を埋めれば即使えるフォーマットを準備しているところもある。しかし，坂田氏はそれでは顧客に無機質な印象を与えてしまうといい，「手書き」にこだわっている。

　このように，1つ1つは直接成約に結びつきにくいことでも，粘り強く繰り返し，積み重ねていくことで成約に結びつくことになる。坂田氏はこの繰り返しを「可能性を投げる」という。どれだけ多くの可能性を投げられるかが，セールスパーソンの頑張りどころである。

　坂田氏は，自動車のセールスで大事なことは顧客に「自分と自分のいるお店を好きになってもらうこと」であるという。自分の不在時に顧客が来店されることもあるので，セールスパーソン本人だけではなく，店舗も気に入ってもらう努力を必要とするのである。

## 3. 独自の視点とメッセージ

　坂田氏のバックグラウンドは多彩である。趣味はサッカーや釣り。そして自動車セールスとは無関係に思える介護福祉士，保育士の資格も取得している。

　坂田氏は専門学校時代の就職活動で，保育士と介護福祉士の資格を生かせる営業職を探していた。その過程で現在の自動車ディーラーと出会ったので

ある。しかし本来は，保育士の資格を生かすことができる，学校教材の営業に関心をもっていた。教材企業の説明会で坂田氏の隣で居眠りをしていた大学生に対し，真剣な場なので出ていってほしいと注意したことが役員の目に留まり気に入られた。結局，内定はもらったがその企業は断ることになった。

坂田氏は，最終的に大手自動車メーカーT社系独立ディーラーA社に決めた。なぜなら，介護士の資格を生かすことができるという理由からである。T社では，ウェルキャブ（福祉車両）と呼ばれるユニバーサルデザイン車にも力を入れており，坂田氏は毎年大阪南港で開かれる大規模なウェルキャブの展示会に説明係として参加している。

この介護福祉士の知識は坂田氏独自のセールストークとして強みを発揮している。通常のセールスパーソンの場合，例えば，お年寄りに車いす対応のウェルキャブを売り込もうとすると，「このシートは簡単に倒せますよ」「こんなに広くお使いいただけます」と車内の広さをアピールすることが多い。しかし，坂田氏の場合は，「少しだけシートをずらしてもらえれば，このシートに手をおいて乗り込んでいただけますよ」といった提案をする。つまり，ウェルキャブは単に広ければいいというものではなく，特にお年寄りの場合は手掛かりとして捕まるところがある方がより安全に快適に乗り降りができる。これこそ，介護福祉士の知識をとおして獲得した坂田氏独自の視点である。

坂田氏は，セールスパーソンを「何かを売るために話す人」であると考える。ただし，売るのは「モノ」ではなく，「自分自身」であるという。そして最も大切なことは「どれだけ可能性を投げられるか」であると語る。つまり顧客の心に残る努力をする，顧客の心に残るような言葉を投げかける，その小さな可能性の積み重ねが成約へとつながっていく。

坂田氏は，自動車のセールスのやりがいは顧客をサポートでき，かつ紹介などで顧客にサポートしてもらえるところにある。付き合いの長い顧客で8年前には2歳だった子どもが10歳になった姿をみるとやりがいを感じるという。

## 4 解説：顧客から好きになってもらう

　坂田氏は顧客から好かれるセールスパーソンになることを心がけている。その結果，成約に結びついている。彼が顧客から好かれることで，さまざまな工夫が成果となって現れるのである。その坂田氏が心がけていることは以下の3点で整理できる。第1に自己開示，第2に聞き役，第3に従属の効果である。

### 1．自己開示

　坂田氏のセールス場面で特に注目すべきことは，初対面の顧客に対して自己紹介シートをみていただくというものである。一見，どこにでもあるような取り組みに思えるが，これは円滑なコミュニケーションをするための重要な示唆を与えている。

　自分の本音や，個人的な趣味などを他人に披露することを「自己開示」という。初対面でこちらから自己開示をすると，相手も自分のことを積極的に話そうという気持ちになっていく。人から本音を打ち明けられると，自分も相手に本音をいわなければならない気持ち，「返報性の原理」が働くためである。これは2つの点で整理できる。

　この自己開示をすることで，第1に，お互いの心理的な距離が縮まる。個人的な話題を出すことで，相手は信頼感をもつようになり友好的な人間関係を深めようという心理が働く。坂田氏は釣りやサッカーの趣味，自分の子どものことなどを自己紹介シートで相手に伝え，個人的な話題でまず自己開示をする。それを聞いた顧客側も趣味や家族の話をするようになり，そうなればお互いの信頼感が深まり，相手の話を聞こうという態度が形成されていくことになる。

　第2に自己開示をすることで，お互いに共感をもてる話題を発見することができる。特に趣味などが一致する場合である。すると相手は「この人は自分と同じようなタイプの人間なのだろう」と，親近感をもつようになる。そ

うなることで警戒心は薄れ，さらにコミュニケーションは活発になる。すると，坂田氏の提案は肯定的に受け取られ，成約の確立が高まっていくことになる。

## 2. 聞き役の強化効果

　自己開示をして自分のことを面白おかしく話したり，相手の気をそらさないように気遣って話しているにもかかわらず，その場の雰囲気が気まずくなる場合がある。そのときは自分のことばかり話している可能性が高い。
　人は自分の意見に耳を傾けてくれる相手には，気分よく話ができる。つまり，聞き役に回ることで相手は安心して本音を語りだす。この聞く割合を7割，8割にしておくのである。聞き役は相手の言葉にあいづちをうったり，うなずいたり，身を乗り出したり笑い声をあげるなどする。こうした言動を「強化」という。強化とは，何らかの行為に好ましい結果が得られたことで，さらにその行為が促進されることを意味する。あいづちなどがあることで，相手は「もっと話したい」という心理状態になることをいう。
　坂田氏は新人時代，こうした聞き役になっていなかった。そのため，コミュニケーションが促進されず，停滞気味で成約にはつながらなかったのである。この聞き役の強化はタイミングが重要である。相手の意見を褒める場合，すぐに褒めないと効果は弱くなる。最後まで聞いてから褒めるというのは，時間が経ってしまうことで，相手の関心が別に移っており褒めた効果は薄れてしまうことになる。例えば，前節のエンブレムのエピソードでは，その話題になればすぐに反応し聞き役に回ることで「もっと話したい」心理にさせる。そうすることで，親近感が高まり提案も通りやすくなるのである。

## 3. 従属の効果

　社会人の最低限のマナーは「あいさつ」と「時間を守ること」である。あいさつは自分が相手に敵意がない味方であることを表現している。あいさつがないということは，敵意や反発心があることを示していることになる。そ

して時間を守るということは，自分は相手を「見下していない」という表れである。

　遅刻というのは待つ人を怒らせたり，予定を狂わせたりして周囲に迷惑を与えることになる。さらに待たされている人の心の中では「私は軽くみられている」という屈辱感を与えることにもなる。これを「従属の効果」という。従属の効果とは，自分が相手に従属させられていることから生じる心理である。遅刻をされた場合，自分は待つことを強制されていることになる。すると，「侮辱されている」「下にみられている屈辱」といった感覚をもってしまう。

　もともと下位の立場の者が待たされるというのは問題にならないが，地位が上や同等の場合は問題になる。「なぜ自分が待たされなくてはならないのか」という気持ちになる。そして待たせた方は謝る必要がある。言い訳をするのではなく，まず謝ることで従属の効果から生じたネガティブな感情を解消しなければ，気持ちのいい関係は築けないことになる。

　坂田氏は商談の際，顧客に対し小走りで対応したり，きびきびと動くことで顧客の時間を大切にしている。顧客に従属の効果を与えないようにしているのである。こうした些細にみえることを大事にすることが，顧客に好かれることであり，結局は自分を大事にするということなのである。

## 5　おわりに

　以上のように，坂田氏のセールスを踏まえると顧客から好かれるためのコミュニケーションが展開されてきたことが理解できる。自己紹介シートや聞き役に回るといったことは，セールスパーソンの基本である。ところがこの基本がおろそかになると，顧客からの好意を得られずどんな提案をしても響かないことになる。新人時代ではこうした壁を感じることが多々あると思われる。

　製品が売れるということは単に仕様やデザインがいいからだけではなく，その製品を勧めるセールスパーソンの対応がやはり大事なのである。ちょっ

とした心理的な違和感で，顧客は相手の話を聞かなくなることもある。そうならないためにも，坂田氏の心がけや工夫は次世代のセールスパーソンが参考にすべき姿であると思われる。

■ 参考文献

富田隆（2003）『ことばの心理テクニック』永岡書店。

一般社団法人日本自動車工業会「2011年度乗用車市場動向調査」(http://www.jama.or.jp/release/news/attachement/20120404_jouyou.pdf) 取得日：2014年1月6日。

内閣府消費動向調査主要耐久消費財の保有数量（一般世帯）平成25年（2013年） 3月現在 (http://www.esri.cao.go.jp/jp/stat/shouhi/shouhi.html#taikyuu) 取得日：2014年1月6日。

**パワーアップ・ポイント01**

# 「フット・イン・ザ・ドア・テクニック」

　フット・イン・ザ・ドア・テクニックとは，外回りのセールスパーソンが訪問先で「セールスお断り」といわれ，ドアを閉められる寸前にドアの間に片方の靴をつっこみ，閉められないようにしてその隙間からトークを展開し，話を聞いてもらうことをいう。これは「段階的説得法」とも呼ばれる説得テクニックの1つである。

　心理学者フリートマンとフレーザーは次のような実験を行った。アルバイトを雇い，ある地域を回らせて1軒1軒訪問させた。彼らの最終的な依頼（大きな頼みごと）は，安全運転を呼びかける看板（ただし，あまりかっこよくない）を家の庭先に立てさせてほしいというものであった。その依頼をする前に，あらかじめ小さな頼みごとをした。例えば，安全運転や美化運動のステッカーを自宅の窓や自動車の窓に貼らせてほしい，というものである。一部のグループにはその小さな頼みごとをした2週間後，大きな頼みごとするために再訪問をした。

　結果，大きな頼みごとをいきなりした場合の成功率は16.7％であった。一方，段階的に小さい頼みごとのあとに大きな頼みごとをした場合の成功率は47.4％であった。そして，2回目の頼みごとを初回と同様に小さなものにした場合，76.0％という成功率であった。このように，事前に小さな受け入れやすい頼みごとをしておくことが効果的となる理由は，次のとおりである。

　人は自分の態度を一貫したものにしたいという欲求をもっており，前回と次回で態度が変わる自分自身を受け入れにくいのである（一貫性の法則）。つまり，「態度がぶれている」とみなされることを嫌うのである。したがって初回の小さなYESを獲得すると，次のYESは獲得しやすくなる。「3分でいいから」といってOKをもらえたら，次に「あと10分」は受け入れられやすい。初回から「10分」で依頼すると断られやすいのである。

　成功のポイントは2つある。1つ目は，相手が受け入れられる最大限の依頼を初回にすること。これがあまり小さすぎると，次の大きな頼みごととの差がありすぎて失敗する。2つ目は，依頼する際に金銭的な報酬を与えないこと。そうしてしまうと相手は「しかたなく応じた」という心理になり，次回の依頼はNOといいやすくなる。あくまでも初回の依頼が，「自分の意思」で受け入れたと感じるものでないと失敗しやすい。

## 第2章 伝統を守るコミュニケーション
―ブライダルコーディネーターの役割―

**Keyword**
- 伝統
- 儀式
- イノベーション
- アーリー・アダプター
- コミュニケーション力

## 1 はじめに

　本章ではブライダル産業におけるブライダルコーディネーターの役割を確認し，そこで求められるコミュニケーションの在り方を検討する。そこから見いだされるものは，目の前の顧客ニーズだけではなく，背後の関係者を含めて満足を提案するという考え方である。

　特にブライダルは，流行という側面だけではなく伝統という側面を見逃してはならない。顧客が若者だからといって，流行だけを強調した提案をすると背後にいる伝統を重んじる人々の反感を買う可能性がある。それは当事者にとって幸せなことにはならず，顧客が本当に求めていた満足とは違った結果になるかもしれない。

　本章では，ブライダルコーディネーターの役割を再確認し，新しい価値を作り出す契機を再発見していこう。

## 2　婚礼市場の特徴

　婚礼とは婚姻に関する儀礼であり，婚姻の多義性を反映して多様な形態をとりつつさまざまな過程を含む。婚姻はまた，本人同士の事柄ではなく家族などの関係者を相互に結びつける契機でもある。一般的には婚約から結婚式，結婚した2人を披露する披露宴を意味する。

　挙式に関しては，人前結婚式は江戸時代より庶民の間で行われていた。昭和初期には神前式が庶民化され主流となっていった。その後，戦後高度成長期とともに，富裕者層の間で流行したものがチャペル結婚式である。まさに，挙式形態には流行がある。2012年時点の挙式スタイルの流行は図表2-1のとおりである[1]。

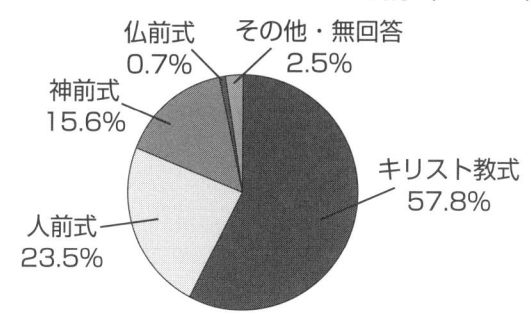

図表2-1　わが国の挙式スタイルの流行（2012年）

| スタイル | 割合 |
| --- | --- |
| キリスト教式 | 57.8% |
| 人前式 | 23.5% |
| 神前式 | 15.6% |
| 仏前式 | 0.7% |
| その他・無回答 | 2.5% |

出所：リクルート・マーケティング・パートナーズ：親ごころゼクシィnet「結婚式のスタイル」

　婚礼産業は多角的産業であり，結婚式，披露宴のための場所の提供，セレモニーの進行と余興サービス，料理や飲み物のサービスを提供する業者から，結婚式や披露宴を盛り上げて顧客（新郎新婦・結婚する当事者）の要望に応えるための付帯業者まで関わっている。彼らは結婚式から披露宴を1つのく

---

1) リクルート・マーケティング・パートナーズ：親ごころゼクシィnet「結婚式のスタイル」より。本データは「ゼクシィ結婚トレンド調査2012」をもとにしている。

くりとして構成し，商品化させて顧客に提供している[2]。

　最近は婚約の際に結納を交わすことが減少してきているが，結納の品の1つで結婚を約束した印である婚約指輪（エンゲージリング）だけは贈る傾向にある。諸平均費用に関するデータは次のとおりである[3]。婚約指輪が31.7万円，結婚式・披露宴は（地域により差はあるが）1組70人で343.8万円である[4]。その他，新婚旅行や婚約時の結納・両家の顔合わせ費用を入れると結婚費用総額（全国平均）は444.2万円になる。

　一般的には，それらの費用を結婚式・披露宴の1週間前に全額支払う。大切なのは，費用を支払う方々が実際に注文した品物（式や披露宴）をまだ手にしていないのに約340万といった費用を先に支払うことである。保険や証券といった商品と比較しても，その契約期間と金額からいえば同様の慎重さと信頼性が求められる。

　新郎新婦が信頼しているものは何か。結婚式や披露宴の場所なのか，それらを提供している企業なのか。そうではなく，むしろ顧客である新郎新婦に対しさまざまな業者をニーズにあわせて紹介し，儀礼的なことへのアドバイスと段取りを説明し，結婚式と披露宴を盛り上げることを目的としたブライダルコーディネーターに対してではないだろうか。彼らはコンサルティング契約によって1つの形にし，ブライダル（婚礼）をコーディネート（各業者を調整し全体をまとめること）する者である（ほかにウェディングプランナーともいう）[5]。

　1990年代後半，専門学校で観光関連，ホテル部門婚礼宴会の案内ができ

---

2) それらの業者がかかわることで，産業規模は3兆円といわれている。
3) リクルート・マーケティング・パートナーズ：親ごころゼクシィnet「結婚費用の項目と相場」より。本データは「ゼクシィ結婚トレンド調査2012」をもとにしている。
4) その内訳は，挙式25.3万円，料理・飲物124.2万円，新郎新婦の衣装61.2万円，写真・ビデオ・DVD39.4万円，スタジオ撮影14.5万円，映像演出7.0万円，司会者（プロ）6.4万円，ブーケ4.8万円，卓上に飾る装花17.5万円，引出物・引菓子35.1万円，ブライダルエステ8.8万円となっている。
5) 現在は，ブライダルコーディネーターといわれる仕事が取りざたされて久しい。元来，日本でのブライダルコーディネーターは専門式場やホテルの宴会予約部門，ハウスウェディングに所属し，フリーでコーディネーターをしていることは珍しくブライダルコンサルティング企業の一員として活動している。

るスタッフ養成として始まり，その後人気が高まることで現在ではブライダルの専門学校が設立されるまでになった。その人気の理由として，第1に「創造性」のある仕事であること，第2に「美」にかかわる仕事であること，第3に「人生」に関与する仕事であることが考えられる。

　第1の婚礼における創造性とは，新郎新婦の希望する結婚式やゲストを招いて食事の提供をする披露宴場の雰囲気を，ヒアリングしながら場のイメージを創りそこで行われる余興等2時間30分のシナリオをともに創り上げていくプロデューサーとしての役割を意味する。新郎新婦の喜びを考えて提案することで，サービス提供者も顧客と楽しく会話をしながら人間関係を構築する明るい職場として捉えられている。

　第2の「美」にかかわる仕事について。これはあくまで外面からみたイメージに関することである。ウェディングドレスやウェディングブーケ，1着数百万する着物など非日常的に美しい衣装をみることができ，それに相応しいヘアメイクで普段とは違う雰囲気に変身できる。さらにその姿がより見栄えのする環境を創造するため，フラワーアーティストを交えながらコーディネートを考える。当日はトータルにコーディネートした会場をみることで，ゲストから新郎新婦のセンス（美的感覚）が称賛される。

　第3の「人生」に関与する仕事について。婚礼は当事者を取り巻く関係者を相互に結びつける契機であり，人生の節目ともいわれる儀式でもあり，個人の成長のお披露目でもある。打ち合わせの際，2人の成長を喜ぶ家族の存在を知ることが必須である。2人が結婚することでかかわる方々の期待をすり合わせながら，出席される家族，親族そして来賓の方々，友人がともに幸せな気持ちになる場を提供することがブライダルコーディネーターの役割である。2人の人生においてわずか1年弱の関わりではあるが，婚礼に携わることは当事者の人生に関与することであり，個人の記憶に残り，少なからず影響を及ぼすことになる[6]。

6）スタッフが1ヵ月間に抱える組数は8～10組であり，1回の打ち合わせ時間は2時間程度である。打ち合わせを開始は通常，婚礼当日の3ヵ月前からであり当日まで基本的に4，5回の打ち合わせになる。

ただし短時間の打ち合わせで信頼を得るためには，効果的な会話を進めることがブライダルコーディネーターに必要な能力である。人気だけでは成り立たない職業である。

## 3 事例：ブライダルサービスの現場

### 1. 婚礼に対する認識

婚礼は儀式である。本来は礼節を重んじながら式を進めることが大切である。新郎新婦の人生の背景には両親と家族，そして彼らを取り巻く関係者が関与している。最近，業界紙ではブライダルコーディネーターの養成を盛んに取り上げている。婚礼企業内でもスタッフの人材育成に積極的である。これはスタッフと顧客とのコミュニケーションのギャップのリスクを減らすためだと考えられる。こうしたブライダルスタッフの特徴は，(1)年齢的側面と (2)雇用条件に整理できる。

第1に，ブライダルスタッフの年齢層は平均27歳，2010年時点での結婚年齢平均は男性で30.5歳，女性で28.8歳である[7]（図表2-2）。商品の説明をするスタッフとほぼ同年齢である。よって相談はしやすく，世間話や流行について共感できることで打ち合わせの際になごみの接客ができる。しかし，実際のゲストハウスのスタッフ年齢は専門学校や大学を卒業してすぐの21～22歳である。シティホテルのブライダルスタッフとは年齢に差があり，新郎新婦との年齢差によりコミュニケーションギャップが生まれやすい。

図表2-2　平均初婚年齢の年次推移（各届出年に結婚生活に入ったもの）

|  | 1993年 | 1998年 | 2003年 | 2009年 | 2010年 | 2011年 | 2012年 |
|---|---|---|---|---|---|---|---|
| 夫(年齢) | 28.4 | 28.6 | 29.4 | 30.4 | 30.5 | 30.7 | 30.8 |
| 妻(年齢) | 26.1 | 26.7 | 27.6 | 28.6 | 28.8 | 29.0 | 29.2 |

出所：「平成24年人口動態統計月報年計（概数）の概況：結果の概要」。

7) 厚生労働省：「平成24年人口動態統計月報年計（概数）の概況：結果の概要」表10-1, p.14。

第2に，スタッフは正社員よりもパート・アルバイトといった契約社員が多い。人生に関与する仕事である割には責任やモチベーションに問題が発生しやすい状況でもある。婚礼商品は伝統的側面もあり，そのことを理解して説明ができないと新郎新婦のみならず，両親や祖父母から信頼してもらえないことになる。

　以上を踏まえると，ブライダルスタッフは信頼性の面をいかにクリアするかが重要になってくる。結婚当事者である新郎新婦のみが納得し，楽しんでもらえるものであればいいが，サービスの対価を支払うのは新郎新婦だけではない。婚礼費用の支払いの実際は，2人の貯金が298.4万円（25〜29歳），親の援助が182.8万円と，少なくとも親の援助がなくては満足な婚礼をすることができない[8]（図表2-3）。料金を支払うのは2人だけではなく，苦労を知った親でもある。結婚とは本人だけの問題ではない。

図表2-3　親・親族からの結婚式費用の援助（首都圏平均）

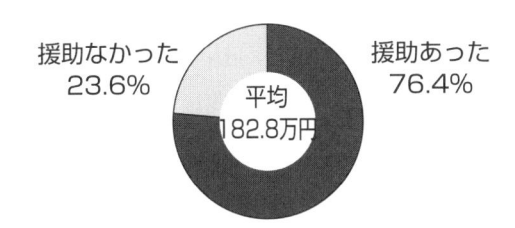

援助なかった 23.6%
援助あった 76.4%
平均 182.8万円

出所：リクルート・マーケティング・パートナーズ：親ごころゼクシィnet「結婚費用とご祝儀・親の援助」

　本来ならば婚礼は一生に一回といわれる儀式であるゆえに，やり直しのできないものである。よって苦情や文句をお客様にいわせてはならない。しかし，コミュニケーションギャップが発生するということは，クレームの原因

---

8) リクルート・マーケティング・パートナーズ：親ごころゼクシィnet「結婚費用とご祝儀・親の援助」より。本データは「ゼクシィ結婚トレンド調査2012」をもとにしている。

がそこで生まれやすい。このキャップを多少なりとも減らしていく方法の1つは、婚礼の歴史や成り立っている背景を知ることである。要するに日本における伝統的行事やしきたりを知ることで、まずは両親や親族の方々が満足する結婚式・披露宴が提供できる。それが新郎新婦の安心と満足につながっていく。

　新郎新婦はブライダルサービス提供者にとっては直接的お客様であるが、特に披露宴では招く友人や知人、そして来賓、また遠方からの親族など、すべて2人にとってのゲストである。このことを、新郎新婦に認識をしてもらうことが必要なのである。

## 2. 婚礼の伝統

　仲人（挙式披露宴の席では媒酌人）に対しては、新郎新婦がゲストとして最も気を使う必要がある。ただし現在では、仲人（媒酌人）といった役割が婚礼の中でも少なくなってきた。本来、お見合いから結納、そして結婚式に披露宴と、婚礼行事の一連を仕切る役割を担っていたのが媒酌人であった。その役割がなくなってきている理由は、第1にお見合いスタイルの変化、第2に人間関係の希薄さ、第3に費用がかかることにある。

　第1のお見合いスタイルの変化について。最近は街コンといって、友人同士で町のレストランなどでお見合い専門業者が主催するコンパに出席する。他者を介入させずに、自分たちで結婚を前提にお付き合いできる相手を探し出す。また、地域でも以前から街おこし、村おこしの一環として集団でのお見合いを実施している。これも実際には紹介者を立てず、自分たちで相手を探し出すスタイルである。また古来より結納といった行事があったが、現在ではすっかり減少している。よって、仲人（媒酌人）といった役割が必要なくなってきた[9]。

　第2の人間関係の希薄さについて。仲人は2人の身元の確かさを保証する

---

9) ただし、いまだに家柄を重んじ、他家との結婚により家の繁栄を必要とするところでは、世話役として仲人を依頼しているところも残っている。

存在であり，結婚後も関係性が続く。しかし，そういった関係性を煩わしいと考える風潮になってきている。こうした人間関係の希薄さは，主賓に対する考え方にも影響している。本来，主賓には披露宴で新郎新婦がどのようなところに勤め，どのようなことをしているのかを褒め言葉を交えながら紹介をしてもらう[10]。ところが，出席人数を抑えるため，また面倒を回避するために会社関係者を一切呼ばず，家族親族のみで行う披露宴が増えてきている。

　第3の費用について。当然ながら仲人を介す場合費用が発生する。その費用を惜しんで仲人は立てないといった風潮が一般的になってきている。

　以上のように，仲人を立てないことはこれまでの婚礼の伝統とは異なるスタイルの登場とリンクしている。しかし婚礼業務に携わるスタッフ，ブライダルコーディネーターは，ただ新郎新婦と親しくなり，楽しく打ち合わせを進めるだけの存在ではない。伝統的なしきたりや考え方を知ったうえで，アドバイスができるコミュニケーション能力を必要とする。

## 3．婚礼現場でのもてなしの変化

　ブライダルコーディネーターの経歴には大きく2種類ある。1つ目は，ハウスウェディングで養成された場合。2つ目は，シティホテルでホテリエとして教育をうけ，ブライダル部門で養成された場合である。以下で検討する事例は，前者のコーディネーターが転職してホテルのブライダル専門スタッフとなり，婚礼の打ち合わせをした際のケースである。

　新郎新婦はいずれも30歳，それぞれの家族ともにいわゆる堅実な家庭であり，両親から十分に愛情を受けた2人である。ある地域にできて間もない外資系のホテルで，新婦側の仕事の関係もあり婚礼の依頼をすることにした。式場は神前がないのでチャペルでの挙式，披露宴は60名程度である。一般

---

[10] そのことにより，職場で上司部下の関係が良好になることが期待できる。主賓は，職場の上司のみではなく，家族や趣味でお世話になった方々に依頼するケースもある。こうした主賓と新郎新婦の関係についても婚礼業務にかかわる者は認識しておく必要がある。

的に，新郎新婦や両親から行き届いたもてなしのできる規模である。新郎の両親は，祖父の現役時代からの縁である国会議員との付き合いもあった。会社を経営していることもあり，長男である息子の婚礼に主賓として出席をお願いした。その国会議員は新郎の祖父には大変世話になったので，その義理を果たすために出席して祝辞を述べた。出席者や披露宴の内容は充実したものであった。しかし，その裏では新郎新婦や両親から不満の声が出ていた。

　筆者はこの披露宴に来賓として出席していた。チャペルでの挙式開始時間10分前，「チャペル前で待ってください」と書かれた付箋があった。時間になって行ってみると，社員と思われるユニフォームを着たスタッフから「申し訳ございません，お部屋でもう少しお待ちください」といわれた。他の十数名の新郎の友人と来賓の方々も同じようにいわれたので，改めて控え室まで移動をした。

　しかし，待つこと10分以上，結婚式の予定時刻になったが迎えに来ない。不安になった新郎の友人がロビーまでいったところ，エレベーターホールで他の友人たちを案内していた。筆者はそれを感じ取り，急ぎ控室をあとにしてチャペルへ向かった。スタッフからはお詫びの言葉もなく，急ぎチャペル前にとの案内をされた。新郎の会社関係と思われる方々からは，「まだ慣れていない」との苦笑いがみえた。チャペルに入るとすでに家族，親族そして友人たちで席は埋まっており，しかたなく来賓ではあるが末席に座ることになった。結果，新郎新婦が入場したときに，新郎の上司が末席にいることで驚きの表情をみせたのはいうまでもない。

　広い心でみれば，結婚する2人の幸せな姿に立ち会えたのだから問題はない。しかし前にも述べているように，婚礼とは儀礼なのである。自分が尊敬し，お世話になっている上司は本来先に案内をされ，上席近くにいることが望まれる。にもかかわらず，実際は末席にいたのである。申し訳ない気持ちになるのは当然のことである。ここで，当該ホテルに対する不満要因が1つ生まれることになった。

　その後，滞りなく挙式や披露宴は進行してお開きとなった。婚礼が終わり

数日後に新郎の両親とお会いする機会があった．その際，案内がきちんとなされていなかったことに対するお詫びがあった．ところがそのほかにも大変な出来事があったことを知らされた．

　打ち合わせの際，何かにつけて「時間がありませんので」といわれた．この「時間がありません」という言葉は，披露宴をゆっくりと来賓や他のゲストの方々に過ごしてもらいたいという新郎新婦の意向とは相反するものであった．そのため膨らむイメージや楽しさが半減したということであった．

　また，国会議員を主賓としてお招きしているにもかかわらず，その対応について新郎新婦には「お越しになる方はご家族の方とのご縁でお越しになるので，そういった場合はご家族の方とのお席にご一緒にされるパターンもあります」といった案内をした．そのため新郎は不安になり，帰って両親にそのことを相談した．結局，国会議員の方にそのような扱いをすることは大変失礼にあたり，かつ主賓としてお招きをするのでそのようなアドバイスをすることはあり得ないと，即親から直接コーディネーターに連絡を入れた．

　新郎は念のため，婚礼当日に主賓である国会議員の方の控室を準備しているかと聞いた．しかしまったく対応がなされていなかったことが発覚．もし，新郎が両親に相談もなく当日を迎えていたら，主賓である国会議員の方に大変な失礼をしていたことになる．幸い，事前に気づいて胸をなでおろした．ホテルでは通常どのような対応をしているか，両親が尋ねたところ宴会部長からは当然別室を用意して入り口に迎えに参り，案内をするとのことだった．しかし，そのことが専属のコーディネーターには教育されていなかった．

　事情を聞くと，このコーディネーターはホテル出身のスタッフではなく，ハウスウェディングでブライダルコーディネーターとしての教育を受けていた者であった．人当たりが良く，明るくて好印象であるコーディネーターではあったが，残念にも新郎新婦とその両親の不満要因をまた1つ増やしてしまったのであった．

## 4 解説：伝統と流行のせめぎあい

　現代ではテレビやインターネットなどのメディアが発達しており，さまざまな情報が氾濫し，流行に関する情報は毎日のように飛び交っている。上の事例でみたように，流行に走る若者世代と伝統を守ろうとするシニア世代がせめぎあっているのがブライダル産業の特徴である。そのせめぎあいについて理解を深めるために，ロジャーズが提唱したイノベーションの普及理論について解説する。そこから得られる示唆としては，決して伝統を守ろうとする者が少なくはないということである。

　図表2-1を確認すると次のような点を指摘できる。神前式（15.6％）や仏前式（0.7％）といった伝統的な挙式を希望している割合は全体の16.3％（＝15.6＋0.7）となっている。この数字は，ロジャース(1962)が提唱したイノベーションの普及理論における「保守的な伝統主義（ラガード）」の割合とまさに一致する。

　ロジャーズ（1962）は，イノベーションが普及するプロセスを5段階で説明している。ここでいうイノベーションとは，単に技術革新を指すのではなく，ライフスタイルや考え方も含んでいる。その5段階とは，消費者の商品を購入する態度をもとに新しい商品（あるいはアイディア）に対する購入の早い順から分類したものでる。(1) イノベーター，(2) アーリー・アダプター，(3) アーリー・マジョリティ，(4) レイト・マジョリティ，(5) ラガードの5つである。

(1) イノベーター（Innovators：革新者）：新しいものを進んで採用する革新的採用者。彼らは，社会の価値が自分の価値観と相容れないものと考えている（全体の2.5％）。

(2) アーリー・アダプター（Early Adopters：初期採用者）：社会と価値観を共有しているものの，流行には敏感で，自ら情報収集を行い判断する初期少数採用者。「オピニオンリーダー」となって他のメンバーに大きな影響力を発揮する（全体の13.5％）。

(3) アーリー・マジョリティ（Early Majority：前期追随者）：新しい様式の採用には比較的慎重な初期多数採用者（全体の34.0%）。
(4) レイト・マジョリティ（Late Majority：後期追随者）：「フォロワーズ」とも呼ばれる後期多数採用者。新しい様式の採用には懐疑的で，周囲の大多数が試している場面をみてから同じ選択をする（全体の34.0%）。
(5) ラガード（Laggards：遅滞者）：最も保守的な伝統主義者，または採用遅滞者。世の中の動きに関心が薄く，流行が一般化するまで採用しない（全体の16.0%）。

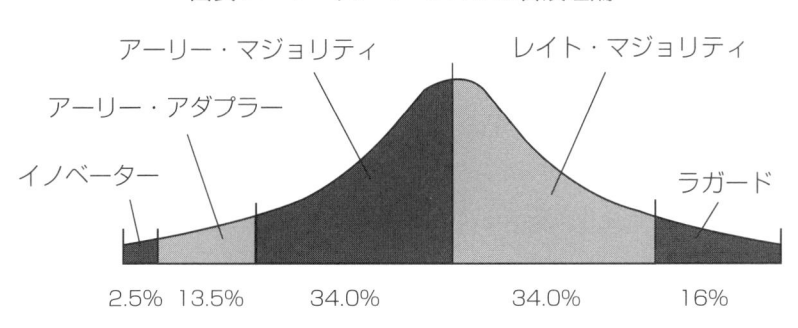

図表2-4 イノベーションの普及理論

アーリー・マジョリティ　レイト・マジョリティ
アーリー・アダプラー
イノベーター　　　　　　　　　　　　　　ラガード

2.5%　13.5%　　34.0%　　　34.0%　　16%

出所：ロジャース（1962）をもとに筆者作成

　イノベーション普及理論によれば，(1) 非常に流行に敏感なイノベーターはわずかに2.5%に過ぎない。このグループは目新しさを追求しているので，他の大勢が自分と共感するかどうかには関心がない。つまり他者に勧めるといったことには無関心である。(2) 次のアーリー・アダプターは他の大勢に対するオピニオンリーダーとなり得る。このグループは新しい価値や実用性に着目して購入し，社会において他の消費者への影響力が強い。ただし，伝統を軽んじているわけではない。(3) アーリー・マジョリティは，アーリー・アダプターの意見を取り入れるグループである。このグループが採用すると，市場シェアは50%に達する。(4) さらに遅れてレイト・マジョリティが採

用する。彼らは世の中の大半が採用するまで動かない。最後に(5)のラガードは，伝統に固執しているので流行には無関心である。

こうしてみると，流行に対し積極的なのは，(1)イノベーター（2.5%）と(2)アーリー・アダプター（13.5%）の合計16％に過ぎない。残りの84％は，流行に関してはむしろ消極的なのである。ではなぜ，事例にあるように多くの若者が婚礼の伝統から遠ざかってしまったのか。それは，(2)のアーリー・アダプター対するプロモーションが成功し，彼らがオピニオンリーダーになってアーリー・マジョリティ（34%）を突き動かしたからだ考えられる。一度そうなれば，(4)のレイト・マジョリティ（34%）があとを追うのである。

もし，ブライダル産業が伝統を守るよう啓発するとすれば，(2)のアーリー・アダプターをターゲットにして伝統的な考え方をプロモーションする必要がある。ここでターゲットを取り違えると，うまくことが進まないことになる。伝統と流行のバランスのとれたブライダルを再度構築し，アーリー・アダプターにプロモートするならば，今後のブライダル産業は新たな価値を生み出すかもしれな。そう考えるとブライダルコーディネーターの役割は非常に大きく，伝統の継承者であり流行のクリエータという意義をもつことであろう。

## 5 おわりに

本章ではブライダルコーディネーターの役割をとおして，伝統と流行のバランスのとれた提案をターゲットにプロモートすることで，新たな価値を生み出す契機を見いだした。流行に敏感なグループは決して多数派でははく，むしろ消極的なグループが大半なのであった。

多数派に影響力をもつアーリー・アダプター（ターゲット）の存在に気づかないままでいると，伝統的なものはさらに減少していくであろう。伝統を守るためには，誰にむかってどのようには発信するかというコミュニケーション力が必要となる。ブライダルコーディネーターに求められている能力とはまさにこの力なのである。

■参考文献

厚生労働省「平成24年人口動態統計月報年計（概数）の概況：結果の概要」（www.mhlw.go.jp/toukei/saikin/hw/jinkou/geppo/nengai12/dlkekka.pdf）取得日：2014年1月5日。

リクルート・マーケティング・パートナーズ：親ごころゼクシィnet「結婚費用の項目と相場」（http://zexy.net/contents/oya/money/kiso.htlm）取得日：2014年1月5日。

リクルート・マーケティング・パートナーズ：親ごころゼクシィnet「結婚費用とご祝儀・親の援助」（http://zexy.net/contents/oya/money/income.html）取得日：2014年1月5日。

リクルート・マーケティング・パートナーズ：親ごころゼクシィnet「結婚式のスタイル」（http://zexy.net/contents/oya/kiso/style/html）取得日：2014年1月5日。

## パワーアップ・ポイント 02

# 「ドア・イン・ザ・フェイス・テクニック」

　ドア・イン・ザ・フェイス・テクニックとは，はじめにわざと「NO」といわせておいて次の小さな頼みごとを断りにくくするというテクニックである。これは「譲歩的説得法」と呼ばれる。

　もしあなたの友人が「独立資金として 300 万円貸してほしい」と依頼してきたとする。しかしあなたはそれを断るであろう。そこで次に「今夜のデート資金が不足しているから 1 万円を貸してほしい」といわれたらどうだろう。しぶしぶながらも「それくらいなら」と，つい心を許してしまうかもしれない。

　これが最初から「デート費用に 1 万円貸してほしい」といわれたら OK したであろうか。このテクニックは，最初の依頼でまず無理と思わせる大きな頼みごとをしておき，わざと断らせるのである。そしてすぐに，レベルを下げて小さな頼みごと（これが本命）を受け入れさせるというものである。別名「門前払いテクニック」ともいう。

　心理学者チャルディーニは次のような実験を行った。まず対象の学生たちを 2 つのグループに分ける。第 1 のグループは「少年院で 2 年間，ボランティアのカウンセラーをしてほしい」という依頼をした。大変な仕事であるため学生たちは断った。そして次に「では少年たちの遠足の手伝いで，1 日動物園に行ってほしい」と頼んだ。第 2 のグループには，遠足の手伝いだけを依頼した。

　結果は，第 1 グループの成功率は 56％で，第 2 グループは 32％であった。つまり第 1 グループでは，少年院のボランティアという大きな頼みごとを断ったあとで，遠足の手伝いという小さな頼みごとは断りきれなかったのである。その理由は，2 つ目の遠足の依頼では「相手が譲歩してきた」と思ったからである。つまり相手が譲歩したのだから自分も譲歩しなくては，と思ったのである。

　このテクニックは例えば，おねだりが上手な女性が使っている。デートでショッピングしている際に「このバック素敵」と，とても買えない高級ブランドを指さす。その後で，「でも，こっちの方がかわいい」と比較的手ごろな価格の商品をみせられると，つい「このくらいなら」ということでプレゼントしてしまう。この場合，彼女は男性の水準にあわせてうまく「YES」を引き出しているのである。

　ポイントとしては，相手が譲歩しているのだから自分も譲歩しなくては，という心理が働くような信頼関係が成立していなくてはならない。先のチャルディーニの実験でも先生と学生という信頼関係が前もって成立している。こうした関係性がなければ，最初の NO の次にはもう一度 NO といいやすくなってしまう。

# 第3章 価値を生み出すコミュニケーション
―京都老舗呉服直営店「總屋」のケース―

**Keyword**

・交換価値　　・使用価値　　・製品知識　　・コーディネート

## 1 はじめに

　営業とは何を重視して行われる活動なのだろうか。販売目標を達成するためには手段を選ばず，とにかく顧客を逃さず買ってもらうことが大切だという考えもあるかもしれない。そうすると，セールストークでおだてて気分を良くさせたり，買わざるを得ないような人間関係を作ったり，値引きによって相手にメリットを与えたりするだろう。

　そうした営業の仕方は，商品自体の価値があいまいで，顧客側に特別買う理由がない場合に限って有効なやり方である。しかしそれはいつまでも通用するわけではなく，もともと商品自体に顧客が感じていた価値を低下させ，ますます商品が売れない状況を作り，長期的に自らの首を締めていくことになりかねない。本章では呉服業界の販売についてみていく中で，「交換価値」と「使用価値」の違い，「使用価値」を高める営業の仕方について考える。

## 2 市場の特徴

### 1. 呉服市場の規模

　2011年の呉服小売市場規模は，およそ3,000億円と推計されている[1]。この数字は，最盛期には2兆円産業といわれた着物の市場が大幅に縮小してしまった現実を物語っている。こうした着物関連市場縮小の様相は，消費者の「着物ばなれ」として各メディア等で語られてきたとおりである。しかしながら着物関連市場の落ち込みが指摘されるのは，近年に始まった問題ではない。戦後の高度成長期に，中級品・大衆品も含めて着実に発展を遂げた着物関連市場の需要は，1970年代に入ると急激に減少していった。

　現在では，週に1回以上着物を着用する，日常着としての着物ユーザーは，人口の約0.6％しか存在しないといわれる[2]。しかし着物全体の生産量は全体として減少したものの，特に京都を中心とした着物関連事業者は高級品・高付加価値製品の比重を高め，高級染呉服と帯の生産へと集中することで，環境変化に適応してきた。例えば，フォーマルウェアとしての着用シーンに限定し，工芸品のような着物の芸術性・意匠性の高さを売りにした高付加価値戦略で1点当たりの単価を上昇させることで，販売数量の減少をカバーした。

　高価格化の傾向は別の要因もある。流通段階で横行した「売れなければ返品すればよい」という委託販売の影響がそうである。川下の事業者からの返品リスクを，川上の事業者はマージンとして余分に上乗せする傾向にあった。

　こうした諸要因によって着物の高価格化が進み，高所得階級の着物愛好者へと顧客は限定されていったが[3]，高度成長期からバブル経済に至るまでは，着物の数量における減少を価格の上昇が補っていた。図表3-1と図表3-2は，総務省統計局の「家計調査」のデータである。1985年以降の世帯当た

---
1) 矢野経済研究所『呉服市場に関する調査結果 2012』。
2) マイボイスコム株式会社ホームページより。2011月1月1日～1月5日に実施．N＝11,806名，男女各50％。着物は，ゆかた，作務衣，甚平，丹前などを除く。
3) 田中（2012），pp.35-53。

りの着物に対する年間支出の推移をみると，数量としては全体として右肩下がりの減少を続けているが[4]，支出金額でみるとバブルが崩壊する1991年までは上昇を続けていることがわかる。こうした高価格化へのシフトは，ターゲットとなる顧客をますます狭小化しながらも，高度成長期に作り上げられた生産・流通体制を維持することに貢献していた。しかし，それをバブル崩壊後も維持することはできなかった。

「婦人用着物」に対する世帯当たりの年間支出金額は，1991年に13,101円を記録して以降，5年後の1996年は7,647円，直近の2012年は1,786円にまで，急激な落ち込みをみせている。確かにバブル崩壊後にも成長を遂げた企業もあったが，その急先鋒といわれた呉服専門小売店の最大手「愛染蔵」（大阪市）と「たけうち」（京都市）[5]は，2006年に相次いで自己破産を申請した。いずれも展示会や旅行へと顧客を誘い，数百万，数千万のローンを組ませて高価な呉服を強引に購入させる販売方法をとっていたことが問題化し，急激に売上を落とした結果であった[6]。この着物業界における過量販売は，社会問題としてテレビのワイドショーなどで報じられ，結果的には業界全体に対する不信感やイメージ低下を招くことになった。

---

4) ただし2000年代以降の「浴衣ブーム」やリサイクル着物を扱う古着市場の成長の影により，2002年から2006年にかけて，数量の上昇がみられる。
5) 「たけうち」は，16年連続の2桁成長で，2005年10月期の売上高は573億円，店舗数は568店舗にまで成長した。『日経ベンチャー』,pp.120-124より。
6) 『日経ベンチャー』,pp.120-124。

図表 3-1　着物に対する世帯当たり年間支出数量の推移（1985 年〜 2012 年）
　　　　　（2 人以上の世帯，農林漁家世帯を除く）

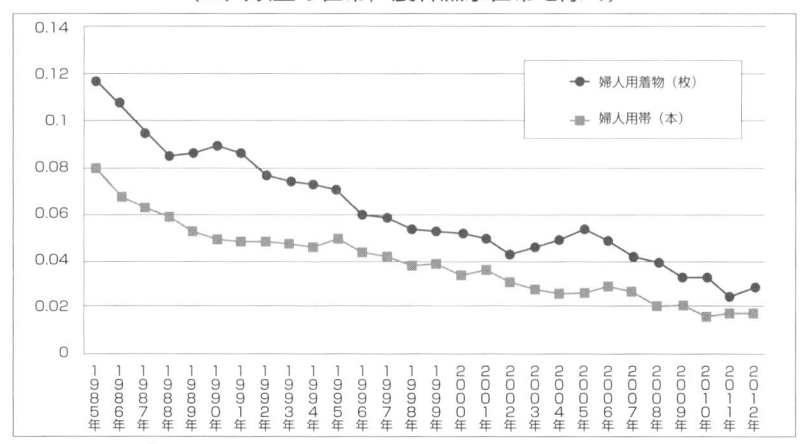

出所：総務省「家計調査」

図表 3-2　着物に対する世帯当たり年間支出金額の推移（1985 年〜 2012 年）
　　　　　（2 人以上の世帯，農林漁家世帯を除く）　　単位（円）

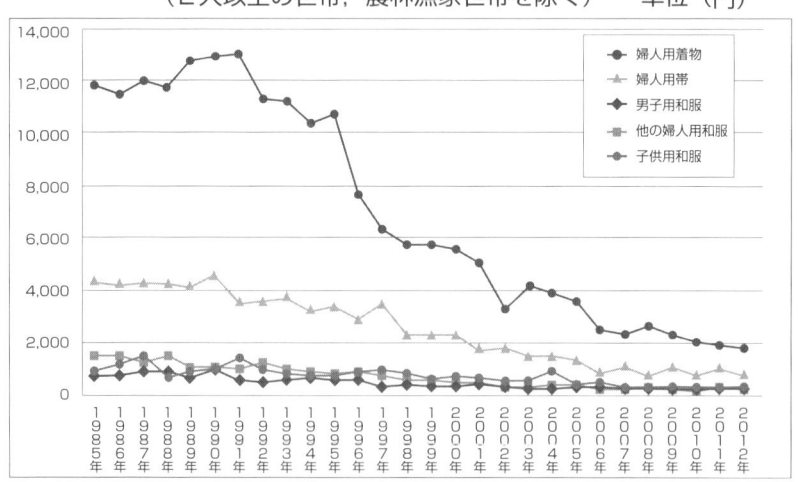

出所：総務省「家計調査」

## 2．呉服販売の問題点

　しかしこうした無理な販売方法は，今日でも呉服店の接客の大きな問題と

なっている。着物を購入する人がますます少なくなった中で，限られたお客を逃すまいとマニュアル化された強引な販売トークを展開する店も存在する。インターネット上のブログや掲示板には，少なくとも一度は「呉服屋に行って怖い目にあった」「不愉快な接客をされた」という着物愛好者の苦情が多くみられる。典型例として，「きものカルチャー研究所」のホームページ[7]に寄せられた投稿から抜粋してみよう。

　苦情で多いのは，買う気がないのに複数名に囲まれてしまって，買うというまで帰してもらえず結果的に高額なローンを組まされるというケースである。

> 「着物に興味をもって無料の着付教室に通おうとしたら，お勧めの小物を揃えた方がいいというので，呉服売り場で売っているか友人と見に行きました。するといいカモが来たという感じで店員が6，7人位でヨイショして，今感謝セール中だといったり，いかにもとっておきという風に奥から出してきたのを着させられ，閉店時間過ぎても3時間位ずっとねばられてしまい，結局60万ほど一揃い買ってしまいました。」（出所：きものカルチャー研究所ホームページより）

　そして一度購入すると，次から展示会商法への勧誘の電話がしつこくかかってくる。さらに顧客との関係を親密にして販売しやすくするためなのか，店員から友人口調で接客されたり，上から目線で専門知識を説明されて不愉快だったという声もある。

> 「店員が馴れ馴れしい。素人じゃないとわかったら，選んでいる最中に聞かれたこと以外は喋らなくてよい。ハッキリいって不愉快になり，いくら気に入っている着物を見つけても，その店では購入したくなくなる。」
> 「名前を聞かれ，いきなりファーストネームで『ちゃん』付け。某アイドルグルー

---

7) きものカルチャー研究所ホームページより。

> プのメンバーと同じ名前だからと，『○○りん』だの…どういう社員教育しとるんじゃ。この店は。」

一方，そうした店員による説明は，「どれだけその商品に値打ちがあるのか」を伝えるためのものになりがちで，顧客が本当に店員に求めている情報を提供してくれない場合もある。

> 「呉服店は似合う着物でなくても，おおげさにほめて買わせようとするお店が多いのが残念です。普通はそう何枚も買えるものではないので，その人に最高に似合って一生大事に着たいような一着を手間隙かけて選んでほしい。」

さらに，「お得意さんだから特別に」というセールストークと根拠のない値引きで，逆に価格に対する不信感を招いている場合も多い。

> 「デザインは素敵な帯です。でも，それが28万？？？店主はもったいつけて『10万にサービスします』最初から10万でしょ？バカバカしくて買いませんでした。客の懐具合を見て，ぼったくれれば，ぼったくるつもりか？2度と買いませんよ。そんな店では。」

当然ながらこうした呉服店がすべてではない。信頼できる良いお店と出会った結果，ますます着物が好きになったと話す愛好者も多い。しかし，着物自体は魅力的であっても，接客によって購買意欲を無くさせ，顧客と着物の関わりを遠ざけているケースが存在することも確かである。

こうした事例からは，従来の呉服販売の悪循環が理解できる。まず無茶な販売方法への苦情が多数存在するということは，そうしたやり方が一部の業者で一定の正当性を得ているのであろう。一般の消費者にとって一点数十万以上する着物や帯は，非常に高額なものであり，必需品でもない商品である。そのため，年配の従業員や作家が"先生"のような立場で，あるいは若い男

性従業員がホストクラブのような接客で顧客を説得し,「欲しくなくても買う」ようマニュアル化されてきたと考えられる。

しかし結果的には,こうした接客を行う呉服店によって着物関連市場はかつてないほど縮小し,過去には大きな需要が存在した「着物」という商品価値自体を低下させてしまった。今日では,着物が日本の「伝統文化」や「民族衣装」以上に,どのような価値をもつ商品なのかを答えられる人は,消費者に限らず流通事業者にも少なくなっている。

このように短期的な売上追求の結果,商品価値の低下と市場規模の縮小が起こり,自らの首を占める悪循環に陥っている。この状況を克服するためには,「欲しくなくても買わせる」ことではなく,商品価値を正しく伝え,長期的に高めていく営業が必要になる。

着物という商品の価値が呉服店を通じて,うまく顧客に伝えられないことに最も危機感を感じているのは,着物関連の製造業者である。高度な技術と意匠性をもって,これまでモノづくりに特化してきた帯の織元や染加工問屋が,近年では直接アンテナショップや専門店を展開するケースが複数みられる。以下では,450年以上の歴史をもつ京都の染呉服メーカー,株式会社千總による直営店「總屋」の展開に注目してみよう。

## 3 事例:株式会社千總(ちそう)「總屋(そうや)」

### 1. 概要

株式会社千總(資本金1億円,従業員数91名[8]))は,京都の三条通に本社を構える,染呉服製造卸の大手企業である。1555年に与三右衛門が創業した,室町三条の法衣装束を主とする織物業「千切屋」[9])を創始とし,以後450年以上続く老舗企業である。江戸期に千切屋から分家した惣左衛門は「千

---

8) 2012年1月現在。千總ホームページより。
9) 当時の宮大工時代に奈良の春日大社の祭りで使われる千切花の台を毎年製作していたことに由来する。

總」を看板に，特に江戸中期に開発された友禅染の技術を活かし，まるで絵を描くように自由に彩色した小袖を中心に元禄時代に大いに繁盛した[10]。明治時代には，東京への遷都に伴い従来の顧客の多くを失う危機にみまわれるが，化学染料に糊を混ぜて色糊とする写し友禅（型友禅）の開発により，大量生産とコストダウンを実現した。さらに京都画壇[11]に友禅染の図案制作を依頼し[12]，華やかな型友禅を量産することにも成功した。その結果，着物ユーザーを大衆へと拡大し，危機に貧した着物産業を大きく成長させたのである。今日でも，豊富な色彩を駆使して複雑な模様を染め上げる，格式高い友禅の染呉服は千總の売り上げの90％を占める[13]。

千總の特徴は，一貫してオリジナル商品の制作・流通を行う染加工問屋という形態をとっている点である。染呉服の生産・流通体制を自社で構築しており，同社が保有する質の高い下絵をもとに図案を職方に作らせ，さらに問屋としてそれを直接百貨店や呉服店へと販売する[14]。千總の製品には，留め袖や訪問着といった「絵羽物（えばもの）」[15]といわれる高級染呉服が多いが，「着尺（きじゃく）」[16]と呼ばれる，日常着として着られる反物（たんもの）製品の着物も，1980年頃までは売上の一定の割合を占めていた。

しかし地域の小規模な呉服店はやがて弱体化し，また売上数量が減少していた百貨店においても，単価が低い着尺は効率が悪いため店頭で取り扱われなくなっていく。明治以降の千總を支えてきた技術の1つである型友禅は，小紋などの友禅着尺を染めるための技法として発展したため，会社の財産として技術を残したいという思いがあった。ただ，既存の流通では積極的に取

---

10) 千總ホームページより。
11) 岸竹堂の参加をきっかけに，今尾景年，幸野楳嶺，望月玉泉，竹内栖鳳，菊池芳文，都路華香といった，後の京都画壇を背負う画家たちが名を連ねた。
12) 『日本経済新聞』大阪夕刊，p.29。
13) 『日経産業新聞』，p.14。
14) 長沢・石川（2010），pp.114-115。
15) 「絵羽模様」の着物のこと。格の高い，着物の模様づけの1つで，絵羽模様の着物には，留袖，振袖，色留袖，訪問着などがある。通常の着物の模様づけは反物の状態で行うが，絵羽模様の場合，模様づけする前に模様が縫い目で切れないように白生地を裁断，着物の形に仮仕立てをしてから図案を書き加工をして，販売の際も仮絵羽の状態で行われる。
16) 和服1枚を仕立てるのに必要な反物の長さと幅を着尺といい，またその反物のことを指す。

り扱ってもらえないため，着尺の価値を再提案するための店舗として，千總は 2006 年に，京都の三条通の本社ビル 1 階に直営小売店「總屋」を開店した。

## 2. 製品の特長

　總屋では，色無地や小紋といった「着尺」を中心に，オリジナルの帯や小物等も取り扱っている。色無地の価格は，仕立込みで 15 万 7500 円（税込）からと，千總の通常の呉服の中心価格帯 50 万〜100 万円を大きく下回る。実は定価の開示自体が当時の呉服販売では珍しい。一般の呉服店では反物価格が表示されそれに仕立代が加算されるが，總屋でははじめから仕立代を含んだ「仕立て上がり価格」が提示される。こうした価格設定は，例えば自分の稼ぎで着物を購入する若い女性にとっても比較的手が出しやすい。

　しかし總屋では，単に価格を下げて着物ユーザーの裾野を広げることを意図しているわけではない。本当の狙いは，今日の着物市場で失われつつある「着物」という商品の価値や，それを評価するための指標を育てることにある。価格設定に関しては，適正な値づけを実感してもらうことで，その価格に応じた商品の価値をきちんと顧客に理解してもらいたいという思いがある。

　着物は洋服と比べて高額な商品であるが，今日の売り場では，どうしてその価格になるのかを消費者が理解しづらくなっている。千總の着物に関しては，それぞれの生産工程で必要となる職人の染や刺繍などの技術に応じて，適正な値付けをしている。だからこそ，十数万の色無地から数百万の振り袖や訪問着まで商品として存在する。百万円を超える高級呉服のイメージが強い千總が手頃な価格の着尺も扱っていることを知ってもらうことで，ブランドの名声ゆえに高額な値づけをしているわけではなく，それぞれの製品には価格に応じた技術や素材の違いがあり，生産背景があることを理解してもらいたいと考えている。その結果として，消費者には価格に納得したうえでの購入を期待している。

## 3. 販売の特徴

　總屋では，顧客によって値引きをするようなことは一切していない。一般的には，消費者は自ら品質を判断するための知識をもたない場合，価格情報を品質のバロメータとして利用することが知られている[17]。つまり「値段が高い＝品質が良い」と判断してしまうため，バブル期には同じ帯の値づけが50万円よりも100万円とした方が売れるようなことが起き，それにつけ入って値段を釣り上げる業者が出てきたりもした。

　一方，着物が売れなくなった近年では逆に，顧客を逃さないためのセールストークとして，釣り上げた価格からの数十万単位の値引きが常套手段となっている。こうした手法は，着物という商品自体の知覚品質[18]を大きく引き下げてしまい，本当の商品価値が伝わりにくい原因の一端を作っていると考えられる。

　もし總屋も同じように，正当な理由もなく価格を引き下げたりすれば，着物の良し悪しを理解するための判断基準も，顧客が感じる千總の着物の価値も，大きく損なわれてしまうことになるだろう。總屋では，消費者が製品知識を獲得し，消費者自身が高額な着物に対しても適切な価値づけができることこそが，千總の顧客を育てることに繋がると考えている。消費者が適正価格を理解し，染や織の技術など，着物に対する見る眼が培われれば，千總の強みである意匠性や染の技術の高さを理解できるようになる。その結果，ハレの場で着る振り袖や訪問着を買う機会には，多少値段が高くても，千總の染呉服を選びたいと思うようになる。このように總屋では，顧客の製品知識を育てることを通じて，着物に対する顧客自体を育成する取り組みを行っているといえる。

　また總屋では，すでにみた呉服店の問題であったように，店からの一方的な提案で売りたいものを押しつけるようなことは決してない。その理由

---

17) 青木ほか（2012），p.328。
18) 知覚品質とは，消費者が製品に対して認識する品質のこと。客観的な品質としての製品の機能・性能だけでなく，消費者が主観的に感じる価値も含まれる。

は，着物がそもそも着るもの，ファッションであるためである。したがってTPOに相応しい着物の格はあっても，どのような着物を選ぶべきかは，着用する人の雰囲気や使用場面，好みによって千差万別であり，それを選ぶプロセス自体が，本来は非常に楽しいものであるはずだ。例えば，お洒落なレストランにワンピースを着ていく機会を考えても，仲良しの友達との女子会と，彼と記念日の食事をする場合では，違った色柄のワンピースを選ぶだろう。また，事前にお店の雰囲気やアクセサリーとのコーディネートをあれこれ考えて，食事会を待ち遠しく思うことだろう。着物も同様に，シーンや一緒に過ごす相手に合わせて，違う色柄の着物を準備する楽しみがあり，また着物は同じでも，合わせる帯や小物を変えることで，華やかにも粋にもなるコーディネートの楽しみがある。

　總屋では，着物の初心者に対しても同じ目線に立ち，じっくり時間をかけて顧客に最も似合う一枚を一緒に考えてくれる。その提案のプロセスは概ね以下の4点で整理できる。

　例えば總屋の中核商材である色無地の場合は，完全な「お誂え」(オーダーメード)で販売される。顧客はまず第1に，モダンな模様から古典柄まで，多様な地紋が織り上げられた白生地を30種類から選択する。着物の購入が初めてで，どれが良いか自分で判断できない顧客に対しては，いくつか気になるものをあげてもらう。そしてどのようなシーンで着物を身につけたいのかをさりげなく聞きながら，顧客の好みを探ってアドバイスをする。

　第2に白生地が決まったら，次に100種類もの色見本の中から，最も自分に似合う好みの色を選択し，自分だけの着尺を染め上げる[19]。

　第3に，總屋の店内にも顧客が多様なシーンで着物を楽しむことを想定した，細やかな工夫がほどこされている。例えば店内の照明には，蛍光灯のほかに，黄色みを帯びた柔らかい光や中庭から差し込む自然光の3種類があり，

---

19) 自分にぴったりの色を選ぶときには幅38センチ×縦80センチと，一般な呉服店よりもかなり大きな色見本を肩にかけ，顔映りをみながら実際に身につけたときの雰囲気を確認する。

状況に応じて着物の色合いがどう映えるかを確認できる[20]。さらに石敷きに木製テーブルのある洋風空間と、畳敷きの和室が用意されており、実際の着用シーンを思い浮かべながら、着物と向き合えるよう配慮されている。

第4に裏地である八掛(はっかけ)[21]の色に関しては、顧客が袖口や裾からチラリとみえるその色のお洒落を楽しめるように、やはりスタッフと相談して選ぶことができる[22]。

このように、總屋では、自分だけの最高の着物を「作る楽しみ」を、顧客に最大限に実感してもらうことが目的であり、スタッフも販売員ではなく、お客様に「作る楽しみ」を感じていただくための、「道案内」役と位置づけられている[23]。

従来の呉服店の接客で「提案力」といえば、販売員がある程度色柄を選んだうえで、いかにそれを買ってもらうかであると考えられてきた。それに対して總屋の「提案力」は、むしろ顧客の実現したい状態に寄り添い、相手の好みや目的といった「使用する状況」を引き出していく。顧客が求めているものを一緒に考え、それに相応しいアドバイスをする。そうすることで顧客は納得し、押し売りせずとも商品は売れていくであろう。

## 4 解説

總屋での呉服販売の仕方は、従来型の問題があった呉服店の販売とは、根本的に考え方が異なることがわかる。そこから営業活動をするうえで考えなくてはならないポイント、「交換価値」と「使用価値」の違いがみえてくるであろう。

「交換価値」とは、価格という一定の貨幣によって表現されるような、その商品の価値である。これに対して「使用価値」とは、その商品を使用する

---

20)『日経MJ(流通新聞)』,p.1.
21) 袷(あわせ)の着物の袖口や裏裾に用いられる布。裾回しとも呼ばれる。
22) 通常の呉服店では無難な色を選んでくれることが多い。
23) 總屋ホームページより。

中で得られる有用性に基づく価値である。例えば，日常生活で不可欠な水は，使用価値は高いが交換価値は低い。それに対し，株式市場で取引される株券の場合は，使用価値は低いが交換価値は高いといったように，基本的に２つの価値は区別される。

　着物という商品を高額で購入してもらうには，交換価値を引き上げなければならない。交換価値を上げるためには商品の「稀少性」を高めたり，それに投下された労働力を大きくみせるやり方がある。呉服販売でよくみられる「感謝セール中の今だから，この値段です！」というセールストークは，商品の稀少性を高めるやり方であり，それが大変な手間暇をかけて作られたものであるとの説明は「労働量」を大きくみせるやり方である。

　しかし，それだけで引き上げられた交換価値の大きさは，購入した顧客にとって商品自体の有用性とは関係がない。そのため，購入後に不満が残ったり，着られることなくタンスの肥しになったりする。結局その場かぎりの「売り込み」を目的とした営業方法に過ぎない。確かに短期的な売上の達成には繋がるだろうが「使用価値」の実現にはならないため，こうしたやり方ばかりに注力することは，長期的には商品価値を低下させることになる。

　これに対して總屋が重視する点は，徹底した「使用価値」を高めるための接客だといえる。着物を気に入って使ってもらうには，それが着用される状況や顧客の好みに寄り添ったうえで，「使用価値」を先取りするインタラクションが不可欠である。その結果，顧客が自分にとっての最高の着物を見つけて，日常生活を楽しむことができれば，着物は決して安価な商品ではないが，それを上回るだけの価値を実感し満足してもらえることだろう。

　さらに着物がファッションとして使用価値を実現するものである以上，専門的知識をもつ販売員にコーディネートを提案してもらうだけではなく，着る人自身が工夫して楽しめるように顧客の商品知識を豊富にしていく必要がある。總屋のスタッフは，売上には直接結びつかない他店で購入した着物や帯に関するコーディネートの相談対応も含めて，顧客自らが着物を楽しめるためのサポートを重視している。これも着物という商品自体の，「使用価値」

を高める取り組みである。その結果,着物という商品の有用性が実感として高まれば,必然的に納得感のある「交換価値」にまで高められると期待される。

## 5 おわりに

「使用価値」は顧客が商品を使用する状況でしか生まれないため,着物の使用価値は,おそらく人によって千差万別だろう。販売の場面では顧客とのやり取りを通じて,それを先取りして理解し提案することが必要になる。そのため,顧客に接するスタッフには,顧客が本当に何を求めているのかを親身に理解する姿勢と,その商品の特徴や有用性についての深い知識の両方が求められるだろう。それは確かに高度な実践だが,もし実現できている企業が少ないのであれば,営業としての強みになるはずである。特に商品自体の価値を高めながら,売上を実現していくためには不可欠な取り組みであるといえる。

■参考文献

青木幸弘・新倉貴士・佐々木壮太郎・松下光司（2012）『消費者行動論－マーケティングとブランド構築への応用』有斐閣アルマ。
京都新聞社（1978）『活路をさぐる－きもの産業』京都新聞社。
田中宣子（2012）「京都小幅友禅業の衰退傾向分析と将来展望」『龍谷ビジネスレビュー』龍谷大学大学院経営学研究科,第13号,pp.35-53。
長沢伸也・石川雅一（2010）『京友禅 千總－450年のブランド・イノベーション』同友館。
『日経MJ（流通新聞）』「京着物型破り―京友禅・千總,450年目の小売店（FROM関西）」2007年3月14日,p.1。
『日経産業新聞』「京都府（京都市北部）― 伝統産業も新風,技術背景にハイテクへ（マップ地場の先兵）」1989年9月30日,p.14。
『日経ベンチャー』「破綻の真相 たけうちグループ」2006年11月,pp.120-124。『日本経済新聞』大阪夕刊「京都の染と織（2）作家支える町衆の伝統（上方連続線過去と現在）」2007年6月9日,p.29。
矢野経済研究所（2013）『呉服市場に関する調査結果2012』矢野経済研究所。

■参考資料

きものカルチャー研究所ホームページ「怒りが爆発」(http://www.somesho.comankeito/ikari.cgi) 取得日：2013年12月30日。
總屋ホームページ (http://www.sohya.jp/) 取得日：2013年9月25日。
千總ホームページ (http://www.chiso.co.jp) 取得日：2013年9月25日。
マイボイスコム株式会社ホームページ「自主企画アンケート『着物』」(http://www.myvoice.co.jp/biz/surveys/15013/) 取得日：2013年9月25日。

## パワーアップ・ポイント03

# 「単純接触効果」

　人や物事に何度も接触すると、その対象への好感度が高まるという現象を「単純接触効果（Mere Exposure）」という。心理学者ザイアンスの実験では、面識のない女子学生6人を「味覚の実験」という名目で何回か呼び出し、彼女たちが何度か顔を合わせるよう設定した。実験中はお互いにコミュニケーションできないようにしていた。こうした条件で実験したあと、どの学生に好感をもったかと質問すると、顔を合わせた回数が多い相手ほど好感度が高かったことが明らかになった。

　この単純接触効果の対象は、言葉、絵画、人の顔、音などさまざまなものが該当した。接触する時間は短くても、回数を増やすことが重要であり、少なくとも10回以上の接触が必要であることがわかった。これは、セールスパーソンが顧客に何度も足を運ぶことで、受注率が高まることを裏づけている。その他、CMなども繰り返し目に触れることで消費者の好感度を高めていることの証明にもなる。

　しかしこの効果で注意すべきポイントは、最初に不快な感情をもっている対象の場合は会えば会うほど嫌悪感が増してくるという点にある。つまり第一印象が重要なのである。この点に関しては「初頭効果」（パワーアップ・ポイント04）を参照のこと。初対面では表情や言葉遣い、服装、態度などに注意し、できるだけ頻繁に相手と短時間でもいいので会えるようにしておく。根気よくこれを繰り返せば好感度は高まり、商談の際の提案が受け入れられやすくなるのである。

# 第4章 消費者ニーズを導く認知的道具
## ―生命保険営業のケース―

> **Keyword**
> ・セールスプロセス　・インタラクション
> ・認知的道具　　　　・コンテクスト

## 1 はじめに

本章では生命保険営業の事例を通じて，消費を生み出すコミュニケーションの実践を検討する。本事例から導かれるものは，目にみえる「認知的道具」によって当事者の注意の仕方を変換することで，説得を容易にしていくという視点である。すでに成熟市場とされている生命保険市場において，こうした視点が企業の生き残りのために必要になると考えられる。

## 2 市場の背景

わが国の生命保険市場の特徴は次の3点に要約できる。第1に，成熟市場であること。第2に，目にみえないサービス商品を扱っていること。第3に，消費者がニーズを強く自覚していないことである。

第1に，個人保険を例にすると保有契約件数は1億2720万件（2011年）[1]

---
1)「生命保険の動向（2012年版）」社団法人生命保険協会ホームページ。

であり，数字上日本国民の総人口に匹敵する。つまり，ほぼ100％の加入率といってよい。保険の種類は，成人であれば終身保険や医療保険，未成年であればこども保険等，あらゆる年代層をカバーしているので国民総保険ユーザーといってよい。よって，新規顧客を開拓することは容易ではなく，現場の営業マンは消費者がすでに保有している他社の契約を見直し，自社商品に切り替えてもらうことで新規契約を獲得するスタイルが主流となる。

第2に，生命保険は目にみえないサービス商品であるため，サンプルをみせたり体験できるものではない。したがって，営業マンが見込み客に直接会って説明をする必要がある。カタログ情報等の説明が十分ではないアプローチでは，消費者の知識不足から自己のニーズに合致した商品選択ができない可能性が高まる。

第3に，消費者のリスク意識が高くない場合，保険に関するニーズそのものを自覚していないことがある。自分の家族構成や年齢等を考慮せず「とにかく1件入っておけばいい」といった安易な加入の仕方をしているケースが多いという。その場合，万が一のときに保険が支給されたとしても，現実の経済的負担をカバーできない加入の仕方である可能性が高い。そうならないために生命保険営業マンは，契約者の現状を把握し，そのニーズに合わせたプランを提案する必要がある。その話を聞いてもらうためにも，まず見込み客が保険に必要性を感じてもらうことが重要になる。

以上の背景から，生命保険営業マンは，見込み客が保険商品の購入に前向きになるようなコミュニケーションを展開する必要に迫られる。次項では，実際の現場で展開されている顧客コミュニケーションの事例をみていくことにする。

## 3　事例：ハイパフォーマーの実践

### 1. セールスプロセスについて

A社では，営業の一連の活動を4つの段階に分解している（図表4-1）。

研修では，営業マンはこれらの段階別にトレーニングを受ける。そして，営業活動においては，上司が案件の進捗度合いを管理するために，このプロセスが利用される。

図表4-1　セールスプロセスの4段階

アプローチ → 実情調査 → プレゼンテーション（商品提案） → クロージング

出所：筆者作成

## (1) アプローチ
### ①テレフォンアポイントメント
　本段階では，見込み客は営業マンに「警戒心」をもっている場合が多いので，保険を売り込むのではなく，面談の約束だけに集中する。
### ②イントロデュース
　本段階では，見込み客の警戒心を除くことに集中し，会社や営業マンが信用されるよう働きかける。この段階で，顧客購買心理が作用するように，顧客の問題点を明らかにし，解決策を示唆する。

## (2) 実情調査
　本段階では，見込み客と保険に関する考え方を共有し，ニーズを喚起することに集中する。

## (3) プレゼンテーション（商品提案）
　本段階では，見込み客の問題点に対し，解決策を提案する。

## (4) クロージング
　本段階では，決断を促し，解決策を採用していただくよう促す。そして，他の知人を紹介してもらえるように話をもっていく。

このセールスプロセスでは1人の顧客と成約した時点で紹介を獲得し，次の見込み客を訪問する流れになっている。この無限連鎖が大事であり，もしこの連鎖が止まってしまうと，営業マンは次に訪問すべき見込み客を失うことになる。

## 2. もう1つのクロージング

　ここからは，A社のトップセールスパーソンである塚本氏（仮名）[2]の営業方法を検討する。塚本氏によれば，見込み客のところへ「契約（をとる目的）で行くと紹介はとれない。紹介をもらうつもりで行く。その中で契約をとる。」という。紹介をもらうことは契約をとることよりも気を遣うという。以下では，営業マンの勉強会にて塚本氏が同僚たちにレクチャーした内容を記述する。

　塚本氏によれば，アプローチと実情調査の間に1度クロージングが入る。アプローチでは，「生命保険とは，一体何なのか」という話の段階である。実情調査とは，「見込み客の年齢や性別，家族構成などから必要保険金額を明確にする作業」の段階である。

　この両段階の間で塚本氏は一度クロージングする。具体的には，アプローチ段階で「生命保険とはこういう力をもっている」という理解を見込み客に促す。その後，「（見込み客の）安心の形を一緒に作ってみたい，どうですか？」と尋ねて，次の段階へ進むかどうか判断する。塚本氏によれば，見込み客が「保険の話は要らない」となればすぐに帰ることになる。

　もし見込み客が「もっと話を聞いてもいい」となれば，ほぼ契約は決まっている。アプローチ段階で本音をうまく伝えたら，提案しなくても契約がとれる。この場合，他社の商品は関係ない。他社との商品比較は回避する。このアプローチ段階で「われわれは，こういう思いでやっている」ということを，見込み客に理解を促すことが大事である。塚本氏は「常に私がいると思っ

---

[2] 塚本氏は生命保険の営業経験が5年になる37歳男性である。前職はホテルのドアマンであった。保険営業とまったく異なる業界から転職し，数年でトップセールスパーソンになった人物である。

てください，私も家族の一員ですから」といって，見込み客の気持ちをつかもうとする。

アプローチから実情調査に進む段階で，「契約することが当然だ」という気持ちを見込み客がもつように営業マンが演出する。つまり，塚本氏は「お客様家族は，映画の主人公。気持ちよくなっていただく」ようにその場を演出する。「フワーッと気分良くなったという感じ」に見込み客がなる。そのうえで，「あなたにとって本当の安心の形を一緒に考えてみたい，いかがですか？」とクロージングに入る。この反対に見込み客の気分がのらない場合，営業は失敗に終わってしまう。

### 3. 例話に埋め込まれたメッセージ

塚本氏はアプローチ段階でどのような話をしているのか。塚本氏は，見込み客への訪問時間帯について，自宅で夫婦一緒に話ができるよう配慮している。すると主な営業活動時間は，夜や土日となる。そして，自宅では必ずリビングルームで商談をする。玄関先での商談は後々解約になりやすい。

塚本氏はリビングに入る前に，玄関を見渡し何か1つ褒めてその場を和ませる。そして，見込み客夫婦そろったところで「普通の営業マンとの違いをみせる」ことになる。このためにいくつかの例話を使う。例話は「保険について真剣に考える必要性」を訴える話である。

例えば，塚本氏は次の例話をよく利用する。一般的に世帯主の生命保険の平均加入金額は2,732万円である。ところが，実際に顧客が受け取っている1件当たりの死亡保険受取金額の平均は188万円である。この話によって見込み客に「なぜ？」という疑問を仕向ける。もし見込み客が疑問をもてば，塚本氏のペースになる。「おかしいですねぇ」といって，さらに相手の好奇心を引く。

あるいは，阪神大震災の例話を使う。阪神大震災では未払請求金額が当時83億円あった。つまり，契約者たちに受け取られていない保険金額が83億円であった。「なぜ受け取られてないのか」と塚本氏は問いかける。制度上，

保険金というのは請求されないかぎり受け取れない。したがって，阪神大震災では請求されなかったケースが多数あった。そこで，「実は，こんな話があります」といって，さらに話を続ける。

それは，震災である家庭の両親が亡くなり小さな子どもだけが助かったケースである。この場合，誰が保険金の請求をするのかいう問題がある。小さな子どもには無理である。しかし親戚でも保険会社までは普通知らない。保険証券が焼失したか，瓦礫に埋もれて紛失した場合，請求ができない。これは通信販売による保険でも同じことが起こり得る。そうならないためにはどうすればよかったのか，という問いかけになる。

この未払請求問題を回避するには，しっかりした担当者の必要性が強調される。例話での両親が加入した保険会社を知っている人物は，保険を勧めた担当者である。塚本氏は，「あなたにとって，私がいないと大変なことになりますよ」という意味の伝達が大事であるという。つまり，保険金が下りないケースに気づいてもらうことである。

塚本氏の場合ある経験によって大きく自信をつけた。この経験談は次のとおりである。ある年，がん給付金付き医療保険を成約した。被保険者であるご主人が，契約2週間後に入院した。その後，入退院を繰り返すことになった。脳腫瘍であった。ところが，塚本氏によると医師の診断は「いい加減なもの」であった。当初の診断は脳腫瘍ではなかった。カルテには違う病名が書かれた。このため，がん診断給付金が適用されなかった。そこで，塚本氏は医師と会社の間を何度も往復した。当初の誤診を証明するためである。結果，4年後に診断給付金400万円が支払われた。

塚本氏はこう述べた。「奥さんが泣いて喜んでくれたのです。僕も嬉しかった。だから，担当者がいないと絶対ダメなのです。（生活費を）親戚，親兄弟が貸すわけでない。奥さんは生活に困る。ご主人は仕事ができない。奥さんに『塚本さんでよかった』といっていただきました。そのご主人は先日お亡くなりになりました。嬉しかったことは，奥さんが，私に，親戚の方よりも早く連絡（訃報）をくれたこと。がん診断給付金がなかったら，（奥さんは）

生活できなかった。奥さんには話し相手がいなかった。だから，『救われた』といってくれました。われわれの仕事って，こういうことじゃないですか？この経験を1人でも多く聞いてほしい。私と同じようなことを感じてくれる方に，きちっと提案したいのです。」

## 4．紙と鉛筆によるインタラクション

　塚本氏のアプローチは以上のような進め方をする。見込み客が「保険について一度真剣に考えてみよう」という気になれば，「あなたにとって本当の安心の形を一緒に考えてみたい，いかがですか？」と提案する。これが塚本氏のいう，アプローチ直後のクロージングである。見込み客が一緒に考えたいとなれば，次の実情調査の段階へ入る。

　この実情調査の段階では，塚本氏は見込み客に対し次のように進める。「保険って必要ですか？」と見込み客に尋ねると，必要だという人がほとんどで，5％程度は不要だという。もし必要ないといわれたら，「必要ない？よかったですねぇ。解約しましょう。僕なら貯金します。」と返す。すると，見込み客は「保険無しでは困る」という。つまり「必要だ」となる。見込み客に，この「必要だ」自分からいわせるのである。ここで，紙と鉛筆が出てくる[3]。

　紙に「必要」と書く（図表4-2）。そして，なぜ必要なのかと尋ねる。見込み客は，入院したとき困ると答える。塚本氏は，なるほど入院ですねといって紙に「入院」と書く。そして，入院したらなぜ困るのかと聞く。見込み客は，入院代や治療費が発生すると答える。塚本氏は紙に「給付金」「治療費」と書く。そして治療費はいくらかかるか聞く。見込み客はまず答えられない。そこで塚本氏は，データを根拠に日額8,000円以上だという。さらに「もし，私がこの金額（入院日額8,000円）をお届けできたら安心ですかと尋ねる。見込み客は「そうですね」と答える。

　そして，入院はこれで安心ですかと尋ねる。見込み客は，これだけでは死

---

[3] 塚本氏は，保険の営業には「紙と鉛筆とミッション（社会的使命感）」があればいい，と筆者に話してくれていた。

んだとき困るという。

　塚本氏「なるほど，万が一。どんな状態ですか？」
　見込み客「お金がいる」
　塚本氏「なぜお金がいるのですか？」
　見込み客「生活費，養育費，葬儀代」

　そこで，塚本氏は紙に「生活費」「養育費」「葬儀代」と書く。つまり，見込み客が万が一の場合「ご主人の代わりに，最愛の奥様のために（ここでニッコリ笑う）お金をお届けできるとしたら，どうでしょう。安心ですか？」と尋ねる。すると見込み客は「安心だ」といわざるを得ない。

図表4-2　塚本氏が紙に書いているもの

| 必要 | 万一 |
|---|---|
| 入院　給付金 | 生活費　養育費　葬儀代 |
| 治療費　8千円 | |

出所：筆者フィールドノーツ

　あとは，保険金が月々いくら必要か，いつまで必要ですかという質問をしながら，パソコンにデータを入力して保険プランを作成する。塚本氏は「数字が出てきましたね。今日から本当に安心できる生活ができますよね。僕も安心です」と確認する。そして塚本氏は，価格表をみせながらこれで安心ですかと確認する。見込み客は，そうですねと答える。ここで塚本氏は「これで安心ですね。では，お名前を」といって契約書とペンを差し出す。塚本氏は見込み客がペンを手に取るまで帰らない。これは見込み客にとって大きな決断になる。この段階が，セールスプロセスでいうクロージングである。

## 5. 紹介を取り付けるセールストーク

　契約書に署名・捺印後，塚本氏は改めて見込み客に，「本当に安心ですか？ 実はまだその半分なのですよ」と尋ねる。見込み客は驚く。塚本氏は見込み客に次のように説明する。

　保険の請求は先の阪神大震災のように，請求されないかぎり下りない。したがって，自分がどこの保険に加入しているかを親しい人物が知っているならば，残り半分の安心になるという。塚本氏は見込み客から，親の名前，親しい知人の名前を聞き出す。「私がこの方に，今日の契約をお伝えして初めて安心という形になります。この方にお伝えしておきますから，（先に）お電話しておいてください。『われわれの安心のために（塚本氏から）話を聞いといてくれ』『悪いけど俺らのために聞いてくれ』」と見込み客に依頼をする。

　この段階で，ほとんどの見込み客は親の名前を出す。しかし，順番からすると親は先に寿命を迎える。塚本氏は，「念のために，ほかにいらっしゃいませんか」と聞く。すると今度は兄弟姉妹が多い。塚本氏は，「しかし，（兄弟姉妹の場合）お金がかかわるともめるケースがあるので，信頼できるお友達を1人だけご紹介ください。私は一応この方にお伝えしたいと思います」といって，見込み客の知人を紹介していただく。これが紹介依頼であり，紹介された人物を訪問して次のセールスプロセスを展開する。塚本氏はこの一連のプロセスを繰り返す。

　塚本氏は，この仕事を辞めないためには1人でも多く見込み客と会うことだという。そして，見込み客の前では「これからあなたのケアを一生ずっとしてゆく」と宣言することだという。

## 4　解説：再構成される提案営業のコンテクスト

　上の塚本氏の事例から重要な点を2点指摘できる。第1に，この提案営業はセールスプロセスの各段階が可視化されること。このことで，営業マンのマネジメントを可能にする。第2に，塚本氏は顧客コミュニケーション場面

において，紙と鉛筆によって即興的に認知的道具を作る。認知的道具とは，当事者の注意の仕方を変換させるものである。この実践によって提案営業という場面を構成し，営業マン自身によってコミュニケーション場面のマネジメントを可能にする。

まず第1の点について検討する。重要なことは，塚本氏の見込み客に対する営業展開が，商談現場において「提案」という言葉を使用せずに進んでいる。塚本氏のセールストークにおいて，どの内容がセールスプロセスのどの段階であるか解説を加えているのは，新人を研修する教育トレーナーである。つまり，塚本氏の話が「今，セールスプロセスでいえばどの段階なのか」ということを，教育トレーナーが説明できるように導く。塚本氏の提案営業活動は，セールスプロセスの各段階によって可視化されるのである。

換言すれば，塚本氏の話を聞く営業マンたちに説明可能なように，教育トレーナーが「セールスプロセスの各段階」という目印を付けている。この目印によって，塚本氏が話す内容が聞き手に可視化され社会的に流通可能となる[4]。要するに，セールスプロセスという概念によって，他の営業マンへのマネジメントを可能にしている。塚本氏が使った「必要」や「ニーズ」というキーワードによって，提案営業の文脈でいう「顧客ニーズの顕在化」と称されるプロセスが可視化される。この段階を，A社では「実情調査」という言語で表現している。

このように考えるならば，「アプローチ」という段階は，「保険の必要性」というキーワードが埋め込まれた例話の使用によって表現されたものである。「クロージング」は，営業マンと見込み客との関係を「安心の形をこれから一緒に考えよう」というキーワードで表現されたものである。

つまりセールスプロセスという表現は，営業マンと見込み客における新たな関係を特定のキーワードで再構成する実践的な活動である。このセールス

---

4) 聞き手であるセールスパーソンにとって，プロセス図を参照することは「今，塚本氏の話はどの段階で，自分の経験を当てはめるとどの部分に相当するのか」というコンテクストを与えている。同時に，聞き手が自らの経験を想起することは，セールスプロセスのどこをみればよいかというコンテクストを与える。

プロセスという表現は，営業マンの活動を他者に説明可能にする（社会的に流通可能にする）リソースである。このリソースを通じて組織的なマネジメントが可能になる。

このように営業活動をプロセス分解することで，営業研修や勉強会において，聞き手側の理解を一目瞭然となる領域に移し変えている。換言すれば，セールスプロセスの各段階の名称が目印となって，聞き手側に新たな「注意の構造」を構成する。このことによって，複数の営業マンをマネジメント可能にし，ある商談案件における営業担当者の交代を可能にする。あるいは営業マンの世代交代を可能にする。これは組織の再生産を意味しており，さらにいえば，セールスプロセスは組織が自己を再生産するためのリソースなのである。

第2に，塚本氏が紙と鉛筆を使って即興的に見込み客の言葉を書き記している。「必要」や「入院」等の言葉である。これらの言葉が記された紙は，消費者の注意の仕方を変換する認知的道具となる。そしてそれは，提案営業をマネジメント可能なものとしていくことになる。

「必要」「入院」等の，見込み客の言葉で書かれた認知的道具は，見込み客自身の注意の仕方に変化を与えて新たな意識を生み出す。つまり見込み客は，漠然と保険セールスの話を聞くのではなく，「保険の営業マンと注意深く保険の話をしている自分」という新たな関係を再構成する。同時に営業マン側においても，漠然と保険の話を聞いてもらうのではなく，「注意深く保険の話を聞いてくれる見込み客と自分」という新たな関係を相互的に再構成している。したがって，両者は認知的道具を挟んで提案営業という新たな状況を経験することになる。

以上の点を踏まえると認知的道具は，第1にセールスプロセスを可視化し営業マンのマネジメントを可能にすることと，第2に営業マン自身が営業場面をマネジメントする可能性を高めることが指摘できる。

## 5 おわりに

　本章では，消費を生み出すコミュニケーションの実践として，生命保険営業の事例を検討した。ここから導かれる示唆は，目にみえる「認知的道具」を使うことで当事者の注意の仕方が変換され，理解してもらえやすい状況（コンテクスト）を創り出していることにある。話し言葉だけでなく，視覚的に訴える道具によって当事者の意識をより注意深いものに変換している。こうした認知的道具は，説明したい内容を社会的に流通可能にするという点で，社内のマネジメントから顧客コミュニケーションまで幅広く応用可能となっている。

■参考文献

石井淳蔵（1995）「営業のジレンマ」石井淳蔵・嶋口充輝編『営業の本質』有斐閣。
上野直樹（1999）『仕事の中での学習』東京大学出版会。
社団法人生命保険協会「生命保険の動向（2012年版）」（http://www.seiho.or.jp/data/statistics/trend/）取得日：2013年6月29日。
社団法人生命保険協会ホームページ（http://www.seiho.or.jp/）取得日：2013年6月29日。
高嶋克義（2002）『営業プロセス・イノベーション』有斐閣。
田村直樹（2013）『セールスインタラクション』碩学舎・中央経済社。
細井謙一（1995）「営業の認知理論　－パーソナル・セリング研究における認知的アプローチ」石井淳蔵・嶋口充輝編『営業の本質』有斐閣。
松尾睦（2006）『経験からの学習－プロフェッショナルへの成長プロセス－』同文舘。
Norman, Donald (1989) "Cognitive artifacts," paper presented for the Workshop on Cognitive Theory and Design in Human- Computer Interaction at Kettle House Inn, Chappaqua, New York, June, 1989.（ノーマン「認知的な人工物」野島久雄訳，安西祐一郎他編『認知科学ハンドブック』共立出版，1992年）
Sutchman, L. (1987) Plan and Situated actions: The Problems of humanmachine communication, Cambridge University Press.（サッチマン『プランと状況的行為』佐伯胖監訳，産業図書，1999年）

## パワーアップ・ポイント04

# 「初頭効果」

　物事には常にメリットとデメリットがある。相手にメリットとデメリットのどちらを先に伝えたらいいかという場合，心理学者アッシュの実験結果が参考になる。

　アッシュの実験では，ある人物（仮にＸ氏）の評価が書かれているＡとＢの文章を読ませる。文章ＡではＸ氏の外交的な面を，文章Ｂでは内向的な面をクローズアップしている。このＡとＢの文章を，1つのグループはＡ→Ｂという順序で読ませ，別のグループはＢ→Ａという順序で読ませた。そして，Ｘ氏への評価を聞いてみた。

　Ａ→Ｂの順（外交的な面が先）で読ませたグループは，Ｘ氏を社交的で親しみやすく行動的だとポジティブに評価した。一方，Ｂ→Ａの順（内向的な面が先）で読ませたグループは，彼は内気でひかえ目で親しみにくいというネガティブな評価をしたのである。

　また別の実験では，2人の人物（仮にＹ氏とＺ氏）についての性格を書いた文章を読ませている。Ｙ氏については，「知的，判断力がある，決断力がある，強情，嫉妬深い」という性格と書かれている。Ｚ氏は，「嫉妬深い，強情，決断力がある，判断力がある，知的」という性格である。よくみれば，Ｙ氏もＺ氏も同じ性格特性をもっているにもかかわらず，その文章から人が受ける印象は大きく異なることになり，Ｙ氏の方が好印象と受け取られる。これを「初頭効果」という。

　人は，はじめにネガティブな印象を抱くと，その後にポジティブな情報が出てきても引き続きネガティブな印象をもち続けるのである。逆にはじめにポジティブな印象を受けると，あとからネガティブな情報が出てきてもそれを好意的に解釈しようとする心理が働く。

　すなわち，ある意見を通したい場合は「こんなメリットがある」と先にメリットを並べるのが効果的なのである。その点からすると，第一印象がいかに重要か理解できる。この際のデメリットに関しては，あいまいな表現ではなく正確に述べると好印象を与える（両面提示，第5章参照）。

# 第5章 営業における情報戦
## —不動産営業のケース—

> **Keyword**
> ・財の異質性　・情報の非対称性　・選択肢過多の逆効果
> ・心理的リアクタンス　・アフォーダンス　・両面提示

## 1 はじめに

　本章では，不動産業，中でも「総合不動産業」を営む不動産業者[1]の営業事例を通じ，同業における「セールス」の特徴を浮き彫りにすることを試みる。

　従来の不動産業界では，営業は「勘，経験，度胸」，いわゆる「KKD」が重要であるといわれてきた。しかし，ポストバブル経済の現在，不動産は保有していれば必ず価格上昇するという「土地神話」は完全に崩壊しており，「気合いの営業」が通じなくなっている。本事例の分析を通じ，セールスパーソンの行動が「KKD」に基づく場当たり的な営業ではなく，用意周到な情報戦であることを考察する。

---

1) 本章では，以下に述べる不動産業を営む事業者を不動産業者と定義しているが，不動産業（者）と宅地建物取引業法（以下，宅建業法）における宅地建物取引業（者）とは同義ではないことに留意を要する。

## 2 不動産市場の特徴

### 1. 不動産業とは

　不動産事業（不動産業）は，公的な統計において，「不動産取引事業」，「不動産賃貸・管理事業」に分類される[2]。ただしこれは絶対的なものではなく，例えば，不動産の「開発・分譲業」，「流通業」，「賃貸業」，「管理業」の4つに分類される場合も見受けられる[3]。

　現実の不動産事業はきわめて広範かつ複雑である。これを抽象化し，不動産のサイクルに着目して整理すると，以下の分類を提示することができる（図表5-1）。

　① 開発：オフィスビル・マンション・宅地等の企画・建築・造成
　② 分譲・販売：開発または購入した不動産の分譲・販売
　③ 賃貸：開発または購入した不動産の賃貸
　④ 仲介：第三者の所有する不動産の売買または賃貸の媒介・代理
　⑤ 管理：開発または購入した不動産・第三者の所有する不動産の管理

図表5-1　不動産業の分類

①開発 → ②分譲・販売／③賃貸／⑤管理 → ④仲介

出所：筆者作成

　不動産業者は，上記の①から⑤までのいずれかの業務を行う自然人または法人である。特に総合不動産業は，株式会社等の法人形態をとり，子会社・関連会社を含む企業（集団）として①から⑤までのすべて，または大半を主

---
2) 「平成24年経済センサス：活動調査分類表（サービス関連産業B）」参照。
3) 伊豆・伊豆（2000），pp.3-4。

な事業領域としている。ディベロッパー（不動産開発業）と呼ばれる業態は①および②を，不動産流通業は②および④を主な事業領域としている[4]。昨今注目すべき現象として，主に中規模以上の総合不動産業を営む不動産業者は，不動産証券化事業（不動産ファンド事業）を行っている場合も多い。

不動産業者の事業は産業分類上，サービス業に位置づけられる[5]。しかし，機能的観点からすると，特に①はオフィスビル・マンション・宅地等の開発する意味で，財の製造が中心業務のことから製造業や製造卸売業とみなせる。また，②は財を他の不動産業者または消費者に販売していることから，卸売業・小売業とみることもできる。そして，④は売主と買主の売買契約成立のために，情報を提供するサービス業とみることも可能である。

## 2. 不動産業の主な特徴

不動産業の主な特徴は3点ある。①中小事業者の割合が大きいこと，②負債比率が相対的に高いこと，③法令の規制を大きく受けることである。

まず，①中小事業者の割合が大きい点としては，不動産業の法人302,939社のうち資本金5,000万円未満が約96.6％の292,641（2011年度），一事業所の平均従業者数は3.3人（2009年7月1日現在）となっている[6]。多くの個人不動産業者も存在する点からすれば[7]，同業が小資本・少規模でも営まれていると推測できる。

②負債比率の点については，不動産業の自己資本比率は27.4％，全産業の自己資本比率34.9％であり比較的負債比率が高いことが確認できる（2011

---

[4] 不動産業に加え，例えば，建設業・貸金業・債権管理回収業（サービサー）等を営んでいる場合もある。
[5] 前掲注2・平成24年経済センサス参照。
[6] 公益財団法人不動産流通近代化センター「2013　不動産業統計集（9月期改訂）　1 不動産業の概況」1, 3, 9頁参照。出所：同センターHP（http://www.kindaika.jp/wp-content/uploads/toukei/201309_1gaikyo.pdf）取得日：2014年1月7日。
[7] 一般財団法人不動産適正取引推進機構「平成24年度末　宅建業者と取引主任者の統計について」別表1-1参照。出所：同機構HP（http://www.retio.or.jp/toukei/pdf/stat_g.pdf）取得日：2014年1月7日。

年)[8]。一般的に負債性の資金によって事業の効率性が高まる一方，金融機関の融資スタンスの変化に影響され，リスクが高まる要素にもなる。リーマンショック後，多くの不動産業者が倒産・事業縮小を余儀なくされた理由は，このような資金調達の影響によるものと考えられる[9]。

③法令の規制について，不動産業は宅建業法等に従って業務を行う必要がある[10]。つまり，不動産の売買，売買・賃貸の媒介・代理を「業として行う場合」，宅地建物取引業の免許を必要とし，宅地建物取引主任者の設置，重要事項の説明等，書面の交付等多くの義務が課せられる[11]。このほかマンション管理業の場合，「マンション管理の適正化の推進に関する法律」におけるマンション管理業の登録が必要となり，さまざまな義務が課せられる[12]。

不動産業の実務では，以上で述べたいわゆる「業法」に留意する必要以外に，民法・借地借家法等の私法，建築基準法，都市計画法等の行政法等の広範な知識が求められる。

## 3 事例：総合不動産業における仲介業務「ホクト君の情報戦」

### 1．現地調査の重要性

就職氷河期の中，総合不動産業を営む中堅不動産業者ニューライフ不動産（仮名）に入社したホクト君（仮名）は，社内の集合研修とOJTを受けゴールデンウィークを過ぎて営業部営業1課に配属された。そこは，東京エリア

---

8) 三井不動産「不動産関連統計集2014」[4]-1頁参照。同社HP（http://www.mitsuifudosan.co.jp/realestate_statics/download/fudosantokei_36.pdf）取得日：2014年1月7日。
9) 帝国データバンク「特別企画：2008年上場企業倒産の動向調査」参照。同社HP（www.tdb.co.jp/report/watching/press/pdf/p090103.pdf）取得日：2014年1月7日。
10) 宅建業法とは，宅地建物取引業を「宅地若しくは建物…の売買若しくは交換又は宅地若しくは建物の売買，交換若しくは賃借の代理若しくは媒介をする行為で業として行うものをいう」と規定している。
11) 同法の理解については，国土交通省『宅地建物取引業法の解釈・運用の考え方』を参照されたい。同省HP（http://www.mlit.go.jp/sogoseisaku/asubesuto/fudousan/05.pdf）取得日：2014年1月7日。
12) ここであげたもののほか，登録が義務づけられるものではないが，「不動産投資顧問業登録規程」，「賃貸住宅管理業者登録規程」等の制度がある。

を担当する花形部署だった。

　入社1年後，初夏の日差しの中，ホクト君はセールスパーソンとして1人現地調査に向かった。現地調査とは不動産業界で「現調」と呼ばれる，物件の状態や物件周辺の環境に関する情報収集の調査である。

　今回の対象物件である戸建て住宅までの距離は，最寄駅徒歩10分程度であった。不動産は，周辺環境や市役所等の公共機関，スーパーなどの小売店，公立小中学校，公園等の生活関連施設が購入決定の重要な要素となるため，これらの所在を確認する。反対に環境に影響を及ぼす可能性がある施設の有無にも配慮して徒歩で現地に向かう。このような施設は住民にとって主観的に好ましいとされない施設をいう。例えば幼稚園や小学校は，幼児や児童をもつファミリー層にとっては重要な生活関連施設だが，騒音が気になる人にとっては好ましくない施設になり得る。

　一言で不動産営業といってもその内容はさまざまで，自社が売買・賃貸[13]の取引主体となる場合もあれば，顧客が所有する不動産の売買・賃貸借の仲介を行う場合もある（図表5-2）。

### 図表5-2　不動産取引の形態：売買を例として

①不動産業者が自ら売主となる場合

不動産業者（売主）　⇒売買⇒　顧客（買主）

＊売買契約の当事者は、不動産業者と顧客

②不動産業者が仲介(または代理)を行う場合

顧客（売主）　⇒依頼⇒　不動産業者（元付業者）　⇐受領⇐　不動産業者（客付業者）　⇐依頼⇐　顧客（買主）

＊売買契約の当事者は、顧客(売主)と顧客(買主)

出所：筆者作成

---

13）売買については，本章の例のほか自社で開発した宅地・建売住宅・マンションの分譲，買い取った戸建住宅・マンションの売却などがあり，賃貸については，自社が所有する物件の賃貸が想定される。

今回の対象物件は自社が裁判所の不動産競売手続を通じ落札した物件であり，自ら売主となるケースである。いわゆる競売物件は，物件を第三者等が占有している場合には立ち退きに時間がかかること等リスクは高いが収益も高いため，上半期の売上目標が未達成のホクト君としてはぜひモノにしたい案件だった。

## 2．不動産の調査

　不動産競売の場合，裁判所からは3点セット（物件明細書，現況調査報告書，評価書）と呼ばれる書類が提供され，不動産調査においてはこれらを活用する。しかし，その内容が常に正確であるとは限らず[14]，自社が売主となる場合，問題があるとあとで買主から責任を問われるため，不動産の物理的状態に加え権利関係・行政上の制限をはじめとした重要な事項について詳しく調査しておく必要がある。

　この日は，不動産調査の入り口として現調を行ったあと，行政調査（市役所・法務局），ライフライン調査（電気・ガス・水道），地元不動産業者ヒアリングを行う予定である。競売物件の場合，不動産の前所有者や賃借人等の第三者が競売手続の終了後も占有している場合も多いが，今回は明け渡しを受けた物件でありホクト君は少し気が楽だった。

　対象物件に到着後，方角を確認し前面道路の状況を確認する。建築基準法における「接道義務」に基づき，原則として建築物の敷地は幅4m以上の建築基準法上の道路に2m以上接している必要がある。さらに，隣地との境界の界標，外観などの写真撮影を行い，気づいた点はノートにメモをとる。特に前面道路の幅や接道面の距離は，持参したコンベックス（スチール製の巻尺）で計測し，壁や基礎にクラック（ひび）等がないか等慎重に点検する。

　その後，物件の鍵を開けて内部を点検する。雨漏りやシロアリ被害等がないか，修繕が必要な個所やキッチン・バス・トイレ・湯沸し器などの設備も

---

14) 東京高等裁判所平成17年8月23日決定（判例時報1910号103頁）。

確認し，メモをとりながら写真撮影を行う。

　ホクト君は，2人の娘さんの父親としてマイホームを購入したばかりの先輩マネージャーの話を思い出した。「キッチンは住宅購入の実質的な決め手である奥さんが一番注目する点」，「お風呂とトイレは旦那さんが安らげる唯一の場所だから大事」と軽妙かつ実感を伴った口調で力説してくれたものである。そこから，建物の全体的なリフォームやクリーニング，陳腐化したキッチンとユニットバスの交換や温水洗浄便座の設置が必要だと考えた。水まわりはコスト面や好みがあるため一般にはそのままの状態（現状有姿）で販売することが多い。しかし，ニューライフ社では近隣の新築戸建住宅やマンションとの競争を考え，あえてリフォームしてから販売する。いくつかの工務店と提携し，集中的に発注を行うことで単価を下げる工夫をしている。

　現調終了後は，登記所（法務局）に立ち寄り土地及び建物の登記事項証明の取得，地図・公図の閲覧・写しの取得，地積測量図・建物図面の写しの取得を行う。その後，最寄駅近くの市役所で，都市計画課，下水道課，建築確認課，道路管理課等を巡り，さらに多くの事項を調査して回る[15]。自作のチェックリストに記入し，コピー禁止の書類はトレーシング・ペーパーで書き写す。このほか，水道局で上水道の敷設状況やガス（都市ガス・プロパンガス）の敷設状況も確認する。役所調査は要領よく進めないと，何度も現場と往復することになるため効率的な段取りが必要である。

### 3. 営業情報の収集

　地域の精通者へのヒアリングは，地場の不動産業者に行う。駅前等に位置し活発な営業を行っていそうな業者に飛び込みでヒアリングを申し込む。物件周辺の相場感や地域生活者のニーズ等を教えてもらう。最近では，インターネットでおおよその価格水準は調査できるが，情報の裏取りは足で稼ぐしかない。電話やメールではなく直接店舗に出向いて教えてもらう方が相手の情

---

15) 市街化区域・市街化調整区域の別，用途地域，建蔽率，容積率，建築物の高さ制限，防火・準防火地域，下水道管網図，道路の種別等々，多岐にわたる。

に訴えられ，多くの有益情報をつかめる場合が多い。

　外から店の中を覗き，経営者と思われる白髪の男性が電話を切ったのを見計らって入店する。「○○区のニューライフ不動産のホクトと申します，お世話になります」と名乗り名刺を出す。応接席で雑談を交えつつ，この地域の相場や需要が大きい価格帯等を確認する。土地の坪単価（1坪は約3.3㎡）は，100万円前後，戸建て住宅の標準的規模は敷地面積25坪，建物延床面積30坪強，間取りは3LDK以上，新築で3,500～4,000万円のようである。そして，いくつかの成約事例まで教えてもらえた。「お兄ちゃん，ご縁があったらよろしく」と声をかけられ，頭を下げつつ店を出た。

　不動産の売買では取引を自社のみで完結できる場合は少ない。例えば，地場の不動産業者が客付業者として買主を紹介することもあれば，自社が客付業者の場合には元付業者として売主を紹介してくれる場合もある[16]。不動産業界においては，同業他社はライバルであると同時に仲間でもある。

　ホクト君はほかにも2社にヒアリングを行ったあと，会社への帰途についた。夏の日は長いといっても，帰社後に書類を作成し終えるころにはとっぷり日が暮れているだろう。

　その後，数週間が経ちリフォームを終えた物件を2,980万円の出値でインターネットサイトに登録した[17]。不動産価格は，仕入価格やリフォーム費用，利益，地域相場を意識しながら設定しなくてはならない。これは販売上の生命線である。今回も他の物件価格や成約事例を意識しつつ割安感が出る価格帯に設定した。出値の80万円は端数価格の意味もあるが，価格交渉を想定した割引可能価格としてつけた。

　しばらくして，いくつかの仲介業者から物件確認の電話があり，何人かの希望者からの内覧依頼に応じたが成約にはいたらず，夏真っ盛りを迎えた。

　お盆休みをはさみ多少リフレッシュできたものの，ホクト君は次第になぜ売

---

16) 客付業者とは見込み客を連れてくる業者，元付業者は売主から物件の仲介等を依頼された業者である。
17) 例えば，REINS:Real Estate Information Network System など。

れないのか悩み始めた。そもそも，仕入れ段階からスジが悪かったのか，リフォーム内容や価格設定が悪かったのか。近隣のファミリー向け賃貸マンションなど，住み替えニーズがあるエリアにチラシをまき，週末ごとにオープン・ハウス（オープン・ルーム）を行う。朝から物件の掃除，来客用のスリッパや折り畳み式のテーブルやイス，お茶の用意をして，土日に顧客を待ち続ける。上司からの理不尽な「やる気があれば売れるはずだ」という指導を思い出しつつも，手持無沙汰なので，住宅ローンの入門書を読む日を過ごしていた。

### 4. 好機の到来

2回目のオープン・ハウスでようやく手ごたえのある顧客が訪れた。五代さん夫妻（仮名）は，ご主人のユウサクさん，専業主婦のキョウコさんと幼稚園のお嬢さんの3人家族だ。ホクト君はまず，暑い中足を運んでくれたお礼をいいつつお茶を出した。

お迎えが一段落したあと，1階のリビングやキッチン，お風呂，トイレ等，リフォームした箇所の説明をしながら案内を始めた。キョウコさんは，やはりキッチンや収納が気になるようだ。少々コストがかかったが，古びたキッチンを明るい対面式に交換しておいてよかったなと思いつつ，せかすことなく顧客が内覧するのを待つ。途中，ユウサクさんとの世間話の中から，物件のあるエリアが彼の通勤圏であり，学生時代に住んでいたこと，キョウコさんのご両親の自宅に近いこと等を聞き取った。

続いて，階段に気をつけるよう声をかけながら2階へ案内する。2階の2部屋は，法令上近隣に高層ビルが建築できないため，天気がよければ日が陰らない。「将来，お子様の部屋としてもいいと思いますよ」と伝え，実際の生活場面をイメージしてもらう。

ユウサクさんからは，建物の築年数のほか，新しい耐震基準かどうかの質問があったので，「昭和56年の新耐震基準には適合しています」と答える。キョウコさんからの，あと何年くらい住めますかという難しい質問には，「一般的な木造建築の寿命として20～30年程度といわれていますが，管理状態

などにより長くも短くもなります」と回答した。このほか，住宅ローンの一般的な目安や公立小中学校までの距離等の質問後，あまり好きな言葉ではないが，「ご検討中に，万が一ほかの方が購入を決定された場合はご容赦ください」と伝えたうえで五代一家を見送った。

　営業といえば，「話術」で売るものと思われがちである。事実，セールスパーソンは顧客に会うと，「売らなくては」という意識が先行してしまい，口数が多くなりがちだ。しかし，ホクト君は，トップセールスの先輩からの「話しすぎると，お客さんは逃げる」というアドバイスを思い出し，話し過ぎず，しかし聞かれたことには正確に答えるように努めた。

　一般的なサラリーマンの生涯賃金が2～3億円といわれる中で，不動産は人生最大の買い物である。だからこそ，不動産の購入を検討している顧客は，自分（たち）で購入意思決定することに意味を見いだしていることも多い。また，不動産を「売ろう」という意識が先立つと，顧客は「何かあるのでは」とかえって不安になり，購入に踏み切りづらいものだ。

　その後，ホクト君はこの物件が寝てしまう（売れないまま滞留する）かなと，不安になりつつ2週間が経過した。月曜日の夕刻，ユウサクさんからホクト君の携帯電話に連絡があり，もう一度，物件をみたいと申し出があった。

## 5. 成約を手に入れる

　次の土曜日，現地で再び五代一家と会い，自由に内覧してもらう。五代一家はこの2週間に他の物件も探しながら，夜にも本物件の前を通ってみたそうだ。街灯が明るかったことや，夜も人通りはあるが静かだったので安心したという。内心，「購入してくれそうだな」と思いつつも，焦らず，せかさずに待つ。

　その後，さらにもう一度の見学を経て，ユウサクさんから本物件に決めたとの回答があった。ホクト君は心の中でガッツポーズしながら重要事項説明の日程を提案した。

　当日，五代一家を応接室へ案内する。上司とともに，少し緊張しながら重

要事項説明を行い，その日はいったん帰宅していただいた。不動産業者によっては，重要事項説明と契約を同じ日に行う場合もあるが，専門用語が多いためその場で理解していただくことは難しい。疑問を残したまま契約を進めると後々トラブルになるため，数日後に契約を行う方がよい。

その後，五代一家に再度ご来社いただき，重要事項説明書に疑問がないかを確認したあと，契約の締結と手付の交付を受ける。顧客の人生の大きな節目に立ち会うこの瞬間と大きな取引を行ったことが，不動産業に従事する者として最大の喜びだ。

ホクト君は，手付金を経理課に渡したあと，1人，駅前の居酒屋で祝杯をあげ明日からの英気を養うのだった。

## 4 解説：不動産営業を支える情報戦

取引される財という観点から不動産営業を考えた場合，第1に不動産には1つとして同じ物件がないという「財の異質性」，第2に不動産業界では顧客とセールスパーソン間の「情報の非対称性」[18]が高いことがあげられる。つまり，取引ごとに物件情報を調査しなければならず，さらに成約に有効な調査情報の伝え方を考えなければならない。

以下では，ホクト君の事例から不動産営業を理解するため，4つの点で事例を考察する。第1に選択肢過多の逆効果の回避，第2に心理的リアクタンスの回避，第3アフォーダンスの効果，第4に両面提示の効果である。

### 1. 選択肢過多の逆効果の回避

地場の不動産業者ではないかぎり，セールスパーソンは対象物件やその周辺地域との関係が弱く，営業上必要な情報を有していない。そこで，現調や市場調査を通じて営業情報を収集して不動産営業を進める。しかし注意すべ

---

18) 情報の非対称性とは，各取引主体が保有する情報に格差があることを意味する。

きは，すべての情報を顧客に伝えればよいというわけではないという点である。

　一般的な商品購買においては，選択肢の増加は比較可能な情報量が増加することによって，その選択の満足度は高くなる。しかし，選択肢は一定水準を超えてしまうと選択が難しくなることが知られている。このような選択肢過多の逆効果は「ジャムの法則」と呼ばれている。

　ジャムの法則とは，スーパーでジャムの品揃え数と実際に購入された数の相関を調べた実験で発見された法則である。24種類と6種類のジャムを別々に売り場に並べ，その売上を比較した結果，前者の売上は後者の約10分の1であった。このことから，商品選択時に比較参照すべき情報量には適切な水準があることがわかった。

　不動産営業のように情報の非対称性が高い場合，その適切な水準の見極めが非常に難しいという問題がある。セールスパーソンは収集した情報の中から，顧客にとって必要な情報を取捨選択し適切な方法でその情報を提供しなければならない。

　顧客に対して何をどのように伝えればよいのかは，顧客とセールスパーソンとの実際の営業プロセス中に判断される。それは，顧客の①家族構成，②勤め先，③ライフスタイル等によって適宜考えられなければならない。自然な会話の中でこれらの情報を聞き取りあるいは読み取りながら，家族の趣味や今後のライフスタイル，経済的支援の必要性，通勤・通学の利便性，近所付き合いの加減，嫌悪施設の特定，ローンの年数や上限の推測等から，対象物件の間取りや設備，立地等の訴求方法を選択する。このとき欲張りすぎて多くの提案をしてしまうとジャムの法則に陥ってしまうのである。

## 2. 心理的リアクタンスの回避

　事例に示されたように，営業中に「話し過ぎない」という姿勢は，情報の伝え方という点で重要である。その理由を，心理的リアクタンスという概念から説明する。

心理的リアクタンスとは，人が自分の自由を外部から脅かされたときに生じる，自由を回復しようとする「反発心」のことである。この概念によって，説得者の意図とは逆の方向へと被説得者の意見や態度が導かれるメカニズムを説明できる。例えば，何かをしようとしたときに，他者から「～をしなさい」あるいは「～をしてはいけません」といわれると，逆のことをしたくなる場合がある。

　この心理的リアクタンスは，相手からの説得に対して圧力を感じるほど発生しやすい。顧客にとって不動産は人生最大の買い物であり，かつ情報の非対称性が高いという特性から取引への不安は大きく，説得に対して強い圧力を感じてしまう危険性がある。

　「話し過ぎない」という姿勢は，心理的リアクタンスを回避するための戒めの現れである。そのうえで，良い情報と悪い情報を適切なタイミングで有効に伝えることはどのように可能か，という状況的な実践を志向する礎でもある。

## 3. アフォーダンスの効果

　ニューライフ不動産のようなリフォームは，方法を間違えれば対象物件の価値に悪影響を与える危険性がある。しかし適切なリフォームの場合は，その物件での実際の生活をより想像しやすい。特に五代一家が対象物件を夜に訪れたことは，その後の成約に大きな影響を与えた。昼間とは違い，夜にはまた特有の環境的な望ましさがある。その訪問をきっかけに対象物件での生活イメージが膨らみ，もっと知りたいという好奇心を刺激できたのである。

　この五代一家の物件訪問をアフォーダンス（Affordance）という概念から説明する。アフォーダンスとは，「行為」を導く環境の情報のことである[19]。例えば，椅子に座るという行為を考えた場合，椅子の面の水平さ，平坦さ，堅固さ，広がり等の特性に加え，その面の高さが膝の高さにあれば，その面

---

19) ギブソンに従えば，「馬が大地を走る」のではなく「大地が馬を走らせるアフォーダンスをもっている」という表現になる（Gibson, 1979）。

は人に座る行為をアフォード（誘導）する。しかし，その面が膝よりも高ければ座ることをアフォードしない。つまり，この例では「椅子に座る」という行為のアフォーダンスは背の高さによって異なっている。

ニューライフ不動産のリフォームは，顧客にその空間での実際の生活を想像させたことで，「快適に暮らす」という行為を導く優れたアフォーダンスを提供した。リフォームがなければ，また別の（快適とはいえない）知覚がアフォードされたかもしれない。さらに五代一家は，夜の訪問によって昼間とは異なるアフォーダンスを知覚することで，そこでの生活をより具体的に想像でき，物件への魅力が高まったと考えられる。

## 4. 両面提示の効果

顧客に対する情報提供の方法において，不動産業界では重要事項説明という義務がある。重要事項説明とは，主に「対象物件に関する事項」と「取引条件に関する事項」から成る。この法令は不動産業者と顧客間の情報の非対称性を補う制度である。

営業のような説得的コミュニケーション[20]においては，説得に有利な情報だけを提供する「一面提示」と，説得に不利な情報も加えて提供する「両面提示」という手法がある。

一般的には，①リスクが少ない，あるいは②消費者が商品情報を十分有していない，③関係が短期的な商品の場合は一面提示が有効である。一方，①リスクが高い，あるいは②消費者が商品情報を十分有している，③関係が長期的な商品の場合は両面提示が有効であるといわれている。さらに，両面提示の場合は先に不利な情報，次に有利な情報を伝えた方が説得の有効性が高まるといわれている。しかし，情報に対する同調性[21]が強い消費者の場合，両面提示によって不利な情報に同調してしまうと，うまく商品を選択できない危険性があるので，この点には注意が必要となる。

---

20) 受け手の行動や意見を意図する方向に変化させることを目的とした方略を意味する。
21) ある対称と同様の行動様式をとる気質傾向を意味する。

不動産業界では，重要事項説明の義務によって両面提示しかできない。さらに環境に影響を及ぼす可能性がある施設の例のように，有利な情報と不利な情報があらかじめ明確ではない。そのため，顧客情報をできるだけ引き出しながら，その都度顧客に提供する情報を選択しなければならない。

ホクト君は，「話し過ぎず，しかし，聞かれたことには正確に答える」という姿勢や重要事項説明後から契約まで数日の間考える時間を設けることで，誠実さを印象づけ，信頼関係を形成する工夫をしている。この信頼関係によって，ネガティブな情報でも悪影響を与えない効果を生み出し，ネガティブ情報への同調を軽減する効果が期待できる。

## 5 おわりに

本章では，消費を生み出すコミュニケーションの実践として，不動産営業の事例を検討した。財の異質性と高い情報の非対称性という不動産業界の特性を考えると，情報が大きく営業成果に影響を与えることが理解できる。そこでは，物件情報，市場情報，顧客情報等の収集，それらの両面提示の義務，選択肢過多の逆効果や心理的リアクタンス回避，物件のアフォーダンスの利用が不動産営業の特徴であった。ここに，他の業種を含めた営業上の「KKD」を克服するヒントがあると考えられる。

■参考文献

伊豆宏・伊豆隆義（2000）『不動産流通と宅地建物取引業・借地借家法』清文社。
Brehm, j. W. (1966) *A theory of psychological reactance*. New York: Academic Press.
Brehm, S. S. & Brehm, j. W. (1981) *psychological reactance : a theory of freedom and control*. New York: Academic Press.
Clee, M. & Wicklund, R. A. (1980) Consumer behavior and psychological reactance. *Journal of Consumer Research*, vol.6, pp.389-405。
Iyengar, S. S.(2010)*The Art of Choosing*, Grand Central Publishing.(櫻井祐子訳『選択の科学』文芸春秋，2010年)
Iyengar, S. S. & Lapper, M. R. (2000) When choice isdemotivating : Can one desire too much of a good thing ? *Journal of Personality and Social Psychology*, vol.79, no.6, pp.995-1006.
Jacoby, J., Speller, D. E. & Kohn, C. A. (1974) Brand choice behavior as a function of information load, *Journal of Marketing Research*, Vol.11, pp.53-69.
Gibson, J. J. (1979) *The ecological approach to visual perception*, Boston : Houghton Mifflin.（古崎敬他訳『生態学的視覚論』サイエンス社，1985年)

## パワーアップ・ポイント 05
# 「ブーメラン効果」と「心理的リアクタンス」

　ブーメランとはオーストラリアの先住民族の武器で，獲物に向かって投げて当たらなければ戻ってくる。上級者は，獲物と反対方向に投げて獲物を油断させておき，大きく弧を描いてから獲物を襲うという使い方をする。つまり，反対の方向に投げながらも獲物に命中させるテクニックである。

　人間は相手からある方向を向くよう命令されると，反発して反対の方向に向こうとする心理が働く。これを「ブーメラン効果」という。その背景には禁じられたものほど興味を抱きやすいという心理が働いている。「見るな」といわれると「見たくなる」心理である。

　こうした心理現象を利用しセールスに応用できる。セールスパーソンは顧客にA案とB案を提示する。まず，A案（本命）を勧める。しかし相手が決めかねて，なかなか良い返事をしてくれない。そこで対立するB案を示し，そのメリットも丁寧に説明する。A案よりもB案にメリットがあるように強調する。すると顧客はA案を禁じられているように感じてしまう。そのことでかえってA案に興味を抱いてしまい，B案をけってA案を選ぶということになる。つまり，本命のA案に命中させることができたのである。

　このブーメラン効果では，「心理的リアクタンス」が働いている。人は説き伏せようとされるほど，かえって反発を覚え態度が固くなってしまう。なぜなら人は，自分の態度や行動の自由を守ろうとするからである。つまり，自分の意志で自由に選択できることを望んでおり，他者からの説得によって脅かされたり制限されたりすると，自由の回復を求めようとする心理が働く。例えば「勉強しなさい」といわれると，かえってやる気がしなくなるケースである。

　こうした心理的リアクタンスを逆手にとるのがブーメラン効果である。特に新人セールスの間は立場が低いので，相手に受け入れられないことが多い。そこでブーメラン効果を利用すれば，A案とB案を提示して本命ではないB案を勧めることで，本命のA案を選択させるという可能性が開かれる。

# リピーターを広げる
# リレーション

第6章　顧客ロイヤルティを高める接客販売
　　　　―アパレルブランドのトップセールス―
第7章　リピーターを広げるオピニオン・リーダー
　　　　―ポーラレディの役割―
第8章　キャビン・アテンダントの接遇
　　　　―リピーターを生み出す源泉―
第9章　キーパーソンの役割
　　　　―法人営業の特徴―
第10章　データベース営業
　　　　―カルビーの営業改革―

## 第6章 顧客ロイヤルティを高める接客販売
―アパレルブランドのトップセールス―

> **Keyword**
> ・顧客ロイヤリティ　・購買心理の8段階　・「おもてなし」の接客
> ・「新発見」の提案　・カスタマー・インティマシー

### 1 はじめに

　本章では，あるメンズファッションのアパレルブランドにおける，販売員の「セールスメイキング」について考察する。接客サービスをとおして商品を販売するビジネスは，まさに「人」がカギとなる。「あの店の，あのスタッフから買いたい」という顧客ニーズを作りだし，リピーターにつなげるのは販売員の接客力にかかっている。

　本ケースは，実際にトップセールスを実現する販売員に対するインタビューをとおして，顧客ロイヤルティの高い接客サービスの実践的内容から「クリエイティブ・セールス」の秘訣に迫る。

### 2 市場の背景および特質

　まず，アパレル販売の市場の背景や特質について確認しておこう。
　国内のアパレル小売市場は約10兆円を下回る規模で推移し，縮小傾向に

ある中で競争環境は激化している。従来の百貨店，量販店の成長が鈍化する中で，専門店と無店舗販売（特にネット販売）が顕著に伸長している。専門店は「ファーストファッション」に代表される価格訴求型チェーン店の競争が激化し，国内のみならずグローバル化の傾向にある。こうした流れを受けて客単価も下落傾向が続き低価格路線のブランドが進む一方で，上質さを求める高価格路線のブランドと大きく分けて二極化が進んでいる。

　顧客の衣服の購買特性は，その時代のトレンドや季節感の影響を受けながら，内面としての自己意識や価値観の表現としてのファッションスタイルが形成されるため，個人の嗜好性が強く，自己実現の欲求にも関係する。商品特性としては，上記の購買特性から買回品的性質をもつ。消費者は，最初から特定の商品について目的買いをする場合もあれば，「今日は買わないが興味・関心のある商品をみたい」と考えて探索的な購買行動をとることも少なくない。また，もともと買う予定がなかったにもかかわらず衝動買いをすることもある。顧客の購買行動は一般的に目的買いよりも衝動買いの方が多く，店頭に来る顧客のうち購入品をあらかじめ決めている人は3割程度だともいわれている。

　店頭における顧客の購買心理は8段階のプロセスで考えられる。販売員は顧客の心理の変化を想像しながら，最終的な「満足」の獲得にむけて，接客のタイミングをはかり，適切な接客サービスやサポートを行う（図表6-1）。

　マーケティング上において，この顧客満足は重要な概念である。顧客満足を向上させることによって再来店（リピート）率が高まり，ひいては固定客につながると考えられるからである。ただし，実際に顧客が再来店するかどうかについては，必ずしも確証があるわけではない。顧客が再来店し，さらにリピーターとなるには一時的な満足で終わるのではなく，顧客にとって何らかのロイヤルティの形成が求められる。とりわけ高価格路線のアパレルブランドであれば，商品や店舗のみならず販売員に対するロイヤルティの形成もまた，マーケティング上の重要なKSF（Key Success Factors）となる。

　販売員の接客力によって当該商品のブランド価値を高め，接客力自体を店

図表6-1　顧客の購買心理の8段階のプロセスと販売員の対応

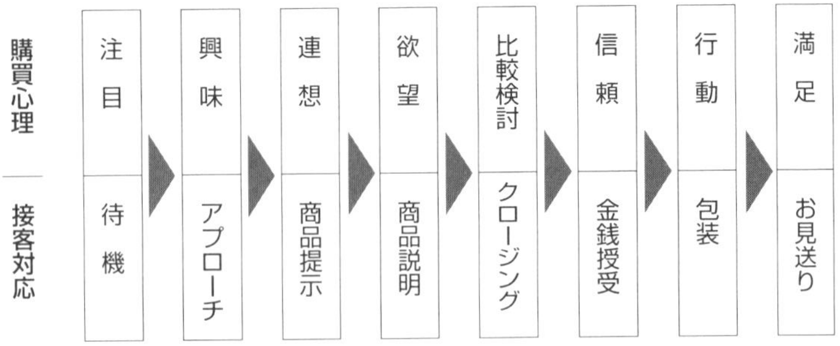

| 購買心理 | 注目 | 興味 | 連想 | 欲望 | 比較検討 | 信頼 | 行動 | 満足 |
|---|---|---|---|---|---|---|---|---|
| 接客対応 | 待機 | アプローチ | 商品提示 | 商品説明 | クロージング | 金銭授受 | 包装 | お見送り |

出所：『販売士検定試験ハンドブック（2007：2012）』より筆者作成

の強みの1つにしていかなければならない。あのスタッフから買いたいと思わせる接客力、ひいてはそれが顧客と販売員の間の信頼関係にまで発展させることができるかどうかが、顧客ロイヤルティ形成の決め手になるだろう。その点を理解するために、以下では、あるアパレルブランド店のトップセールスを実現する販売員の事例をみていく。

## 3　事例：トップセールス販売員の実践

### 1．概要

　ある有名百貨店に出店しているブランドZの山崎氏（仮名，副店長）は、入社して5年目。Zブランドだけでなく当ブランドの管轄であるグループ企業の傘下にある他の約30ブランドの中でも、トップセールスを果たしている販売員である。Zブランドである月の販売員の平均客単価が約3万5千円だとすると、山崎氏はその倍以上の数字を達成する。客単価が高いということは、山崎氏が単価の高い商品を販売しているか、数多くの商品を販売しているか、あるいはその両方を実現しているかということになる。山崎氏の場合は、顧客のイメージにあわせて提案するコーディネート力に定評があり、顧客はコーディネートした商品を気に入れば価格にかかわらず商品をセット

で購入することから客単価が引き上げられていると考えられる。顧客のリピート化や固定客化がなされているのは，山崎氏のコーディネート力と接客力によるところが大きい。

Ｚブランドのコンセプトは，「今の成熟した自分に向き合い，新しい気分やニュアンスを，ありのまま素直に，必要なアイテムだけをセレクトして表現できる服」という理想が込められている。モードやクラッシックといった既成のフレームにとらわれず，自由に本質を見極められる大人の男性をターゲットにしており，年齢でいうと35～50歳位まで，（実際に愛読しているかどうかは別にして）月刊誌『LEON』に掲載される男性のスタイルがイメージターゲットとなっている。顧客属性は，業種でいえば建築関係，デザイナー，メーカー，医者など，役職としては企業の取締役，部長クラスなどが多く，所得階級的にいえばアッパー層ないしアッパーミドル層がターゲットとなっている。

## 2. 来店時の顧客の把握と判断

顧客の購買心理の第１段階は顧客が商品や店に対する「注目」の段階であるため，販売員はすぐに「アプローチ」をせず，「待機」することが求められる。ただし，この段階で販売員は単に待機していればいいというわけではない。

山崎氏が来店時の顧客に対して意識している点として，顧客属性の把握と接客の必要性の有無を判断することだと説明する。

まず顧客属性の把握として，山崎氏は来店時の顧客の雰囲気から，①社会的階層やライフスタイルのイメージ，②目線意識について特に意識する。まず①については，服装や履いている靴から社会的地位やライフスタイルを想像し，コミュニケーションの準備をする。②については，顧客がその服をとおして「もてたい」とか「かっこいい」とか思われたい目線の方向性が（潜在的に）「男性目線」を求めているのか，「女性目線」を求めているのかを区別して考える。「男性目線」というのは，例えば社内の先輩や上司からの目線の意識であり，「女性目線」というのは，単に彼女（恋人）だけなく部下

などの身近な女性からの目線の意識である。そのどちらかを想定し，コーディネートに活かすのである。

次に，来店時の顧客に対する接客の必要性の判断はきわめて重要になる。もし顧客自らの判断で最終的な購買行動に至るならば，その顧客に対して販売員の接客サービスは必要なわけではない。接客サービスを求めていない顧客に対して，もし販売員が積極的なアプローチをするならば，それはかえってマイナスの影響を与える。

この点について山崎氏は，顧客に対するファースト・アプローチ，すなわち最初に声をかけたときの顧客の反応をみて判断する。一般的には積極的な意思を示す顧客に対して販売員はアプローチしがちだが，山崎氏はむしろ反応を示さない顧客の方にアプローチする。確かに販売員にとっては積極的にコミュニケーションをとる顧客の方が話しやすいだろうが，山崎氏は（ただし必ずすべての人に該当するわけではないが）意思表示できる人は自己の選択や判断を優先できる人なので，接客をしない方が逆にサービスとなる場合が多いと考える。したがって，よほど何かに困っていないかぎり声はかけない。逆に，あまり反応をしない相手には，何気なく商品を見やすいようにおいたりするといった気遣いをすることで，心を開いてもらえ接客に応じてくれやすくなるため，こちらの対応を重視している。

### 3. 顧客に対して常に「新発見」を提案する

通常，自社のブランドを知らない顧客に対して，まずは当該ブランドの説明から始まり，ブランドの「テイスト」を理解してもらう。そして，今回どのようなシチュエーションで着るのか，どの色の何とあわせてコーディネートするのかといった問いかけをする。こうしたことは，販売員は仕事として普段から行っていることである。

しかし，山崎氏が常に心がけていることは，顧客自身がおそらく「選ばないもの」や「着たことがないだろうもの」をあえてコーディネートし，提案することにある。まさに顧客にとっての「新発見」の提案である。山崎氏は，

仮に顧客が「一見顧客」であっても新しい発見を提案することが販売員としての差別化になり，オリジナリティになると考える。さらにいえば，それができなければ，販売員をしている意味はないとまで確信している。

顧客にとって常に意外性のある提案のすべてが肯定的に受容されるわけではない。顧客が購入する際には，「安心感」も必要なのだという。この山崎氏がいう「安心感」とはいつもの自分に合っている定番を無難に買うといった安心感ではなく，顧客が新たな発見をとおして「実はこういうのも，ああいうのも着ることができる」という顧客が自分にとっての新たなスタイルを確認できる「安心感」である。山崎氏の顧客に対する新発見の提案としては，具体的に次のようなケースがある。

### ケース1

「高そうな，いい素材の服を着ていて，お金をもっていそう」という印象の顧客A氏（職業：医師）が来店された際，山崎氏はそのコーディネート自体は良くも悪くもなく普通であり，なんら面白いところがないと感じた。

顧客A氏は基本的にスーツスタイルでいることが多く，その一方で独特な雰囲気もあったので，「明らかにこの人は違うな」と思わせる意味でジャケットとパンツスタイルを提案した。そして，ジャケットはシャドーのチェックが入ったものにし，シャツは通常無地で選ぶところをストライプに，パンツはオリーブ系でコーディネートした。パンツの裾の折り返しには，基本的なスーツスタイルのようにシングルかダブルではなく，少し靴下が見える程度であえてロールアップを提案し，春先から夏にかけての時期だったので「素足見せ」を提案した。というのも，高級ブランドの靴を履いていたのを見て，パンツの裾でかぶせるのはもったいないと思ったからである。

顧客A氏はかつてこうした提案をされたことがなく，さっそくそれを京都のお茶屋さんに実際に着て行った。すると舞妓さんからいつもより「おしゃれ」といわれ，今まで以上に評判がよくなったという。それ以来，山崎氏は彼の根強いリピーターとなっている。

> ケース2

　ポロシャツと同じ鹿の子生地の長袖シャツに目が留まった顧客B氏（職業：大学教員）は，接客を受けながらそのシャツを選択しそれにあわせてデニムを購入した。山崎氏はそのスタイルに合わせて，新商品であるシルクウールの黒ジャケットを「参考までに一度着てみませんか」と勧め，ジャケットにデニムという定番のスタイルをコーディネートした。続けて，靴の合わせ方として「あまり合わせない色で，普通こういうスタイルのときには黒か茶系の革靴を履くと思うのですが，それではあまり面白みがないので…」といって，紫色のハイカットのスエードの靴を合わせた。定番の組み合わせに対して，靴をポイントで目立たせるように印象づけた。
　顧客B氏はジャケットや靴まで最初から購入するつもりはなかったそうだが，今までにみたことがないコーディネートが気に入り，結局すべてセットで購入した。その後，学生や同僚からそのコーディネートに対する靴を褒められて気分を良くし，その後，根強いリピート顧客となっている。

　こうしたケースが示すように，山崎氏は素朴に顧客が望んでいることに適応することは「ゼロの地点」に過ぎないのだという。そうではなく，顧客の事前期待を超えるものを提供するという「新発見」のコーディネートこそが，山崎氏の取り組みでありZブランド当該店の方向性となっている。

## 4.「おもてなし」の接客と親近感

　山崎氏によると，店舗とは商品を販売する場所だけではなく，「エンターテインメントの場」として考えている。そのため接客する販売員が，ゲストである顧客をもてなし楽しませることも必要だと考えている。「おもてなし」の接客サービスを行ううえで，山崎氏は意識的に顧客の1つひとつの細かな動作にまで配慮をしている。取扱商品は「試着」という行為が伴うので，それを積極的に活用するのである。
　例えば，顧客がパンツを履く際に裾を折り返したりベルトをとおして渡す

場合，何もいわずに渡すのでなく，さりげなくその行為を口にして渡すことで顧客に対する「配慮感」を演出するのである。「気を遣って，ここまでしていますよ」ということを行為だけで表現するのでなく，そのメッセージそのものを送ることで相手に「おもてなし」をしていることを伝える。当然，これは他の店員がしていないことまで行うことがおもてなしによる差別化であるという認識があっての行為であり，心理的にも「返報性の原理」が期待できる。

ただし，そのことが販売員の自己満足になったり，単なる「押し付け」的行為になってはいけない。もしそのことが結果的に商品を買わない場合の顧客の「気まずさ」（＝返報義務の心理的負債）として表れると，ブランドや店舗の印象は悪くなってしまう。

その点が逆にもう１つ重要なポイントということで，山崎氏は接客サービスには「くすっ（笑）となるようなシチュエーション」の演出が必要だという。例えば，試着でフィッティングルームに入る場面で，顧客が靴を脱ぐときに靴がずれることがないように（わざと）その瞬間に靴を押さえて差し上げ，「脱ぎにくいですよね。余計なお世話でした（笑）」という。

このエピソードは，親切過剰なもてなしを逆に利用して，顧客にくすっ（笑）と笑顔になる演出である。ラグジュアリーブランドと違って完璧なおもてなしで接客するよりも，気遣いプラス何かしらのユーモアを演技・演出することによって顧客の緊張を解き，リラックスした状態で誘導することを意識している。ただし，山崎氏の提供するおもてなしは，サービスとして受容できる顧客とそうでない顧客を前述のとおり事前に区別しているため，すべての顧客に対して同じことをしているわけではない。

ユーモアをとおして販売員に親近感を感じてもらうのが演出の１つだとすると，山崎氏はもう１つ，顧客との親近感を確認するために接客中にあえて対人間距離（＝パーソナルスペース[1]）に立ち入ることを試みている。具体

---

1）社会心理学で，コミュニケーションをとる相手が自分に近づくことを許せる，自分の周囲の空間（心理的な縄張り）を指す。文化人類学者のエドワード・ホールによると，相手との関係と距離感を①密接距離，②団体距離，③社会距離，④公衆距離に分類される。

的には，販売員が商品の試着で顧客の密接距離[2]内に入る際に，（気づかれないように）実際には触れるか触れないか程度のボディタッチによって自分が受容されているかどうかを確認する。山崎氏はこのように接客サービスをとおして，顧客のパーソナルスペースに出入りしながら受容の度合いを確認し，徐々に距離を縮めて親近感を高めていくのである。

## 5. 自分の名前を覚えてもらう

　山崎氏がリピーターを広げるために，またリピーターに継続してもらうために最も意識的に行っていることは，とにかく自分の名前を憶えてもらうことである。そのために，フルネームを何度も繰り返し聞いてもらい，憶えてもらえるように心がけている。

　販売員による接客サービスの感じが良かったかどうかではなく，自分の名前を憶えてもらうというレベルは接客サービスの評価基準である。自分が店舗にいないときに「山崎さん，いる？」と他の販売員からも聞いてもらえるかどうかがカギである。

　山崎氏は，特にセットで買ってもらった顧客に対しては名刺の裏にさっとメッセージを記入するように心がけている。そのメッセージは顧客から得たパーソナルな情報に関する，ちょっとした気遣いのコメントやお礼の言葉である。例えば，ブライダルニーズで購入した顧客に対して，「おめでとうございます。結婚式の感想をまた聞かせてください」など，顧客が帰る際にメッセージをみえないように渡すことで，顧客が次回来店した際にはコミュニケーションのきっかけとなり，名前を憶えてくれるようになる。

## 6. 顧客管理とリレーションシップ

　顧客管理については，個人顧客に対応する観点から販売員ごとに顧客カルテを作成し管理している。氏名，住所，電話番号などの基本属性のほかに，

---

[2] 密接距離とは45cm以内の身体に容易に触れることができる距離で，この距離は親しい人であれば受容されるが，逆にそうでない人であれば不快感や防衛本能が働くといわれる。

これまでの商品の購入履歴が中心となっている。それに加えて，顧客属性に関して自由記述で表現できるものはできるだけ記載しているという。したがって，記載できる情報を接客中にどれだけつかめるかが重要であり，信頼関係を構築しつつ顧客に聴けるときにはとことん入手する。

　山崎氏の顧客管理カルテにおける自由記述情報は，①顧客のスタイル（好み），②職業（仕事内容），③家族構成，④イベント，⑤持ち物（特に靴は顧客の「テイスト」がわかるという），⑥買い物の際に自分の判断で選ぶのか接客をとおして買うか，などが記載されている。これらの情報は再来店時に活用される。そのほかにも，例えば⑦住所情報は配送の際に顧客に対して特別感が出せるように，住所がすぐに書き写せるように工夫されている。

　コンピューターによる決まったデータベースではなく，定性的なデータと暗黙知的な情報が顧客ごとにカスタマイズされており，山崎氏が不在の場合でも他のスタッフが対応できるようにしていることもその目的の1つとなっている。

　顧客情報を通じて，ZブランドではDMを送付したり，ときにはキャンペーンなどで電話連絡をすることもあるが，山崎氏は最低限連絡しなければならないもの以外はあまりしないという。なぜなら，山崎氏の固定客はアッパー層で占められており，仕事上の都合を優先している場合が多いからである。顧客はたいてい自己管理ができるので，不必要なアプローチをすると逆にマイナスになる。山崎氏は，DMを送付する場合は必ずシフトを書くか，「あなたが必要なときに電話してください」というメッセージを書いて，個別に対応する姿勢をみせるようにしている。

## 4　解説：顧客ロイヤルティを形成するクリエイティブ・セールス

　今回のケースを概念図に整理すると，図表6-2のように示すことができる。

図表6-2　販売員に対するロイヤルティの形成

```
[事前期待＜実績評価] → [顧客満足度（↑）] → [リピート顧客・固定化]
        ↑                                              ↓
[販売員の接客力      ] ← [販売員の「知」の蓄積  ] ← [販売員に対する
 コーディネート力   ]     [「技能」の向上       ]    ロイヤリティの形成]
```

出所：筆者作成

　顧客ロイヤルティを形成するためには，販売員の商品コーディネート力と顧客をもてなす接客力がKSFである。山崎氏は来店した顧客に対して心理的なアプローチで接近し，「おもてなし」にあふれた接客を行う。そうする中で「新発見」のコーディネートによって，顧客は実際の場面での着用欲求を高めていく。山崎氏は顧客に対して単なる販売員としてふるまうだけではなく，事前期待を超える「パーソナルコーディネーター」あるいは「ファッションアドバイザー」としての機能を発揮しているといえる。そして，山崎氏の顧客は（すべての顧客でないかもしれないが）着用後に自己評価だけでなく親しい第三者からの好意的評価によって，さらに満足感が高められていると考えられる。

　こうした「顧客ロイヤルティ」形成の際，顧客には商品購入前の事前期待をもってもらうだけでなく，商品購入時から購入後にかけての「買ってよかった」という満足感を感じさせることができなければならない。つまり，購入前から購入時，購入後を経て，長期的に満足感は右肩上がりに高まる傾向でなければならない。したがって顧客は購入欲求だけでなく，山崎氏のコーディネートによって刺激された着用欲求によって，さらに満足感を強め，それが次回の購入につながるのだと考えられる。

　再来店顧客に対して，過去に購入した商品履歴と顧客カルテ情報を活用し，顧客との関係性をさらに強化しながら接客して具体的な提案をしていく。山

崎氏は顧客属性に関する知（情報）を蓄積し，スパイラル的に発展させていくことで「顧客ロイヤルティ」を高めている。つまりこうである。とことん配慮された接客と商品提供によって，販売員としての山崎氏の評価や信頼は揺るがないものになる。その結果，山崎氏のリピート顧客，固定客化が実現され，さらにロイヤルティの高い顧客が山崎氏につくのだと考えられる。

こうした戦略は，「インティマシー」という概念で説明される。「インティマシー（"intimacy"）」とは，もともと「なじみ」，「親しみ」という意味である。「カスタマー・インティマシー」という戦略では，顧客との親密性を徹底的に追求した価値を提供することに重きをおくものである。自社の商品・サービスから離れたくない状態に顧客を誘導して顧客の固定化を図るという戦略である。「顧客ロックイン戦略」の中の1つである「インティマシー・ロックイン」は顧客との親密な関係を築き，関係を強固にすることで顧客を囲い込む戦略として提唱されている。

顧客に再購入してもらうためには，必ずしも高価な広告・宣伝活動に頼る必要はない。現場の販売員が展開する特別な関係（リレーションシップ）を深めることで，顧客をつなぎ止めることができる。今回のケースでは，販売員ごとに顧客カルテを作成し，顧客との関係を深められるように山崎氏らが意思決定できる体制をZブランドでは採用している。それによって顧客に対する「新発見」を常に可能にし，接客サービスをとおして「おもてなし」を提供することが，本章のいうクリエイティブ・セールスである。

## 5　おわりに

本章では，リピーターを広げるリレーションの実践として，アパレルブランドのトップセールスの事例を検討した。今回のケースは，当然すべてのアパレル業界の販売に当てはまるわけではないが，当該ブランドのポジショニングにマッチしたモデルケースとして多くの示唆に富んでいる。

解説で触れた「インティマシー」を戦略の柱におくのはZブランドの山

崎氏が販売している店舗だけで，確かにそれは山崎氏自身の「人柄」に依拠するところが大きい。ただし，山崎氏の取り組みは当時の上司である店長の教えが大きく，山崎氏はそれを学び，忠実に実践してきた結果なのである。

山崎氏の定評のあるコーディネート力の源泉は，当該顧客にその服をとおして「ストーリー」を買ってもらうことにある。例えば，ジャケットは「着るのがめんどくさい」という「男性目線」ではなく，「旅行先で彼女に羽織ってあげると喜ばれる」アイテムとして考える「女性目線」の発想が大切なのである。服という商品を売るのではなく，「この服を着てもらうことで顧客が別の人生を歩むことができる」ようなストーリーを販売できるよう商品をとおして考えながら，山崎氏は日々工夫している。

■ 参考文献

重田修治（2002）『マーケティングの心理学』明日香出版社。
中川理・日戸浩之・宮本弘之（2001）「顧客ロックイン戦略」『Diamond Harvard Business Review』Oct.,pp.40-55。
日本商工会議所・全国商工会連合会（2012）『販売士検定試験ハンドブック（基礎編）』株式会社カリアック。
日本商工会議所・全国商工会連合会（2007）『販売士検定試験2級ハンドブック』株式会社カリアック。
野村総合研究所コンサルティング・セクター（2008）『戦略実践ノート』ダイヤモンド社。
マイケル・トレーシー&フレッド・ウィアセーマ著／大原進訳（2003）『ナンバーワン企業の法則』日本経済新聞社。
丸木伊参（2008）『売り場のプロはこうして生まれる！』日本経済新聞社。
ロバート・B・チャルディーニ著／社会行動研究会訳（2007）『影響力の武器』誠信書房。

## パワーアップ・ポイント 06

# 「接近行動」と「逃避行動」

「接近行動」とは自分の関心事について人から聞かれると，つい話をしたくなることをいう。「逃避行動」とは自分の嫌いなことやいいたくない話題に触れられた場合，黙りこんだり席を立ったりすることをいう。

例えば，自分に興味のないゴルフの話を延々と聞かされるとつい反応が鈍くなり，相手をがっかりさせることになりかねない。そして相手に，「あの人はどうも好きになれない，一緒に行動できない」といった反発心を与えてしまうかもしれない。その逆に，聞き手が「今までゴルフは興味なかったのですが，そんなに面白いのですか」というように，肯定的な態度で接すると相手はこちらを好ましい人だと思い，一緒に行動しようという気持ちになる。

つまり自分の意見が他の人から支持されると，その意見に確信がもてるようになる。そのため，その人に好意を感じ一緒にいたいと感じるのである。同じ意見をもつ人同士で集まるというのはこのためである。その反対に，自分の主張に対して反対意見を表明されたり拒否されたりすると，自分の考えに自信がなくなる。さらには，反対意見の人を嫌いになったり遠ざけたりする心理が働く。

最初はその話題に興味がなくても「なるほど」と耳を傾け，聞き役になることで相手はたくさん話すようになる。こうした接近行動を繰り返すうちに，「一緒にいたい」「一緒に行動したい」という心理になる。つまり顧客の心をつかむためには，セールスパーソンは「聞き役」でなければならないのである。

# 第7章 リピーターを広げるオピニオン・リーダー
## ―ポーラレディの役割―

**Keyword**

- オピニオン・リーダー　　・準拠集団
- ブランド選択　　　　　　・製品選択

## 1 はじめに

　「セールス」「営業」という言葉のイメージを考えてみたい。近年では女性の社会進出も進み，女性のセールス・営業担当者も数多くいる。しかしながら，どちらかというと男性のイメージをもつ人が多いのではないだろうか。重たい鞄を片手に得意先を回る男性の姿をドラマや小説，アニメの中でみたことのある人も多いだろう。

　本章では，女性の活躍するセールスの現場，化粧品販売に関するケースを取り上げる。化粧品は消費者の大半が女性であり，セールス担当者と消費者の間のコミュニケーションが非常に重視される製品である。「美容部員」や「ビューティーアドバイザー」など化粧品販売員の呼称にさまざまなものがあり，それが女性たちに浸透していることからもそのことが伺い知れるといえるだろう。

　化粧品販売には店舗販売をはじめ，通信販売，カタログ販売などさまざまな販売方式があるが，本章では化粧品のダイレクトセリングならびにエステ

サービスをメインとする株式会社ポーラのケースを取り上げ，ポーラのセールスを主に担当する「ポーラレディ」の活躍のケースから，セールスの役割について考える。

## 2 市場の特徴

### 1. 株式会社ポーラのターゲット市場

　経済産業省のデータを業界団体である西日本化粧品工業会がまとめた資料によれば，平成24年度の化粧品出荷額は1兆4,048億円であり，前年比98％の伸び率である。過去10年間は前年比97〜105％の間を推移しており，直近4年間は97〜98％という伸び率である。一方，近年では異業種からの参入が相次いでおり，競争が激化している市場ともいえる。

　そのような中，本節で取り上げる株式会社ポーラ（以下，ポーラ）は，平成25年1‐3月期（第1四半期）売上高が前年同期比0・5％増の214億9200万円で，売上高は7四半期連続で前年同期を上回っている。ポーラによれば，売り上げの4割を占めるサロン（店舗）事業が好調ということである。

　もともとポーラは，創業者である鈴木忍氏が，厳しい生活の中で手が荒れてしまった妻をいたわるためのクリームをつくったことがはじまりだという。彼は，「最上のものを，1人ひとりにあったお手入れとともに直接お渡ししたい」と考え訪問販売からスタートし，そのことをビジネス上の1つの強みとして会社を大きくしてきた。

　現在では，主なチャネルとして訪問販売だけでなく店舗販売にも力を入れており，エステサービスが受けられる「ポーラ ザ ビューティー」等が展開されている。この背景には女性の社会進出による在宅率の低下がある。しかしながら，基本的には創業者の理念にあるように1人ひとりにあった製品を販売するために訪問販売，店舗販売ともにポーラレディによるカウンセリングを通じた販売がメインである。

　スキンチェック，カウンセリング，デイリーケアのアドバイス，エステサー

ビスといったきめ細やかなサービスを通じ，1人ひとりにあった製品・お手入れを提案することがポーラの強みである。ポーラではこうしたチャネル・サービスを通じて，主に高価格帯の製品を販売しており，例えば近年のヒット製品で各女性誌のベストコスメ賞を受賞しているブランド「B.A」(ビーエー)の価格帯はスキンケア製品で税抜10,000～32,000円である（レフィルを除く）。こうした化粧品を販売する販売員がポーラレディである。

ポーラレディは，実は株式会社ポーラに所属する販売員ではない。ポーラでは，委託販売制度を採用しており，ポーラレディの所属する各営業所の所長と契約し，まずは営業所に製品を委託する。ポーラレディはその製品を顧客に販売し，販売代金の中から，手数料を受け取りそれが利益となる。

図表7-1　ポーラの委託販売制度

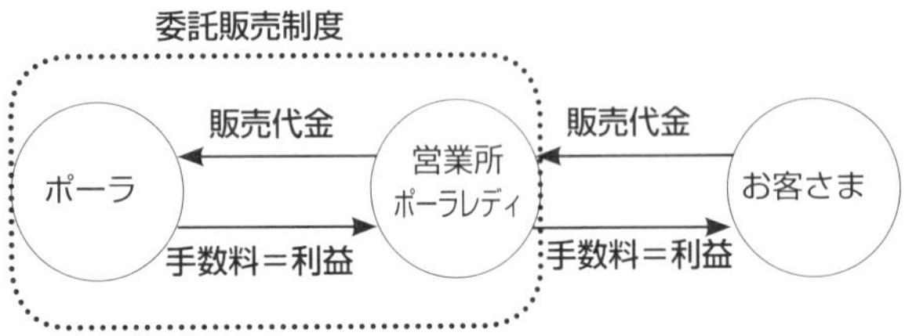

委託販売制度

ポーラ ←販売代金― 営業所ポーラレディ ←販売代金― お客さま
ポーラ ―手数料＝利益→ 営業所ポーラレディ ―手数料＝利益→ お客さま

出所：株式会社ポーラホームページをもとに筆者作成

このようなポーラの営業所は全国に約4,700店，ポーラレディは約150,000名にも上る。ポーラの営業所では基本的に地域に密着した営業活動が行われており，それをポーラレディが支えるという形になっている。

## 2．ポーラレディ制度

ポーラレディ制度が導入された理由の1つは，当時まだ少なかった女性の就労の機会を提供するためであった。近年のように女性の社会進出が進む以前は，女性の働ける場所というのは専門職を除けば非常に限られており，

「ポーラレディ」の呼称のとおり女性が活躍する場をポーラのチャネルシステムは提供してきたといえる。

　女性の力を活用しようとすると，彼女たちの「働きやすさ」が非常に重要となる。基本的にポーラレディは販売代金の中から受けとる手数料が自身の成績となるため，どの程度の売り上げを上げたいかによって働き方を変えることができる。例えば子育て中で，収入よりも子育てに当てる時間を優先したい，と思えばそのような働き方をすることもできる。また「自分のお店をもちたい」というような起業の夢をもっている女性には，営業所長として独り立ちする機会も設けられている。「手に職を」と考えている女性にはエステサービスにかかわる研修があり，エステティシャンとしての技術を身につけることができる。さらに，定年がないため90歳を超えても活躍するポーラレディも存在する。90歳以上を超えて活躍するポーラレディを集めたインタビュー集「美婆伝」（講談社）が発売されたことによりメディアで取り上げられる機会も増えており，特に近年，女性のライフスタイル，ライフコースに合わせた働き方ができるとしてポーラレディは注目されている。

　では，ポーラレディはどのような成績を上げているのだろうか。もちろん人それぞれだが，1ヵ月100万円の売り上げを6ヵ月以上続けるポーラレディや，1ヵ月200万円の売り上げを達成するポーラレディが存在する。月単位の売り上げだけでなく，顧客との関係を構築することの得意なポーラレディも存在する。例えば90歳を超えてポーラレディとして活躍する女性たちにはなじみの顧客がついており，この人から買いたいと思ってもらえるからこそ「生涯売り上げ5億」というようなポーラレディが誕生するのである。

　以下ではポーラレディの事例をとおして，彼女たちがなぜポーラにとっての強みになっているのかを検討したい。ポーラレディの事例については，株式会社ポーラ　ホームページ内コンテンツ「POLA　Career」で紹介されている。現役ポーラレディのこれまでの来歴を振り返るストーリー「ポーラレディ　明日の扉」（以下，「明日の扉」）に基づき検討する。彼女たちを取り上げる理由は，約150,000名のポーラレディの中で選抜されてメディアに登

場しており，優秀なセールスパーソンであると考えられるからである[1]。なお，氏名については「Aさん」「Bさん」「Cさん」という仮称とした。

## 3 事例：ブランド理解者としてのポーラレディ

　ポーラレディの日常業務は大きく分けて①接客，② PR 活動，③エステ・接客技術等の研修から構成されている。その中でもメインとなる接客サービスでは，製品の販売だけでなく個別のカウンセリングやエステサービスなどを行う。店舗ではもちろん，訪問販売においてもカウンセリングや製品を使ったマッサージ等を行い，顧客ごとに個別対応を行っている。
　以下では，現場でどのようなことが重視されているのかをみていく。

### 1. 顧客とのコミュニケーション

　ポーラレディの主な仕事として製品自体の販売はもちろん，カウンセリングサービスが非常に重要である。それはポーラの強みである1人ひとりに会った製品・お手入れの提供のために欠かせないサービスであるが，単にそれだけにはとどまらない。
　この点を「明日の扉」に掲載されたAさんの例から考えてみたい。
　Aさんはもともと新卒で紳士服の会社に入社したが，女性が主体的に活躍できる会社を求め，2009年7月ポーラレディに登録をした。その理由として彼女は，「ポーラレディだったら，自分でやった分だけ収入がもらえて，自分次第で色んな仕事ができる」という点，さらに，「自分が楽しめる仕事」をしたいと考えた点があげられている。はじめは納得できる仕事ができず，やめようと思ったこともあるそうだが，「**頑張っていると，絶対に救ってくれるお客さんがいる**」ということに気づき，仕事の楽しさに気づいたという。2012年1月からは自由が丘店の所長に就任し，現在は，マネジャーとしても活躍している。彼女はこの仕事の面白さとして以下のことを語っている。

---

[1] なお，【　】で記入した部分は筆者による補足であり，実際に出典より引用した内容は太字で示す。

> 「あなただから買いにきたのよっていわれるのが一番嬉しいですね。結構遠くから来てくださるお客さんもいますし，旅行されたときは必ずお土産を買ってきてくれたり，気軽に立ち寄ってK-popの話なんかされて帰っていかれる方とか，毎日楽しいですよね。」

　顧客とのコミュニケーションは製品を販売するためには不可欠である。人的販売の大きなメリットとして人間がメディアになり，相手に合わせた情報を提示できる点があげられる。しかしながら顧客から「あなただから買いに来たのよ。」といわれるまでになるには，単なるセールストーク以上のコミュニケーションが彼女と顧客の間で交わされていることが伺える。そのうえ，旅行のお土産を渡す，趣味の話をするなど，まるで友人のような関係が築かれており，さらにこの顧客とのコミュニケーションが彼女のセールスパーソンとしてのモチベーションアップにも役立っているといえる。

## 2. 顧客からポーラレディへ

　ポーラレディにはもともとポーラの顧客だった女性も多い。その理由の1つにポーラレディという仕事の面白さ，さらにポーラレディ同士が仲間となっていくことがあげられる。

　この点を「明日の扉」に掲載されたBさんの例から考えてみたい。Bさんはもともとポーラの顧客で，2人の子どもをもつ主婦だった。2006年5月にポーラレディに登録したがはじめはお子さんの幼稚園のママ友とのおしゃべりの時間に勧め，気に入ったら購入してもらうというスタイルの働き方をしていた。このときは，「仕事というより，自分の好きなことをしながらの，習い事というか，お小遣い稼ぎといった感じでした」という。このようにライフスタイルに合わせた働き方ができることで女性の社会進出を後押ししているといえる。

　彼女はその後，自身の友人に勧めるスタイルから営業所を中心に行う仕事のスタイルに変え，現在では営業所の所長を目指してマネジャーとして活躍

したいと考えている。それには，同じ営業所のほかのポーラレディからの影響が大きい。

> 「【自身の所属する営業所の】所長はポーラレディの仕事内容，待遇など，ポーラレディの基本的な仕事の説明はもちろん，私の家族構成，特に子どもの年齢をベースに，これからポーラレディという仕事をしながら，家庭や子育てと仕事をどう両立すればいいのか？また子どもの成長とともに，私自身がどう仕事をしていけばいいかなどを，自分の経験やほかのポーラレディのみなさんの実例をもとに話してくれました」

　もともとポーラでは前節で述べたように，ポーラレディと顧客のコミュニケーションが重視されている。また委託販売制度をとっており，女性のライフスタイルに合わせた働き方が可能なため，顧客からポーラレディになるハードルはそれほど高くない。しかしながら，それだけで約150,000名というポーラレディが存在するわけではない。もともと顧客とポーラレディがセールスパーソンと消費者という垣根を越えて関係を結んでいるからこそ，顧客からポーラレディへという事例が生まれるのだろう。

### 3．ブランドの真の理解者としてのポーラレディ

　そして，ポーラレディは単に消費者に近いだけの存在ではない。ブランドの価値を理解したうえでそれを伝える役割を担っている。

　前述したとおり，ポーラでは創業者鈴木忍氏の考えである「最上のものを，1人ひとりにあったお手入れとともに直接お渡ししたい」をもとに，店舗販売・訪問販売でも1人ひとりにカウンセリングやエステサービスを行い，その人にあった商品を提案している。これは単に商品を売るための手段ではなく，ブランドのもつ価値である「**お客様1人ひとりの肌を知ること**」，「**最適な美容をご提案すること**」を伝えるために行われている。

　この点を「明日の扉」に掲載されたCさんの例から考えてみたい。Cさん

は新卒でポーラレディとなった。就職活動中にインターンシップでポーラレディの仕事を体験し、ポーラレディとなることを決めた。彼女はポーラレディの仕事を次のように語っている。

> 「普通の化粧品メーカーの，例えば基礎化粧品では，乾燥肌ならこれという感じでもう商品が決まっています。でもポーラはスキンチェックをして，1人ひとりの肌に合った商品を提供することができる。言い換えれば，この仕事は，1人の人に対して，その人だけの綺麗を作り出す仕事で，一生その人を支えていける仕事。そしてそのことで人から「ありがとう」をいってもらえる仕事です」

彼女は就職活動中に自身のしたい仕事は何かを考えるうえでさまざまな業種で迷ったという。しかし，インターンシップを通じポーラのもつブランドの価値，さらに企業の理念に共感し，この仕事を選んだ。彼女は競合他社との違いを明確に意識したうえでそれを顧客に伝えようとしている。このように最もブランドの価値を理解したうえで，顧客に提案し，それを顧客にとっての価値につなげていく役割をポーラレディは担っているのである。

## 4　解説：価値につなげるポーラレディ

ここまではポーラにおけるポーラレディの活躍について紹介してきた。彼女たちがなぜ顧客に受け入れられ，ポーラの強みとなっているのかについて(1)準拠集団と(2)オピニオン・リーダーいう考え方から整理してみたい。

### 1．準拠集団とは

私たちがものを買う際，さまざまな影響を他者から受ける。こうした外部要因から消費者が受ける影響について考えてみよう。

ここで検討する準拠集団とは，杉本（1997）によると消費者が商品を選択

するときに，商品選択の判断基準の拠り所となる集団のことである。例えば，会社や学校等の公式な集団が準拠集団になることもあれば，友人や知人などからなす非公式な集団が準拠集団となることもある。

また，必ずしも制度的・心理的に関係がある集団（これを成員集団という）である必要はなく，直接関係はなくとも消費者が識別できる集団であればよい。例えば直接接したことがなくとも，「あのモデルのようなイメージにみられたい」「あの先輩のようなライフスタイルを送りたい」といったような今後所属したいと考える集団（熱望集団）や反対に「あのような集団には所属したくない」（否定集団）も準拠集団の対象となる。

今回の事例でいうとポーラの顧客は，製品・ブランドに精通しているポーラレディを成員集団として参照，もしくは直接接したことがなくとも，ポーラレディたちの活躍する姿をみて熱望集団として参照し，商品の購買意思決定をしていると考えられる。

ポーラではエステサービス，カウンセリングサービスを通じてポーラレディの知識や技術を顧客に提供する機会，さらにそれを通じてポーラの価値を伝える機会を重要視しており，顧客とポーラレディの関係が近いため，準拠集団として機能しやすい。さらに，準拠集団の購買意思決定への影響は製品の特性や製品が利用される状況によって異なる。Bearden and Etzel（1982）によると，製品が使用されるシーンがパブリックなもの（他者にみられるもの）か，プライベート（自宅で使うもの）かによって影響が異なる。

この枠組みから考えると化粧品は製品選択の影響は受けやすいものの，スキンケアに関してはブランド選択への影響は弱く，メイクアップに関してはブランド選択への影響が強いと考えられる。

しかしながら，ポーラではスキンケア，メイクアップともにポーラレディが製品選択とブランド選択の双方で，準拠集団が大きく影響を与えている。その理由は，(1)エステサービスというある種パブリックな場でスキンケア製品が使用されており，それを購入するという場合が想定されること，(2)さらにポーラレディをオピニオン・リーダーとしていることが考えられる。

図表7-2 準拠集団の購買意思決定への影響

製品選択への影響

<table>
<tr><td rowspan="2">ブランド選択への影響</td><td>強い</td><td>必需品（パブリック）<br>車、腕時計など</td><td>ぜいたく品（パブリック）<br>スキー用品、<br>メイクアップ化粧品など</td></tr>
<tr><td>弱い</td><td>必需品（プライベート）<br>マットレス、冷蔵庫など</td><td>ぜいたく品（プライベート）<br>テレビゲーム、<br>スキンケア化粧品など</td></tr>
</table>

（左列：弱い／右列：強い）

出所：Bearden and Etzel（1982）の枠組みをもとに筆者が加筆・修正

## 2．オピニオン・リーダーとは

　オピニオン・リーダーとは，マスメディアなどからの情報取得や新製品の採用等をいち早く行う人々のことである。Solomon（1996）によると，オピニオン・リーダー，ならびにオピニオン・リーダーからの情報は以下の特徴をもつ[2]。

(1) 製品情報に精通し，専門的にも人を納得させる力量がある。
(2) 製品情報を偏向せずに，情報を選別，評価し，統合する能力がある。特定の売り手の思惑を代弁する情報ではないのでより信頼できる。
(3) 活動的で社交的であり，オフィスや地域のコミュニティなどで中心的に活躍している。
(4) 社会的地位がほぼ同じで類似した価値や信念をもっている同質的な価値観のオピニオン・リーダーが信頼される。オピニオン・リーダーは他の人よりも社会的地位や学歴が少し高い場合もあるが，社会階層が異なるほどの違いはない。
(5) オピニオン・リーダーは新製品の購入が早く，この経験が他者の購入の不確実性とリスクを低減させることに役立つ。売り手の情報が製品の

2) なお，翻訳については杉本（1997）を参照した。

よい面しか触れないのに対して，オピニオン・リーダーの情報は使用経験に基づくものであり，製品の長所・短所の両面を含んでいる。

　上記（1）（3）（4）の点については，第3節で紹介したポーラレディ3名に共通する特徴である。さらに（2）（5）の点については彼女たちがポーラに所属しているわけではなく，多くの場合実際に製品を使用している消費者でもあるという点に大きく影響を受ける。もちろん，製品が売れれば利益は上がるが，自身で納得できない商品を売れば顧客は離れていってしまい，社員ではなく委託販売である以上その影響はすぐに売り上げに反映される。したがってセールスパーソンでありながらある程度（2）（5）の役割を果たすことができる。このセールスパーソンであり，消費者でもあるというポーラレディの特性がオピニオン・リーダーとしての役割につながっているといえる。

## 5　おわりに

　本章では，ポーラレディのケースを通じ，単に「営業」をすることだけがセールスパーソンの仕事ではないことを紹介してきた。顧客とのコミュニケーションを通じ，顧客との関係を構築すること，さらにその関係の中から一緒に働く仲間を増やしたり，ブランドの価値を伝えたりする，といった活動は一見すると「販売」にはつながらないように見えるかもしれない。しかしながら，こうしたセールスパーソンによる活動が単に売り上げだけでなく，ビジネスモデル上の強みとなることがあるのである。

■参考文献

杉本徹雄（1997）「対人・集団の要因と消費者行動」杉本徹雄編著『消費者理解のための心理学』第15章, 福村出版。
土本真紀（2013）「美婆伝　90歳を超えても美しく働き続ける11人の物語」講談社。
Bearden, W.O. & Etzel,M.J. (1982) Reference group influenceon product and brand purchase decision,*Journal of Consumer Research*,9,pp183-194.
Solomon,M.R. (1996) *Consumer behavior*.Prentice Hall.

■参考資料

「日本流通産業新聞」（2013年5月10日記事）取得日：2014年1月6日。
株式会社ポーラホームページ（http://www.pola.co.jp/）取得日：2014年1月6日。
株式会社ポーラホームページ「女性の夢と仕事を応援するPOLA-Career　明日のレシピ」（http://www.career.pola.net/）取得日：2014年1月6日。

### パワーアップ・ポイント07

## 「承認欲求」

　マズローの欲求5段解説の「承認欲求」があまりに強い人は，かえってプライドが高すぎて扱いが難しい。その人が顧客であればなおさらである。例えば，道に迷ったときすぐに他人に聞けない人がいる。人に道を尋ねるということは，自分が「ものを知らない＝劣っている」，と考えてしまうからである。それは男性に多い。女性の場合はあまり苦にならず道を尋ねることができる。なぜなら，「知らない＝劣っている」，という考え方になっていないからである。

　店頭で目当ての商品が見つからない，あるいはどれが良いか迷っている場合，男性は店員に尋ねようとせず何とか自力で解決しようとする。一方，女性は気軽に店員に話しかけて相談し，さっさと解決してしまう。そもそも男性は他人から教えてもらうことをあまり好まない。もし店員が正しいアドバイスをしたとしても，顧客は自分の考えを否定されたように受け取ってしまうこともある。例えば，「お客様，それならむしろこちらの方が良いと思います，なぜなら・・・」とアドバイスすると，なかにはむっとしてしまう男性客もいる。

　男性には自分の見方や考え方を肯定的に評価され「認めてほしい」という欲求が，比較的女性に比べて強い。したがって，本人と異なる意見を述べることはリスクを伴うことになる。のその場合は，やんわりと代替情報を提供する程度にとどめておくべきである。

　そもそも男性が他者と会話する目的の1つは，自分の知識や考え方の優位さを確認するためである。会話のプロセスを楽しむ，といったことを女性のようにうまくできない。人類の歴史的にみれば，支配者は情報をもっている側にあり，支配される側は情報が不足していたのである。「知らない」という状態は，誰かに支配されたりコントロールされたりすることを意味してきた。したがって支配する側でいたい男性は，自分が何かを「知らない」とする立場を表明することには抵抗を感じるというわけである。

　以上を踏まえると，男性には「教えてください」と切り出すと，教える立場は優位に立つことになるので気分が良くなることになる。その逆に，「あなたはそんなことも知らないのか」という言葉は男性を傷つけることになるので，注意が必要になってくる。相手が男性の場合，そういった点も考慮すると関係性がうまくいくことになる。

# 第8章 キャビン・アテンダントの接遇
## —リピーターを生み出す源泉—

> **Keyword**
> - 接遇
> - 非言語コミュニケーション
> - 真実の瞬間
> - ブリコラージュ

## 1 はじめに

　本章では，キャビン・アテンダントの接遇の事例を通じて，リピーターを生み出すリレーションの1つの在り方を検討する。本事例から導かれるものは，キャビン・アテンダントの接遇の実践における「非言語コミュニケーション」と「ブリコラージュ」の重要性である。このような接遇は航空会社が差別化するうえでの1つの源泉となり得る。

## 2 市場の背景

　航空業界は競争の激しい業界であると同時に，各企業が競争優位を構築しにくい業界でもある。航空会社はライバルとの差別化を図ることが難しい。その理由は，航空会社は航空機という手段で顧客の長距離移動という目的を達成しようとするのであるが，その際に航空機やその燃料を各航空会社自身が生産しているわけではないからである。

航空会社は，大型の航空機であればボーイングかエアバスから購入し，燃料は石油会社から購入する。したがって，フライト時間を短くするために，航空機生産会社にフライト速度の速い航空機を注文し差別化を図ったとしても，ライバルが同じ航空機を注文すればその差別化は無効化してしまう。あるいは，石油会社から廉価な燃料の供給を受けることができたとしても，ライバルが同じ石油会社から供給を受ければコスト上の優位は失効する。このように，航空業界において機体や燃料という側面で持続的な差別化を図ることは実に難しい。

　それだけではない。近年航空業界の競争は激化している。その背景にはLCC（Low Cost Carrier）の台頭がある[1]。それにより，既存のFSC（Full Service Carrier）は価格競争にさらされ，航空業界は大手の航空会社といえども安泰ではない。事実，米国の大手航空会社の多くはChapter 11（連邦倒産法第11章）を申請してきた。今後ますますFSCの生存競争は厳しくなることが想定される（図表8−1参照）。

図表8−1　2012年以降に飛行機で旅行した人の国内線LCCの利用経験率

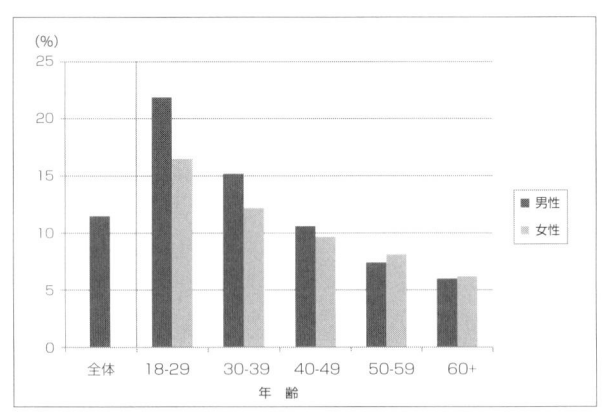

出所：JTB総合研究所ホームページのデータをもとに筆者作成

---

1) LCCとは，徹底的な運営・業務の効率化を源泉に低価格でフライトチケットを提供する航空会社である。

このような状況の中で，FSCが生存していくためには，価格競争を回避する戦略（価格以外の差別化形成）が欠かせない。なぜならFSCとLCCとでは，サービスを支える仕組みが大きく異なり，FSCはLCCと同レベルの価格帯で競争することはできないためである。

　その際に，航空会社の戦略の立脚点として差別化戦略を体現するのはCA（キャビン・アテンダント）などの従業員である。顧客と直接かかわりあうのはCAやGS（グランド・スタッフ）であり，彼／彼女のふるまいが顧客の航空会社の評価に直接結びつく。もし顧客が航空会社に対し好印象を抱いたなら，その顧客は繰り返し当該航空会社を利用してくれるかもしれない。その意味でCAはリピーターを生み出す「セールスパーソン」である。

　それだけではない。CAという職業に対して，毎年多くの大学生が就職を希望する。彼らの志望動機の多くはCAに対する憧れにある。例えば，子どものころに飛行機に乗って受けたCAからのサービスが印象に残っている。すなわち，CAの接客はリピーターを生み出すだけでなく，搭乗者の記憶に長年残るほどインパクトも大きい。このように，航空会社が差別化を形成する際，CAなどの最前線の従業員は相当重要な役割を担うことになる。

　次節の事例では，サービスの現場において違いが生み出されている点を読み解いていく。

## 3　事例：差別化につながる接遇

### 1．空の上での安全

　CAの業務において最も重要であるのは，企業の戦略を体現することもさることながら乗客の安全を確保することである。これが疎かになっては，いくら良いサービスをしたとしても利用者は離れていく。現場で違いを生むことは確かに大事なことであるが，それはあくまでも安全を前提としたうえでの話である。

　CAは乗客に安全なフライトを提供するためにトレーニングを受けなけれ

ばならない。そして，トレーニングを経て求められるレベルに達し，初めて航空機でアテンドできる。このトレーニングにおいて，CAは当然のことながら機体の設備の使い方，配置などをすべて頭に叩き込むことになる。

　それだけではない。機体の種類が異なれば，設備やその配置は異なる。たとえ同じメーカーの機体であっても同様である。例えば同じボーイング社の機体であっても777と787では，設備やその配置は異なる。それは他の航空機メーカーでも同じことである。したがって，CAのトレーニングは機種ごとにも設定されており，それらを経なければ，アテンドできない[2]。

　このように，CAが安全なフライトを提供するためには機種ごとに異なる設備やその配置を把握する必要がある。そうでなければ，緊急時に対処することはできない。これは，CAが若手のうちに覚えるべき事柄が山積みであることを示唆している。

　このような中でCAはフライト現場で業務をこなさければならない。この際，単に乗客の安全確保だけを行うわけではない。CAは乗客の安全を確保しつつ機内で「接遇」を行うのである。

### 2.「真実の瞬間」

　接遇とは「もてなし」ということであり，その接遇は企業の成功を左右する。ではCAは接遇という点で，(1)いかなる状況で，(2)どのような振る舞いをするのであろうか。

　まず第1に状況から考えてみよう。かつてスカンジナビア航空の社長であったヤン・カールソンは顧客に従業員が直接接する瞬間を「真実の瞬間」と呼んだ（Carlzon, 1985）。彼によれば，顧客への従業員の平均応接時間はたった15秒である。しかし，その「真実の瞬間」は顧客の脳裏に刻みこまれ，顧客の航空会社の印象を決め，ひいては航空会社の業績を左右する。CAの接遇

---

[2] このほかにも，アテンドするためにはサービスのトレーニングも経なければならない。そのトレーニング内容は，エコノミークラス，ビジネスクラス，ファーストクラスで異なる。つまり，エコノミークラスのトレーニングを終了して初めて，エコノミークラスにアテンドできる。ビジネスクラスで接客をするためには，ビジネスクラスのトレーニングを経なければならない。

の局面をみてみると，例えばエコノミークラスの場合，CAが顧客に食事や飲み物を提供する際の時間はカールソンのいうようにわずか15秒程度であろう。しかし，この瞬間こそが顧客がその航空会社の印象を決める瞬間なのである。

　第2に，そうした状況におけるCAと顧客のコミュニケーションは，せいぜい一言二言であろう。よって顧客はCAの発するメッセージだけで好ましい印象を形成しているわけではない。顧客は言語的なメッセージだけでなく，CAの振る舞いや見た目などの全体から一定の印象を形成しているのである。したがってCAは接遇の際，身だしなみ・表情・声のトーンからの好印象づくりに気を遣う必要がある。

　例えば，CAのメーキャップは濃いめでハッキリとしたものになる。これは暗い機内の状況を踏まえて，暗がりでも映えるようにするためである。その他，ネイルやヘアカラーは控えめ，肩以上の髪はまとめる，アクセサリーなどは必要最低限など，身だしなみに関しての気遣いがなされている。これらは，身だしなみをとおして爽やかで清潔感あるイメージを顧客に抱かせる工夫である。容易に想像できるように，仮にだらしない印象を受けるCAに接遇された場合，それは一般的にいわれている清潔なCAのイメージと乖離するため，良い気分はしないであろう。それゆえ身だしなみに対する気遣いがことさら必要なのである。

　とはいえ，身だしなみへの気遣いで注意しなければならないのは，ファッショナブルであることとは異なるという点である。ファッション性が高いアクセサリーやネイルは，万人に対し好ましい印象を与えるわけではない。ファッション性ではなく，控えめでかつ爽やかな印象を与える身だしなみ，さらにいえば「品位」が「真実の瞬間」において要求されるのである。

　ただしCAのこのような印象だけで顧客が，「真実の瞬間」においてサービスの質に納得するわけではない。そこにさらに必要なのは接遇での振る舞いである。この接遇において，重要になるのは「気づき」である。つまり，顧客を「もてなす」ためにはまず，顧客に対し気づくことが必要なのである。逆にいえば，気づきがなければ接遇はあり得ない。それではこの気づきとは

どのようなものであろうか。JALに勤務する若手CAである早川さん（仮名）のエピソードから気づきについて考えてみよう。

## 3. 顧客に対する気づき

　早川さんが入社して半年ぐらい経過した際のエピソードである。当時は新人のために，機内の機材に関すること等覚えることで頭がいっぱいで，業務にも慣れておらず毎日が追われる状況であった。そのような中，彼女はあるフライトのエコノミークラスで乗務することになった。通常エコノミークラスでは，1つのセクションを複数名のCAで担当する[3]。

　早川さんは，自身の担当範囲でドリンクや食事，毛布などを提供し，またシートベルトの着用などの安全確認を行っていた。そのとき，彼女の担当とは反対サイドの顧客が早川さんを目にとめた。その顧客は何か要望があり，早川さんに気づいてほしかったそうである。顧客はCAが新人であることや，CAがどちらのサイドの担当かということは知る由もない。要望があれば，目に入ったCAがどこにいようと彼女が頼みごとの窓口と感じるであろう。しかし，結果的に早川さんはその顧客に気づくことができなかった。

　このように，顧客にとって望ましい接遇をするためには，そもそもCAが顧客に気づかなければ何も始まらない[4]。もちろん，トレーニングでは担当の反対サイドにまで目配せすることは教えられる。しかし，いざ現場に立つと目の前の業務に追われ，知識としては知っていても実践することはかなり困難である。

　このような気づきを実践するためには「余裕」というものが必要であろう。余裕が生まれるためには，失敗を含めた経験が不可欠である。早川さんはこの失敗以降，顧客の要望を見逃さないように自身のサイドだけではなく，(1)

---

3) このときは，2名のCAでエコノミークラスを担当していた。座席は3列で構成されており，それらの間の2本の通路を2名のCAで1人につき1本という形で役割分担し，それぞれの担当範囲を左サイドと右サイドというように決めて接客することになった。
4) かつてJALの客室部門では，「お客様の背中を見て感じ取れ」という言葉が接客の基本として謳われ，その精神は現在でも続いている。この感じ取る力は，「何かお役になることをして差し上げたい」という思いがベースとなっている。

反対サイドまで目配せをする，(2)ゆっくり通路を歩く，(3)顧客の目をみるなどの意識を徹底するようになった。そして，これらのことを繰り返し実践することで，今では特に意識せずとも行えるようになった。

　顧客に気づくためには余裕が必要で，業務に追われていては難しい。ただし，単に顧客に気づくことと接遇とは大きく異なる。気づきを働かす際には，何よりも相手を察することが重要なのである。例えば，隣の席と楽しくおしゃべりをしている顧客がアルコールを注文したとしよう。顧客は，家族旅行，あるいは仲間で旅行する際に搭乗しているかもしれず，アルコールを提供するだけでなく，声掛けをすることも必要であろう[5]。このように接遇においては，顧客にいわれる前に気づき察することが大事となる。もちろん接遇における気づきは1人のCAが単独で行うわけではなく，スタッフ一丸となってチームで行う。乗客の体調が悪いということをGS（グランド・スタッフ）が気づけば，その情報は機内のCAで共有される。1人のCAがボーディングや業務中の際に気づいたことは，他のCAにも共有され，チームでの気づきが実践される。

## 4．顧客に接遇する

　一般的に接遇，あるいは「もてなし」と聞くと，例えば外国人を自宅に招いた際に，日本食で「もてなす」といったことをイメージするだろう。この場合，接遇する主体はさまざまなものを用いて「もてなす」であろう。

　しかし，CAが接遇する場は空の上であり，密室である。つまりCAにおける接遇は一般の状況とは異なり，使えるモノが限られているのである。換言すれば，フライト中に外へ出て，何かをもってくることは不可能であり，あらかじめ準備・用意されているモノしか使えない[6]。CAの使えるアイテ

---

[5] あるいは顧客が水を注文した際に，カバンから何かを取り出そうとしていれば，その顧客は薬を飲もうとしているのかもしれない。その場合であれば，白湯を提供すれば喜ばれるであろう。顧客の声がかすれていたり，風邪をひいているのかもしれない。その場合は，ティッシュを用意する，こまめに声掛けをするなどして顧客に配慮することが求められる。

[6] 具体的にいうと，せいぜいメッセージカード，キャンディ，ドリンク，機内食，新聞，ブランケット程度である。CAはこのように限られたアイテムの中で接遇を実践している。

ムをみてみると，それは驚くほど少ない。

　CAにおける接遇は特段豪華な接待を提供できるわけではない。しかし，たとえ不自由な状況であっても，顧客の満足度を高め，顧客の心に残る接遇の実践ができなければ，サービスにおける違い，さらにはリピーターを生み出すことはかなわない。

　そこで，実際の接遇場面 JAL のエピソードをとおして以下でみていこう。

## 5. チームで顧客に接する

　あるとき，機内のシートやその周辺の機器に不慣れな様子の乗客がいた。そのことに CA が気づき，「飛行機は久しぶりにお乗りになるのですか」と声掛けをした。するとその乗客が，「実は…」と飛行機が初めてであることを語りだした。そこで，その CA は機器の使い方などを丁寧に説明した。さらにその乗客が飛行機を降りる際には，CA は「本日はご搭乗ありがとうございます。初めての空の旅はいかがでしたか」と一言添えたメッセージカードを手渡した[7]。このようなメッセージカードは，飛行機が初めての乗客や普段飛行機を使わない旅行客からしてみれば，印象深く思い出に残るものとなるであろう。

　さらには次のような，JAL のメンバーで語り継がれているエピソードがある。ある2人組の乗客はハネムーンのために飛行機を利用していた。乗客がハネムーンである場合は，GS が気づき，GS から連絡が入ることが多い。ハネムーンの情報を得た CA は，その顧客に何か記念になることをしたいと考えた。しかし，手持ちのものでハネムーンの記念になるようなアイテムはなかった。そこで，目に留まったのはコップの下敷きに使う紙のコースターであった。このコースターをギャレー（飛行機の中で，食べ物の調理や準備をする場所）においてあった赤ワインで染めた。そして，それを何枚か作り積み重ね，花束に見立てハネムーンの顧客に手渡したのであった（図表8-2）。

図表8-2　コースターを花に見立てる

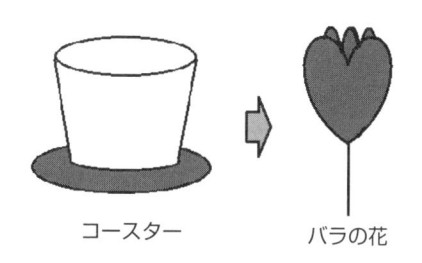

コースター　→　バラの花

出所：筆者作成

　このような接遇における秀逸な工夫は，JAL の中で先輩 CA から後輩 CA へ受け継がれている。つまり接遇における先人の知恵や工夫をその場かぎりにするのではなく，範例として受け継ぎ，状況に応じてアレンジしながら活用していくことが求められている。あるいは，範例のアレンジが新たな範例として発展し，受け継がれていくこともあるだろう。いずれにせよ，CA における接遇とは個人プレーとして実践されていくのではなく，先人の知恵や工夫のうえでチームとして実践されていくのである。

　ただし，接遇においては注意すべき点が2点ある。1つ目は過剰にならないことである。接遇が過剰になるとそれはお節介に転じ得る。つまり，顧客を察したうえでの振る舞いがかえって「余計なお世話」になってしまう点である。2つ目は，公平性である。例えば，ハネムーンの顧客に気がついたとしても，機内にはほかにもハネムーン客がいる可能性がある。そのような場合，ハネムーンだと気づけた顧客には気の利いた接遇ができるが，他のハネムーン客は不公平を感じるかもしれない。したがって，接遇においては過剰にならないようバランスに気を使い，かつ他の顧客への配慮をする必要がある。

　以上のように，CA における接遇は，顧客にいわれる前に気づき・察し，さりげない気遣い・配慮を働かせることといえそうである。見方を変えれば，こうした接遇に関する知恵や工夫の積み重ねは当該航空会社にオリジナルな

ものであり，その意味でライバルが模倣することのできない「違い」になり得る。

## 4 解説：制約の中での印象づくり

ここでは，CAにおける接遇のポイントを2点から解説していこう。第1に非言語コミュニケーション，第2にブリコラージュである。

### 1. 言語という制約

接遇においては，CAの身だしなみを通じた爽やかで清潔感ある印象形成が重要であった。「真実の瞬間」における応接が顧客の脳裏に刻まれるのであり，その印象がだらしないものであってはならない。接遇をするためには(1)気づきと (2)察することが不可欠であった。

これらのことは，現場の接遇における「非言語コミュニケーション（silent messages）」（Mehrabian, 1981）の重要さを示唆している。通常のコミュニケーションにおいては，メッセージの内容そのものが相手には意味として伝達され，それに従って説得などが起こると想定されている。つまり，コミュニケーションの内容そのものが重視されている。

しかしながら，「真実の瞬間」における言葉はせいぜい一言二言であり，メッセージ内容で本当に顧客はCAや航空会社の印象評価を決めているとは言い難い[8]。むしろ顧客は，CAの声の調子や身だしなみ，表情，所作などから好ましい印象形成をしているため，結果として爽やかなイメージを抱く。つまり顧客は決して十分な言葉で説得されて好印象を形成しているのではない。言葉の制約があるからこそ，CAは身だしなみに注意を払うのである。

翻って，CAが顧客に気づき察するという局面を考えると，CAは顧客からのメッセージを聞いて反応しているわけではなく，いわれる前に気づいている。つまり顧客からの非言語的なメッセージに対しての気づきや察しが働

---
[8] その内容は「食事をどちらにするか」や感謝の一言に過ぎない。

くことで接遇が始まる。そして気づきをうまく働かせるためには，「慣れ」が最も大事になる。それは業務に慣れることで余裕を生み出すという意味だけではなく，顧客にも慣れる必要がある。なぜなら普段（＝慣れ親しんだ状態）とは異なる状態を，変化や兆候を捉えることが気づきだからである。

このようにCAの接遇の現場においては，非言語コミュニケーションが顧客との間で非常に重要性であることがわかる。

### 2. プリコラージュを生み出す制約

次に，CAの気づきのあとの接遇の実践を振り返ろう。CAの接遇の際に使えるアイテムの種類には大きな制約があった。これは接遇の場が空の上の密室ということに起因する。重要な点は，限られたアイテムの潜在的な可能性を駆使しながら「もてなす」ことである。

こうした知恵・工夫は，フランスの人類学者 Lévi-Strauss（レヴィ＝ストロース）が「ブリコラージュ」（bricolage）と呼んだことに相当する。「ブリコラージュ」とは器用仕事と訳され，「ありあわせの道具材料を用いて自分の手でものを作る」（Lévi-Strauss, 1962, 邦訳 p.23）ことをいう。Lévi-Strauss によれば，ある木片はドアなどの板の埋め木として使えるし，木目を活かして置物の台にも使える。これらの材料の可能性は，例えば樽の一部であったという木片の歴史によって限定されるが，同時に別の使い道があり得ることを示し続ける。つまり，木片は「まだ何かの役に立つ」のである。

この「ブリコラージュ」とは，目下の目的に対し手元にあるもので何とかするという知恵の在り方であり，その意味を読み替えながら活用するということである[9]。上述のエピソードではコースターは赤く染められ花束に見立てられた。このようなアイテムの従来とは異なる使い方を探る工夫は，CAの接遇において不可欠である。接遇の目的は顧客の潜在的または顕在的な要望に対処することであるが，それは空の上で達成される必要があるため，手

---

9) 注意が必要なのは，Lévi-Strauss も指摘しているように，アイテムは無制限に読み替えられるわけではないという点である。読み替えの潜在性は，目下の目的とアイテムの歴史に制約されている。とはいえ，アイテムの用途はたった1つというわけでもない。

元の限られたアイテムを活用する以外に道はない。

　このブリコラージュという知恵を働かせるポイントもやはり「慣れ」である。Lévi-Strauss はブリコラージュを行う人のことをブリコルール（器用人）と呼んだ。ブリコルールは仕事をする際に，まず道具と材料をふりかえり，何があるかを調べ上げる。そして，道具材料とある種の対話を交わすことで，それが何になり得るかをつかみ，深く慣れ親しむことを経て読み替えをする。そのものを使って，試行錯誤という対話をとおして身近なものにするからこそ異なる用途に関する勘が働き得る[10]。

　以上を踏まえると，CA の接遇においては，非言語コミュニケーションと目下の目的に対し手元にあるもので何とかするブリコラージュという知恵・工夫が求められるといえる。そして，CA の接遇が，限られた手持ちのものでの工夫であるからこそ，自分を思っての「精一杯の気遣い」だとわかり，顧客の心の琴線に触れることになるのである。

## 5　おわりに

　本章では，リピーターを生み出すリレーションの実践として，CA の接遇の事例を検討した。そこから見いだされたことは，CA は非言語コミュニケーションとブリコラージュを通じての接遇の実践であった。言い換えれば，いわれる前に顧客に気づき察したうえで，手元の道具材料でさりげない配慮を実践する。こうした接遇は，顧客の航空会社に対する印象の一部を成す。そして，好印象が形成できれば，再度顧客はその航空会社を利用し得る。

　このように，CA の接遇の実践は航空会社の成果の一翼を担うのである。

---

[10] 例えば椅子を脚立代わりに使うという局面を考えると，椅子が身近であるからこそ，そのうえに立っても安定しそうだとか，対象物に届きそうだという予期が働く。

■参考文献

JTB総合研究所ホームページ「国内線LCC利用査の意識と行動調査」(http://www.tourism.jp/research/2013/07/lcc/) 取得日：2014年1月13日。

Carlzon, J. (1985) *RIV PYRAMIDERNA*, Albert Bonniers Förlag AB, Stockholm. (堤猶二訳『真実の瞬間』ダイヤモンド社, 1990年)

Lévi-Strauss, C. (1962) *La Pensée Sauvage*, Librairie Plon, Paris. (大橋保夫訳『野生の思考』みすず書房, 1976年)

Mehrabian, A. (1981) *Silent Communication: Implicit Communication ofEmotions and Attitudes*, Wadsworth Publishing Company, California. (西田司・津田幸男・岡村輝人・山口常夫共訳『非言語コミュニケーション』聖文社, 1986年)

### パワーアップ・ポイント08

# 「同調性」と「バンドワゴン効果」

　「同調性」とは「他人と同じでありたい」「周囲から取り残されたくない」といった心理をいう。例えば子どもがオモチャを買ってほしい場合，「みんなもっているから買ってほしい」と親に頼むのがそうである。そういわれるとオモチャをつい買ってあげたくなる。これはセールスの世界では殺し文句になっている。「みなさんお使いですよ」と勧められると心が落ち着かなくなる。これは，「みんな使っているのだから，良いものに違いない」と正当化してしまい，買ってみようという心理が働くからである。

　さらにいえば，「みなさん」という不特定多数の表現ではなく「実はお向かいの△△さんも」といった具体例をあげるのも効果がある。周囲から取り残されたくないという気持ちやライバル心から話を聞いておきたくなる。

　心理学者ミルグラムは，ニューヨークのビル街で次のような実験をした。サクラが，あるビルの6階の窓を1分間見つめるというものである。サクラが1人の場合は，4割の通行人が立ち止まったり見上げたりした。サクラが5人以上の場合は8割に達した。この実験の意味するところは，多くの人々が同じ行動をとると他の人も同調して同じ行動に出やすくなるという点である。

　そもそも人間は集団行動を好む動物であり，周囲から取り残されることに不安を感じやすい。特に自分の判断に自信がない場合，他人の判断を参照しようとする。一定以上の人々が同じ行動をしていることに，意味があると感じるのである。

　経済学者ライベンシュタインは，大多数の人が良いと評価しているものを良いものと判断する購買行動を「バンドワゴン効果」といった。これはある製品やサービスを消費する人が多ければ多いほど，人々は満足や安心感を抱くというものである。「流行している」「人気がある」という言葉で，人々はその製品やサービスを正当化してしまうのである。

# 第9章 キーパーソンの役割
―法人営業の特徴―

> **Keyword**
> ・キーパーソン　・顧客の輪　・自己関与性　・信頼性

## 1 はじめに

　本章では，法人営業の際，特に重要となる「キーパーソン」の役割を検討する。法人とは，企業や組織（学校や病院など）をいう。そして，キーパーソンとは，任意の組織，コミュニティ，人間関係の中で，特に大きな影響を全体に及ぼす鍵となる人物のことをいう。

　個人消費の場合は，商品やサービスの利用者と購入者が同一の場合が多く（または同一家計），衝動買いといったことが起きる。しかし，法人による商品購入は利用する部門と購入する部門が異なっている場合や複数部門の決定者が存在していることが多いため，個人消費のように即断即決といったことにはならない。提案は慎重に他社とも比較されるので，周到な準備が必要となる。こうした法人営業の特質を理解するために，本章はキーパーソンがどのように営業のプロセスに関わっているのかをみていく。

## 2 市場の特徴

　法人営業が対象とする分野は多岐にわたっている。一般消費者がまず購入しないような設備や機械，製品の部品や材料なども扱う。取り扱う金額や量も個人消費とは比べ物にならない単位となる。例えば電子取引での法人市場と個人市場を比較しても，法人市場は 257 兆 8,000 億円に対し個人市場は 8 兆 9,590 億円と 28 倍もの差がある（2011 年）[1]。

　企業や組織といった法人が必要とする商品を購入しようとする際，実際にその商品を利用する現場部門と購入する部門が分かれている。その購入部門は一般的に「購買部」や「資材部」と呼ばれ，少しでもコスト面でメリットのある業者から購入しようとする。その際，数社に同時に見積もりを依頼しそれらを比較検討して，最も条件の合う販売先と取引しようとする。つまり，商品購入の意思決定者の 1 人になるので，現場部門の希望だけでは購入が認められないことになる。

　個人消費と違って，法人営業の場合は「衝動買い」といったことが起こらない。法人側は他社との比較の中で計画的に取引先を選択するので，営業する側は経済合理性をアピールする資料やプレゼンテーションを必要とする。さらにいえば，案件が予算化されていなければ，いいものであっても購入の対象にはならない。

　しかしそういった法人側の意思決定も機械が行っているのではなく，人間が関与している。現場であれ購買部門であれ，資料の数値やデータ以外の情報や人脈が影響してくる。特に「キーパーソン」の存在は大きい。キーパーソンとの関わり方次第で成約が左右される。以下ではその事例を 2 つみていくことにする。

---

1）経済産業省「平成 23 年度我が国情報経済社会における基盤整備報告書」より。

## 3 事例：法人営業におけるキーパーソン

### 1．生産設備販売のケース
**（1）誰がキーパーソンなのか**

　木戸氏（仮名）は機械商社で営業を担当して入社3年目になる。現在扱っている案件はDVDのディスクを生産するための装置（アメリカ製，X社）であり，それを国内大手の家電メーカーA社にアピールしている。本装置はDVDディスクの原盤（スタンパー，図表9-1）をニッケルメッキの技術で製作するもので，化学反応をコントロールするためのノウハウを必要とする。木戸氏はA社からの引き合いに対し，資料をそろえて何度か訪問していた。A社の商談窓口は技術部門の佐竹課長（仮名）である。木戸氏は佐竹課長に詳細な説明を試みていた。

図表9-1　スタンパーの写真

出所：筆者撮影

　しかし，数回の訪問を経ても一向によい返事がない。どうやら他社にも引き合いを出しているようで，現在比較の最中のようであった。商談には佐竹課長のほか，現場のオペレーターである藤井主任（仮名）も同席していた[2]。

---

2）藤井氏はDVD以前の音楽CDの開発から携わり，ディスクの製作には精通している技術者である。

本装置の細かい仕様に関する質問は藤井氏から出されていた。

　本案件の装置は旧式のバージョンがすでにA社に導入されており，かれこれ10年になる。しかし10年前はその装置は別の商社から購入されており，木戸氏はその導入時のいきさつを知らなかった。木戸氏はおそらく旧式の装置からの関係もあって，今回もX社製品が導入されるだろうと考えていた。最終的には，確かにX社での採用が決定した。しかし後日，木戸氏は本当の話を聞くことになる。

　実は，藤井氏は他社製品を導入しようと考えていたそうである。X社の旧式バージョンは，メンテナンス性に困難があり現場のオペレーターは大変苦労したのだという。よって，次に買い替えるときは別のメーカーからにしようと考えていた。藤井氏は後日，そのように木戸氏に語った。しかし他社製品には導入実績がないので，使ってみなければ本当にX社以上にメリットがあるかどうか判断できない。結局藤井氏は自分たちのメンテナンスのノウハウがあれば，X社装置の場合ある程度使いこなせると判断した。この判断によって，X社の採用が決定したのであった。つまり，本案件のキーパーソンは藤井氏であって，佐竹課長ではなかった。木戸氏はそれに気づいていなかったのであった。

## (2) 人脈は広がる

　さて，その後佐竹課長は社内で異動になった。その部署はDVDのディスクを生産するためのプラントを開発する部署である。その部署での設備購入のため，佐竹課長から木戸氏へ見積もり依頼があった。この案件はDVDディスクの生産プラントを海外に輸出販売するというプロジェクトであった。今回，以前の藤井氏の採用判断があったので，佐竹課長はX社製品を積極的に採用してくれたのである。

　A社では，また別の部門で本装置の導入を検討していた。それはA社の生産部門であった。X社導入の話を聞きつけ，それならば生産部門でも採用しようということになった。ここは技術部門とは違って，生産部門であるた

めタクトタイム（製品生産に要する時間）が厳しい。同じものの生産であっても時間がかかれば生産性が低いことになり，それはデメリットになる。結局，タクトタイムの問題はないと判断され採用が決定した。

実はこの生産部門には，今後海外に進出するという計画があった。海外での量産体制を前提にした装置選択だったのである。この案件では，商談は日本国内で済ませ実際の製品はアメリカのX社から直送するという形になった。

本海外向け案件で，木戸氏は数人のA社社員と懇意になった。2名は現場のオペレーター，1名は研究所のメンバーであった。彼らの話を聞くと，スタンパーの歩留まりに問題があるという。歩留まりというのは成功率のことである。つまり，必ずしも毎回良品ができるわけではなかった。このスタンパーを射出成型機（ディスクの樹脂円盤の量産機）にかけても，透明であるはずの樹脂基板にうすく白い模様（クラウドと呼ばれる）がついてしまうことがある。この解決方法を模索していることを木戸氏は聞きつけた。

このニーズをある機械メーカーにもちかけ，スタンパーの表面を前処理し歩留まり率を向上する装置を開発した。その評価実験をA社の生産部門が引き受けてくれた。その後，本装置は他の顧客へ販売可能になった。それというのも，A社による評価実験の結果があったからである。他の顧客にとってみれば，その評価結果は装置採用の判断材料になる。そしてこの表面処理装置はDVDディスク以外の業界でも応用可能であり，横展開の営業が可能になっていった。

このようにみてみると，最初のA社藤井氏の判断が実に大きくその後を左右していることがわかる。それほど，キーパーソンとの出会いは重要なのである。

## 2. 医療機器販売のケース

### (1) 概要

川本氏は医療機器メーカーB社で営業を担当している。最近中心的に扱っている商品は医療用の「リフト」と呼ばれる機器である。リフトとは，自身

で体を動かすことができない患者のための移動移乗機器をいう（図表9-2参照）。普段の医療現場では看護師が自力で患者を持ち上げ移動移乗することが多く，腰痛で苦しむ看護師が年々増えている状況にある[3]。よって，医療施設へのリフトの導入は社会的にも重要性は高い。

図表9-2　リフトを用いた患者の入浴補助

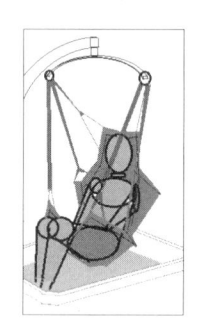

出所：編著者作成

　B社の代理店担当者は病院や医療施設に製品についての詳しい情報を提供する。そして，導入を検討する医療現場にデモンストレーション機器（以下，デモ機）の利用を提案するアプローチの方式をとっている。

　ある日，川本氏はある医療関係の協会に所属する米田氏（仮名）と出会った。米田氏は現役看護師として日本の医療現場へのリフト導入について強い問題意識をもち，リフト導入の社会的必要性を伝える活動に積極的に取り組もうとしていた。そこで，米田氏が今後リフト業界のキーパーソンになる可能性が高いと見込んだ川本氏は，まず米田氏のB社への関与を高めていくことにした。

　川本氏は，米田氏とともに，リフトが活用されている施設病院への訪問を実施し，それをとおして，先進的な医療現場の様子を確認してもらった。それをきっかけに，米田氏はリフトの適切な利用による現場サポートに大きく

---

3) 国内では過半数の医療従事者が腰痛で，リフトの活用が不十分な中，労災件数が増加している。

感銘をうけ，B社のよき理解者となった。その後，米田氏はリフトに関心がある関係者を川本氏に紹介してくれるようになった。

なお，川本氏は研究会やセミナーへの参加，ソーシャルネットワークを利用しての活動内容に関する情報交換などにより，米田氏のようなKOL[4] (key opinion leader) との関係を構築している。KOLから信頼されると，医療機器としての評判が口コミで広まる効果が期待できる。それは，代理店を介さず，エンドユーザーからの問い合わせを受ける有力ツールとなる。

### (2) キーパーソンとの関係構築

病院のように組織で機器の購買意思決定を行う際は，事務部門が絡むことになる。実際B社のリフトの導入には，1台当たり40万円から50万円の予算が必要になり，大量販売を実現するためには販売プロジェクトを企画することになる。その際，病院の規模によって違いはあるが，規模の大きい病院の場合，病院内で委員会を開いて複数部門の担当者や医療スタッフの意見を集める。そして一定の間，現場のスタッフにデモ機を使ってもらい，スタッフの反応が良いと事務部門が予算を確定して，機器の導入を進めることになる。

このように，病院組織には機器導入の決定に複数の人がかかわるために，川本氏はリフトを直接利用する (1)医療スタッフと (2)事務部門の両方を対象にして，営業アプローチをかけるようにしている。なぜなら，どちらか片方だけへのアプローチだと購買意思決定が進まないことを知っているからである。特に実際リフトを使用する現場スタッフの意見が重要であり，スタッフの製品への理解と利用が進まないと，組織的にリフトを購入するまでには至らない。一方，事務部門もコスト的に回収可能でなければ商談は進まない。

川本氏は初回訪問で顧客のニーズをつかむうえで，信頼を得るために市場のトレンドや世界の動向についての情報を提供する。顧客側はいつも限られたテリトリーで働いているため，業界の動向に興味はあるが，情報を手に入

---

4) KOLとは，治療方針や医療業界に影響力をもった医師，または医学専門家のことを指す。

れて分析する余裕がない。そこで，川本氏による情報提供は，顧客にとって初回取引のインパクトになる。この初回で顧客にインパクトを与えることができなければ，次回訪問のチャンスは低くなる。しかし，初回で顧客のニーズをつかむことができれば，それ以降は問題解決にフォーカスした製品提案をしていくことができる。

## (3) 新たなキーパーソンの育成

　デモ機を医療現場で試してもらう間，川本氏は現場でスタッフを対象に機器の使い方やメリットを伝えている。その際，懇意になったスタッフから現場のキーパーソンと事務のキーパーソンに関する情報を得ることが不可欠になってくる。特にスタッフが抱えている問題を聞き取って，その問題を解決できる製品や方法をキーパーソンに検討してもらうことが重要になる。このようにキーパーソンに関与してもらうことは，後日彼らの選択が正しかったと実感してもらうための工夫でもある。

　川本氏は，デモ機の利用に関する初回の教育セミナーを，必ずキーパーソンのみを対象にして行っている。それは，セミナー参加者にキーパーソンとして選択されたという自覚から，積極的に現場での利用や教育に関わってもらうためである。そのような現場スタッフの中から，B社にとってのキーパーソンを発見し育成することは，最初の機器購買のときだけではなく，繰り返して再購買してもらう機会を生み出すためにも重要である。

　毎年新人が病院に入ってくると，機器の利用法の研修をメーカーに依頼するケースが多いが，実は院内に存在するキーパーソンによる実施が望ましいと川本氏はいう。なぜなら，院内の人的資源で機器利用に関する情報共有ができている証になるからである。こうして最初に機器が導入される際は，病院や施設の状況にあわせて利用法や使い方のルールが設定されていくことになる。その過程でそれぞれの組織で問題点を見つけ，さらなる解決方法を見いだしながら，最終的に機器利用が組織的に普及していく。

　川本氏は，機器利用や組織的な普及において，自主的に取り組もうとしな

い病院や施設では，機器を使い続けてもらうことが難しいと経験から知っていた。機器の使用以外の部分で，人事的な問題や経営管理者の内部問題から利用継続が妨げられることが多い。そして，組織内部で機器の活用や情報シェアが進展しなくなると，"この機器は使えない，使い難い，メーカーが教育をしてくれない"といった責任転嫁が起こってくる。こうした苦情が出てくる組織となると，当然ながら再購買まで商談がつながらなくなる。したがって，組織内で機器のメリットと趣旨を理解しているキーパーソンを育成することは，組織内部調整のためにも不可欠である。

　川本氏は，優秀なスタッフからキーパーソンになってもらうため，まずスタッフとの相互理解を深め，人間的に好かれるように心がけている。川本氏は看護師の資格をもっており，実際に医療現場で働いた経験を活かした気配りをスタッフに対してアプローチする際に利用している。看護師を対象に行うリフトに関するセミナーでは，川本氏自身にも看護師経験と専門性があることを伝える。単にメーカーの立場から話をしているのではなく，看護師経験者として，当該製品の必要性を実感していると伝えると，その後のスタッフの対応が変わる。

　なお，医療職は専門職であるために，スタッフ同士では特有のルールでコミュニケーションがなされる。川本氏はそのルールを知っている。したがってスタッフも問題点を話しやすくなる。医療現場の経験をもたない営業担当者が相手であると，スタッフはどこまで聞いてよいのか疑問をもつようなことになる。例えば現場の常識を理解していない場合，問題点が理解できず視点がずれた提案となったり急性期の患者がいる病室の中で，大声であいさつをしたりすると，一刻を争う治療の邪魔をしてしまい「あの営業さんは空気が読めないよね」と信用を落としてしまうことにもなる。

　川本氏は医療現場の文化をよく知っており，その強みを同僚の営業担当者から羨ましがられるという。

## (4) 既存顧客との良好な関係から広がる顧客の輪

　川本氏によれば，顧客から信頼されることで，予想外のところから営業活動の広がりが生まれることもあるという。つまり，顧客自らがキーパーソンとなって，新たな営業アプローチの機会を提供してくれるのだという。

　5年前，青山医師（仮名）とは米田氏の紹介から新製品を導入してもらって以来，良好な関係を維持していた。ある日，川本氏は新製品の機能の付加的なサービスについての相談をするため，青山医師のもとを訪れた。その際，製品が青山医師の知人が勤務する病院で需要がありそうだということで紹介を得ることができた。すると，すぐその日のうちに先方の医師から電話連絡があり，デモ機設置の快諾を取りつけた。

　当該病院はまさに競合企業製品の購入を検討しているところであった。しかし，青山医師からの推薦によって競合製品の購入をいったん中断し，川本氏に連絡を入れたのであった。今回，すでに競合企業の製品導入に関する商談がかなり進んでいたので，川本氏は競合企業が提示していた価格や付加サービスの情報をすべて知ることができた。そこで，すぐさまB社における競争力のある製品やサービスを付け加えて，総合的に比較してもらうことが可能になったのである。

　もう1つこうした事例もある。新築病院案件の経営戦略室に転職した副看護部長の太田氏（仮名）は，前職からB社のユーザーであった。川本氏は太田氏と，前回の新築病院案件での関わりによりコンタクトをとっていた。太田氏は，川本氏の業界トレンドについての詳細な知識を評価しており信頼していた。なお，太田氏は川本氏とモデル見学のためメディカ[5]訪問に同行した経緯があり，親近感を抱いてもらえていた。転職先で，施設新築のプロジェクトリーダーとなっていた太田氏は，新たな構想に基づき情報収集を始めた段階で，川本氏にコンタクトをとってきたのである。

　太田氏との商談は以前の経験があるため容易に進んだ。なお，その中でアメリカ帰りの医者がB社製品のファンであることもわかり，製品の導入が

---

[5] 世界一の医療機器展示会。

後押しされた。それに加えて，川本氏は新たな別カテゴリーを現場の問題解決に役立つと思い提案を行った。商品の重要性においては優先順位が低い機器ではあった。しかしその製品を導入するモデル施設になることで，地域内の他の病院やケアハウスと差別化できるという経営的な観点を提案し，それが功を奏して提案は採用された。

## 4 解説：キーパーソンの心理学

上の川本氏の医療機器営業活動に関する事例から，2つの心理的な法則が営業プロセスの中で働いていることがわかる。それは，第1に案件に対する自己関与性，第2に専門家という信頼性である。

### 1. 自己関与性

第1に，人は自分が関与していないことに対しては関心が高くないため，取り組むべき対象があったとしても積極的にはならない。逆に，自分が関与している場合は関心も高まり，問題解決のために動き出すことになる。これを自己関与性という。

自己関与性が高い案件では，例えば，自分の人脈を紹介しようという動機が生まれたりする。事例1では，木戸氏は藤井氏がキーパーソンとは気づいていなかった。偶然ながらも，木戸氏の提案は藤井氏から承認された。この案件に関わっていた佐竹課長は，後日異動先で木戸氏の提案する装置を積極的に採用することになった。これは佐竹氏が最初の案件に深く関与していたので，次の案件では木戸氏を自分の人脈に紹介してもいいと判断したのである。

事例2においても同様，川本氏は米田氏をリフト使用施設に招待し関与を高めたことで，後日見込み客を紹介してもらえた。つまり，本人にとって関与が低いものに関しては，わざわざ自分の大切な人脈を紹介するといったことにはならない。あるいは，川本氏が現場スタッフと事務部門のキーパーソ

ンに関与してもらうことで，持続的な製品の利用を仕掛けている。こうした関与がなければ，現場は自主的に製品の理解をしようとしないであろうし，問題が起これば事務部門は他社に乗り換えようとするかもしれない。長期的な利用を考えた場合，双方からキーパーソンに関与してもらえるという点が重要になってくるのである。

## 2. 専門家としての信頼性

　第1に事例1において，営業の木戸氏は専門家ではないが，A社の藤井氏はディスク生産技術の専門家である。この藤井氏が認めた装置ということに意味がある。佐竹課長よりも藤井氏は現場のことをよく知っている。装置の細かい仕様についても多くの質問をする。この藤井氏が承認した装置は，それだけ信頼されることになる。藤井氏の社内での専門家としての信頼性が装置の信頼感を導いている。

　第2に事例2においては，川本氏が看護師資格をもった専門家という点で顧客からの信頼を得ている。自分が看護師資格を有していると伝えることで，顧客側の対応は異なってくる。この点に関して，心理学ではプラシーボ効果が有名である。これは偽薬であっても，専門家である医師が出したものであれば効果がみられたという実験から来ている。もちろん人を騙すということは良くないことであるが，それは別として，人は専門家の意見を聞くと不安感が和らぐということはいえる。

　もし，川本氏が医療知識や現場経験に関して素人であった場合，顧客は勧められている製品に関して不安をもつことに不思議はない。しかし，看護師としての知識や経験があれば，例えばリフトといった製品がどれくらい現場で貢献するかという説得力が違ってくる。看護師という資格でなくても，自分の業界に関する資格をもっておけば，それは本人にとってプラスになるであろう。これは，すべての営業担当者にもいえることである。

## 5  おわりに

　本章では，法人営業をとおしてキーパーソンという存在がいかに重要であり，営業活動を左右するかをみてきた。専門性が高く組織的な購買が求められる商品は，製品の品質面だけの評価で導入されることは難しい。付帯するサービスや価格，アフターフォローといった総合力が必要になってくる。

　それにも増して重要なことは，そうした自社製品のメリットを顧客側に理解してもらうことである。話を聞いてもらえる人物，さらに周囲に影響を与えられる人物としてのキーパーソン（事例1の藤井氏や事例2の米田氏や青山医師，太田氏のような人物）の発見が必要となるのである。ただし，顧客側のキーパーソンに話を聞いてもらえるように，自分自身で専門知識の獲得や人間性を高める努力もまた必要となる。なぜなら，相手にとっても自分がキーパーソンでないことには，関心をもって接してはくれないからである。

■参考文献

経済産業省「平成23年度我が国情報経済社会における基盤整備報告書」（http://www.meti.go.jp/press/2012/08/20120828002/20120828002-4.pdf）取得日：2014年1月12日。

匠英一（2005）『図解でわかる心理マーケティング』日本能率協会マネジメントセンター。

DIAMONDハーバード・ビジネスレビュー編集部（2005）『一流の営業力を育てる』ダイヤモンド社。

Walter, A (1999) Relationship Promoters: Driving Forces for Successful Customer Relationships, *Industrial Marketing Management*, Vol. 28, Issue. 5, pp. 537-551.

**パワーアップ・ポイント09**

# 「コスト意識」

　女性は男性よりも買い物が上手であるといわれている。その有力な理由の1つは，女性は右脳と左脳の連携がうまく，直観と分析をバランスよく使えるからというものである。女性は買い物の際，商品の手触りや使い勝手など多面的にチェックするのである。

　一方男性はそうした能力に乏しく，自分の好みや趣味にこだわる傾向がある。一面的にしか物事をみれないため，コスト意識に欠けており欲しいものは金に糸目をつけずに買ってしまうこともある。例えば，スーパーのチラシをよく調べて1円でも安く卵を買うといったことは，女性が得意とするところである。男性からするとそうした値引きにあまり意味を見いだせなくて，理解できないといったことになる。

　別の例でいうと，男性がデジタルカメラを買おうとして家電量販店に行ったとする。その場合，デジカメを各社で比較して自分の気に入ったものを購入することになる。しかし，女性の場合はそうとは限らない。仮に3万円のデジカメをみていると，「3万円あれば韓国旅行にいって焼肉をエンジョイできる」といったアイディアが浮かんでくる。すると，彼女にとってはデジカメと韓国旅行を比較しているのであって，デジカメ間のスペックを比較することはもはや大した意味をもたなくなる。そのことに店員は気づかずに，A社とB社のスペックをいくら丁寧に説明しても彼女には響かないことになる。

　つまり上の例でいうと，彼女にとっては「いかに楽しくエンジョイできる時間をもてるか」というニーズにすりかわっており，デジカメに対するニーズは薄れてしまっている。デジカメであれば友人から借りることもできるであろう。そうなると3万円でデジカメを買うというモチベーションはかなり低いものになってしまう。

　このように男女間ではコスト意識が異なり，想像力にも差があるため女性客の方が手ごわい存在だといえる。特に男性店員はこうした男女の能力差を知らないでいると，彼女がデジカメを買わなかった理由が理解できず，商品説明に不備があったと思い込んでしまうことにもなる。この場合，問題は説明の上手い下手ではない点が重要となってくる。

# 第10章 データベース営業
## —カルビーの営業改革—

**Keyword**
- 営業改革
- データベース
- テクスト
- コンピレーション
- リソースコンパイラー

## 1 はじめに

　本章では，カルビーの営業改革の事例を通じて，データベース営業が有効となる条件を検討する。本事例から導かれるものは，データアナリストがチーム営業のメンバーとなって顧客に訪問し，データをテクスト化して顧客に意味のあるものに変換していることである。そうしたテクストからコミュニケーションが始まり，戦略を描きだす関係性が生まれることになる。

## 2 企業の概要

　カルビーは1949年，松尾糧食工業株式会社として広島で設立された。1955年には，カルビー製菓株式会社に社名を変更した。「カルビー」とは，当時日本人に不足していたカルシウムとビタミンB1のビーを組み合わせた造語である。2013年3月末現在，資本金11,586百万円，売上高179,411百万円（連），従業員3,352人（連）という規模の大手スナック菓子・食品メー

カーである。カルビーのメッセージは「掘りだそう，自然の力。」というもので，自然の恵みが食にもたらす可能性を考え，追求し，カタチにし続けるというものである[1]。

カルビーはこれまで数々のヒット商品を市場に送り込んできた。主なものは次のとおりである。1964年かっぱえびせん，1971年仮面ライダースナック，1972年サッポロポテト，1973年プロ野球スナック（カード付），1974年サッポロポテトバーベQあじ，1975年ポテトチップスうすしお味，1995年じゃがりこ，2006年Jagabee，2010年ベジップス。

経営面に関しては，2005年に脱同族経営を目指し創業家以外の社長就任の後，2009年6月に経営陣刷新，その後ペプシコとの業務・資本提携を結んだ。そして2011年3月11日に東証1部に上場した。

日本国内のスナック市場規模は，2010年度で2,216億円，2011年度で2,168億円，2012年度で2,199億円である[2]。カルビーの国内スナック菓子におけるシェアは，2010年度が48.5%，2011年度が48.9%，2012年度が52.3%と伸びている[3]。2013年3月末現在での国内・海外の売上比率は海外が5.1%となっている。今後の目標は30%に設定しており，戦略地域の第1フェーズとして，中国，北米，アジア（韓国，タイ，台湾，香港）を設定している。スナック菓子の国内市場の今後については，大きく伸びることはなくても比較的安定して推移していくと考えられる。

## 3　事例：カルビーの営業改革

### 1.　シェア奪回

2004年から2006年にかけて，カルビーの市場シェアは10%近くダウンし

---

1) カルビーホームページより（http://www.calbee.co.jp/）取得日：2013年12月18日。
2) 資料提供：インテージ社。スナック菓子の定義は素材や容器に関係なく，ポテトチップスなど手軽に食べられる菓子。
3) カルビーホームページ「決算説明会資料（2011年，2012年，2013年）」より（http://www.calbee.co.jp/ir/library/shiryou_archive.php#archive_2011）取得日：2013年12月18日。

た。ライバル企業が伸びていたことが原因であった。そこでシェア奪回のため，カルビーはこれまでの営業の在り方を見直す方向に舵を切った。

　ただし，それは簡単なことではなかった。なぜなら，3つの課題が立ちはだかっていたからである。第1に，小売業のパワーが強大化していること。第2に，従来のバイヤー・セラー関係が個人芸であったこと。第3に，セラーに対する要求が高度化・複雑化していることであった。

　これら3つの課題に取り組むため，カルビーはデータベースによる営業の仕組みづくりに取り掛かった。データに基づいた提案営業である。顧客への提案は，3ヵ月ごとに行われる。その際POSデータをアナリストが分析し，チームとして提案するスタイルを確立してきた。つまり，数字で顧客に納得してもらう営業改革を進めてきたのである。2013年現在，本スタイルは近畿支店で機動しており，今後は他の支店へ広げていきたいと考えている。

## 2．これまでの営業

　「ポテトチップス」は1975年に発売された人気商品である。発売当時から「鮮度」をキーワードに営業スタイルを確立してきた。油が酸化すると風味が落ちてしまうので，「鮮度管理」のコンセプトを中心にさまざまな取り組みがなされてきた。第1に，製造年月日が記入されたこと。これにより商品の店頭チェックが必要となるので現場では抵抗もあった。しかしメリットは，一度に大量購入するよう求める「押し込み販売」の見直しが可能になったことである。

　第2に，生産・物流システムの改善である。店頭の情報は生産・物流部門にフィードバックされ，小売店の動きを反映した生産体制にシフトしていった。

　第3に，営業担当者の売上ノルマの廃止である。これも鮮度管理を徹底するための工夫であって，売上ノルマが厳しく設定されると担当者はどうしても大量に押し込み販売をする傾向が出てくる。それは在庫になるので鮮度を悪化させることになる。

　鮮度管理という考え方によって，カルビーは顧客との関係を確立するスタ

イルを定着させていった。特に大型有力店に対してはチーム営業に取り組んでいく。顧客と協働して最適な売り場を作ることが目標とされた。営業チームは4～5人で構成され，顧客と一緒になって売り上げを伸ばす改善案を作り上げていく。そのためには顧客からの情報が不可欠であるため，顧客との関係づくりは重要なテーマとなる。このようにしてカルビーは，1つの営業スタイルを確立していった。

### 3. 営業改革

　上述したカルビーの営業スタイルは，2004年以降徐々に通用しなくなっていった。その理由は，強力なライバルの出現に加え3つの課題が立ちはだかるようになったからである。①顧客そのもののパワーが大きくなったこと。②これまでの個人芸的な関係づくりだけでは不十分となったこと。③顧客の要求が高度化・複雑化してきたこと。このような動向の中でライバル企業に対抗するため，カルビーは次の3点に注力していった。第1にデータ分析，第2に提案営業，第3に仕組みづくりである。

#### （1）データ分析

　カルビー近畿支店では，顧客から提供されたPOSデータをオリジナルの分析にかけている。そのデータをアナリストチームが解析し，そこから課題を見つけ方向性を示すのである。こうしたデータがあることで，カルビー側も提案に確信がもてるようになる。単に提案を顧客に押し付けることをせずに済む。つまり，「なぜこの提案をしているのか」という理由を論理的に説明できるのである。

#### （2）提案営業

　ひと昔前であれば，「飲みゅにケーション」といわれたような顧客を接待することで関係をつくることが主流であった。しかし現在では，論理的な説明を可能にする武器（＝データ）を手に入れたことにより提案営業に重点を

おくようになった。その結果，顧客からはこれまでにない「信頼」が得られるようになっていった。

提案営業のスタイルはチームで行われる。カルビー側は，支店長，営業所長，営業担当，アナリストの4名から構成される。そして顧客側は，商品部長，マネジャー，バイヤー，分析担当スタッフという構成である。これらのメンバーが一堂に会し，ミーティングを行う。こうすることで伝え漏れを防止できる。全員で情報共有することで，相互の信頼関係も深まることになる。この関係が構築できれば，ライバル企業はどんなに値引きを顧客に提案しても参入できなくなる。アナリストチームの位置づけのイメージは図表10-1のとおりである。近畿支店の営業所すべてに横断的に対応している。

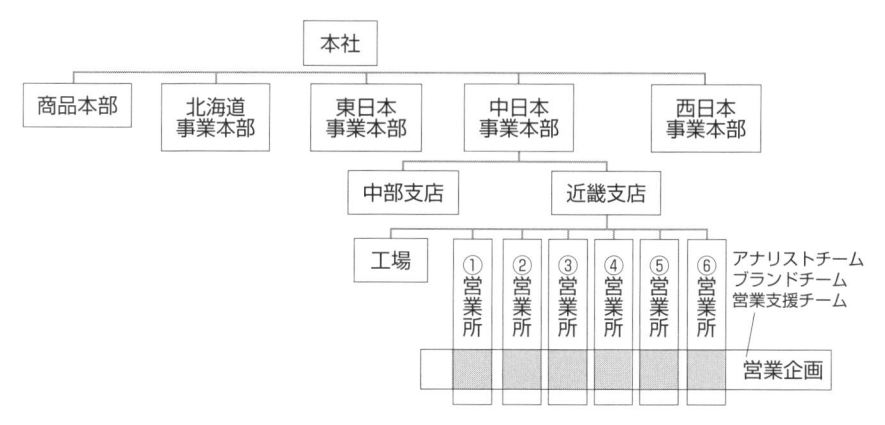

図表10-1　アナリストチームの位置づけ

出所：カルビーとのヒアリングにより筆者作成

### (3) 仕組みづくり

カルビーの営業がうまく機能する「仕組み」として，営業企画課のアナリストチームの存在が大きい（近畿支店）。顧客の課題というのはそれぞれに異なっており，特にエリアごとの地域特性（ファミリー層が多いのか，日々の買い物が中心なのか等）に左右される。そのため，あらゆる角度から「何

が効いているのか」を考え，その理由も示すことが必要になる。「なぜなら市場はこれこれの状態にあるからです」といった説明が求められる。そうでなければ顧客を納得させることはできない。このように顧客とデータを共有することで，PDCAを回すことができる。つまり，計画を立て，次にどうするかを考える営業の実践につながるのである。

## 4．提案事例

顧客に対する提案事例として，代表的なものを2点取り上げる。

### (1) 月曜日の位置づけ

スーパーなどの小売店では，月曜日がスナック菓子のお披露目の日になっている。しかし，ある店舗ではこの月曜日の売上が少ないことがデータから浮かび上がってきた。仮説としては，週末に入荷した商品がバックヤードにおいたままになっており，月曜日の店頭に並んでいないことが考えられる。これを店長会議などで提案し，実際に月曜日の店頭に並べてみてその結果を検証する。

### (2) 棚の面取り

データから商品の欠品率が高いことがわかると，棚の面取りに問題がある可能性がみえてくる。例えば，「じゃがりこ」のスペースが標準よりも1割小さいとする。するとすぐに売り切れて欠品状態が発生する。これではチャンスロスになってしまう。そこで，他の自社商品のスペースを減らしてでも「じゃがりこ」のスペースを標準にもっていくことを提案する。そうすることで，全体的なバランスがとれ店舗の売上改善に貢献できることになる。

以上のように，提案する根拠としてのデータがあることで，顧客側もアクションを起こしやすくなる。つまり，顧客の意思決定がスムーズになるのである。

## 5. 企業文化

カルビーの企業文化を理解するために，次のエピソード3点を取り上げる。

### (1) 新人の育成

　毎年春には新入社員を迎える。先輩に同行し仕事をみて覚えて，秋には1人の担当者として営業活動を開始する。しかし，1～2年もするとその多くが異動していく。したがって，彼らのノウハウがその部署に継続的に蓄積することにはなっていない。

　カルビー近畿支店では，新人教育に関しては比較的早い段階から大きな得意先を担当させる文化がある。その際上司が的確にフォローをすることで，新人は失敗を恐れず仕事に向き合えるので，彼らのモチベーションの向上につながっている。

### (2) 顧客への向き合い方

　近畿支店では営業が御用聞きにならず，顧客に何が提案できるのかを重視している。次のような事例がある。普段の提案に一目置いている得意先から，他の菓子メーカーとコラボレーション企画をしてほしいという依頼があった。しかし，それはカルビーの理念や信念とはマッチしないものなので，お断りすることになった。確かに目先の利益を考えれば悪い話ではないかもしれない。しかし，顧客が本当に求めているのは何かを考える必要がある。顧客は利益を上げたいのであるから，カルビーとしてはデータをもとにした提案をすることが重要となる。安易なコラボレーション企画というのは，カルビーの方向性と大きく異なるのである。

### (3) 営業企画課のアナリスト

　それぞれの地域によって商習慣が違い，消費者の傾向にも地域特性がある。だからこそ，データ（購買履歴）が必要になってくる。そのデータをもとにテスト販売や商品開発が可能になるのである。

カルビーでは支店によって組織の構造に違いがある。それは，地域特性があるためである。近畿支店では，前述したように営業企画のアナリストチームが活躍をしている。昨年は何が売れたか，これからは何が売れるのか，といった言葉にはデータの裏づけが必要である。それにより営業担当者を納得させることができ，社内にとって非常に丁寧な情報発信を可能にする。

アナリストの1人は次のように述べている。数字を営業担当者に腹落ちさせることが難しい。担当者によって性格や個性が異なり，昔ながらの考え方の人もいる。その中で，アナリストとして数字を解釈し，意味を伝えていく。そして使えるデータがあれば，現場で使ってもらうというスタンスである。

## 4　解説：リソースコンパイラー

カルビーのデータを活用した営業改革について以下で解説を加えていく。その際に手掛かりとなる概念がコンピレーションである。コンピレーションとは事典などを「編纂」するという意味である。数多くの偏在するリソースを，1つのコンセプトやメッセージのもとにまとめ上げることである。前節で取り上げたアナリストチームが成し遂げているのは，まさにコンピレーションである。そのコンピレーションを実践する者がコンパイラーである。

### 1. データベース営業の問題点

従来の営業改革に関する議論では，データベース営業への転換が理想といいながらも実際にはデータが使い物にならず，営業改革が思うように進まないことが問題として指摘されてきた。コンピューターや情報システムを導入すれば，それですべてうまくいくわけではない。理由は2点ある。第1に，データの入力作業が営業担当者の負担となる場合，データ管理そのものが敬遠されてしまう点。第2に，顧客の状態などのデータに関しては，データの書き手の主観や表現方法の違いから読み手の解釈が多様になる点である。

カルビーの場合，第1の点はアナリストがデータを管理するので営業担当

者の負担にはならない。問題は第2の点である。顧客の状態や成功事例などの情報を文章化し，データにしようとすると書き手の主観や表現方法の違いが生じる。それにより，情報が正しく伝わらないという事態が起こり得る。現場の営業担当者はそのデータを読んでも「現場のことをわかっていない」といって，データを利用しようとしなくなる。結局，担当者の自己流判断で動いてしまうことになる。

　しかし，カルビーの場合アナリストも営業現場にチームメンバーとして同行している。この点が，第2の問題を回避していくことになる。カルビーはチームで動く場合，支店長，営業所長，営業担当，アナリストという4名構成で顧客を訪問する。そのため，現場のコンテクストをアナリストが理解していくことになる。つまり，データの書き手が現場を知らないと，正確な情報にならないのである。そうかといって，現場の営業担当者がデータを入力するというのは負担が大きい。カルビーのチーム営業は，これら2つの問題をうまく回避していたことになる。

## 2. データのテキスト化

　アナリストたちは，顧客から得た販売データをもとに分析する。この際，単に売上の数字だけをみているのではなく，地域特性や顧客の考え方なども考慮して分析を進めている。つまり，さまざまなリソースから意味ある提案（＝メッセージ）を導こうとしているのである。この提案やメッセージをここでは「テキスト」と呼ぶ。テキストとは読み手にとって意味のあるひとかたまりの情報をいう。

　テキストの解釈は読み手に委ねられる。確かに，書き手がポジティブな意味を込めたとしても，読み手はネガティブに解釈する可能性がある。しかし問題はそこではない。問題は，数字を集めただけのデータは顧客にとって意味をなさないことである。むしろ顧客にとって意味あるデータというのは，顧客自身が自由な解釈でデータを読み，そこから戦略ストーリーが描けるかどうかである。つまり，顧客にとって全社的な戦略策定のリソースになり得

るかであり，業務改善レベルの部分最適の提案に終始しないことである。

このとき，テクストは企業と顧客の接点になる。顧客接点である。営業部門が顧客接点ではない。意味あるテクストが顧客接点になると，そこから一気にコミュニケーションは発展する。データに関するテクストから戦略に関するテクストへと連接していくのである。顧客にしてみれば，利益を確保するため，あるいは売り上げを伸ばすためには何らかの戦略を必要としている。その戦略を描けるまでの意味あるリソースになるなら，営業担当者がもってくるデータは歓迎されることになる。これら一連の流れを図表10-2で示す。

図表10-2　データのテクスト化からのコミュニケーション

| リソース | 顧客接点 | 戦略の策定 |
|---|---|---|
| 販売データ<br>地域特性<br>顧客の考え方 | 顧客にとって<br>意味あるメッセージ<br>→　テクスト | 顧客とともに<br>戦略ストーリーを描く<br>→　コミュニケーション |

コンピレーション

出所：筆者作成

## 3. リソースのコンピレーション

カルビーのアナリストチームは，顧客の戦略策定に寄与するテクストを提供している点が注目に値する。アナリストは，顧客の売上データや地域特性，顧客の考え方といったさまざまなリソースを集約し，顧客のための「テクスト」に編纂する（＝コンピレーション）ことをしている。アナリストはコンパイラーなのである。

コンピレーションされたテクスト（例えば「月曜日の位置づけ」の話など）は，顧客接点となりカルビーと顧客とのミーティングにおいてコミュニケーションの手掛かりになる。そこで重要なことは，チームで両者が参加してい

ることである。カルビーの4名に対し，顧客からもそれぞれの立場から4名（商品部長，マネジャー，バイヤー，分析担当スタッフ）が参加する。

　立場が違えばテクストの解釈も異なってくる。それはそれで構わない。重要なことはメンバーが同時に情報を共有し，その場で戦略の方向性がすり合わされることにある。もし顧客の情報フローが，バイヤーからマネジャー，商品部長というように段階的にタイミングを異にして流れると，伝言ゲームのようになり使い物にならない情報になってしまうであろう。チーム営業の真髄はここにあるといってよい。

　顧客は，提示されたデータおよびその解釈というテクストをもとに，今後の方向性を見いだしていく。これができる関係性が大事である。たとえ営業担当者が代わっても，企業－顧客の関係性が維持できることが重要なのである。そのためのアナリストの役割は大きい。さまざまなリソースをコンパイレーションするということは，データに命を吹き込むことに他ならない。命を吹き込まれたデータは自然と語りだす。顧客はその語りから次の戦略につなげる意味を読み取っていく。このような高度なコミュニケーションを可能にする者をリソースコンパイラーという概念で捉えよう。カルビーのアナリストチームは，まさにリソースコンパイラーである。

　信頼関係を作ってから提案するのではない。提案を通じて信頼関係は作られていく。換言すれば，コミュニケーションが関係性を構築するのである。そのコミュニケーションのリソースが陳腐なものであれば，信頼関係は脆弱なものにならざるを得ない。カルビーでは，顧客にとって戦略的な方向性を示唆する高度なコミュニケーションの場を提供している。そこから生まれる信頼関係は，カルビーにとって心強い武器になっている。こうした関係性構築に寄与しているアナリストチームは，見逃してはならない存在になっている。彼らはカルビーの営業改革を支えるキーストーンなのである。

## 5 おわりに

　本章ではカルビー（近畿支店）の営業改革の検討を通じ，アナリストチームが改革の重要な役割（＝キーストーン）になっていることを議論した。そこから見いだされたことは，データというリソースを顧客にとって意味あるテクストに編纂する「コンピレーション」という実践が重要なのだという点であった。従来の一般的な営業改革が頓挫する最大の理由は，データが顧客の戦略策定に寄与してこなかった点にある。営業活動においてデータは単にコレクトされた状態に過ぎなかった。カルビーのアナリストは，そのデータに命を吹き込み，顧客にとって意味あるテクストに仕上げているのである。

　このアナリストチームのスキルが全社的に共有されるならば，営業改革はさらに加速することになるであろう。その意味では，営業改革の成果は彼らの肩にかかっているといっても過言ではない。

■参考文献

石井淳蔵・嶋口充輝（1995）『営業の本質』有斐閣。
石井淳蔵（2004）『営業が変わる　顧客関係のマネジメント』岩波書店。
高嶋克義（2002）『営業プロセス・イノベーション』有斐閣。
高嶋克義（2005）『営業改革のビジョン』光文社。
田村直樹（2013a）『セールスインタラクション』碩学舎・中央経済社。
田村直樹（2013b）『経営戦略とマーケティング競争』現代図書。

**パワーアップ・ポイント10**

# 「自己関与」

　男性はモノにこだわる。例えばデジタルカメラを買う場合，画素数などの技術的な点にこだわり（自己関与性）をみせる。一方女性は技術的要素よりも，それを使って友人や家族と写真をやり取りする楽しみ方に関心がある。そもそも男性はモノ自体に関心があり，それに関して調べたりすることを好む傾向がある。一方女性はモノの使い方や楽しみ方を重視し，特に人間関係が豊かになることを望む傾向にある。

　こうしたモノに対する男女差をみた場合，次のようなことが考えられる。太古の昔より男性は村の仲間と狩りに出かけ，獲物を捕らえて家族たちを支えてきた。獲物を確実に捕らえるには，優れた道具が必要となる。つまり，道具の技術的要素が高いほど彼らの生活は楽になる。その逆に，技術が劣っているとそれは死活問題になるので，男性にとってはモノ自体のクオリティが重要な関心事になるのである。

　一方女性は木の実をとったりする場合カゴなどを利用するが，カゴ自体に優れた技術的要素は必要ない。むしろ収穫した木の実を村の人々で分け合う際，ケンカにならないように人間関係に配慮することの方が重要となる。そのため，対人コミュニケーション能力が自然と身についていくのである。女性が男性よりも早く言葉を覚え使いこなせるようになるのは，そういったDNAを受け継いでいるからだと思われる。

　以上を踏まえると，男性客と女性客ではセールスポイントが異なることがわかる。効果的なセールストークを展開するためには，男性客には技術的なこだわりをアピールする，女性客にはその商品やサービスによって人間関係が豊かになり楽しい時間を過ごせる点をアピールすべきである。広告のキャッチコピーも，男性向けなら「従来モデルの20％アップ」といった機能性を強調する，女性向けなら「友人と楽しいひと時を過ごす」といったものになる。

# 市場につなげる
# イノベーション

第 11 章　チーム営業の新展開
　　　　　―コニカミノルタのケース―
第 12 章　テレマーケティングによる営業支援
　　　　　―マルチプル・リレーションシップ戦略への展開―
第 13 章　セールス・フォース・オートメーション（SFA）
　　　　　―SFA が織り成すジレンマ―
第 14 章　顧客接点のイノベーション
　　　　　―販路コーディネータの役割―
第 15 章　営業職派遣の世界
　　　　　―プロセス営業へのインパクト―
第 16 章　インターネット営業
　　　　　―弱者の戦略―

# 第11章 チーム営業の新展開
―コニカミノルタのケース―

**Keyword**
- チーム営業
- サッカーチームフォーメーション
- ソリューション営業
- プレー原則

## 1 はじめに

　「モノからコトへ」というキーワードのもと，製造企業の営業現場では，モノづくりの技術力による高性能製品を売り込むだけの営業を脱却し，製品販売をとおして顧客の問題解決を図る「ソリューション営業」へのシフトが起こっている。

　本章では，いち早くソリューション販売へと舵を切った複写・複合機（以下，複合機）営業の事例を通じ，ソリューション販売を実現する営業チームの形態を検討する。そこから導かれるものは，営業担当者と専門家が自律的にそれぞれの役割を全体との関係で状況にあわせて変化させ調整し，潜在的な顧客ニーズの理解と価値の高いソリューションを提供する営業チームの効果的な形態である。

　それは，サッカーチームのフォーメーションのようである。顧客専属の営業担当者が中心になり，その他のメンバーに顧客の要求を指示し，チームがそれを的確に遂行する，野球チームのフォーメーションとは大きく異なる。

顧客が抱える問題やソリューションの内容が複雑化する近年において，プレーヤーの積極的かつ自立的な活動を可能にするサッカーチームスタイルの営業がますます有効になるだろう。

## 2　市場の特徴：オフィス向け複合機市場

### 1．マネージドプリントサービス（MPS）へのパラダイムシフト

　複合機は，提案書や見積書といった書類のプリントアウト，コピー，スキャン等に用いられるオフィスワークに欠かせない機器である。情報化やネットワーク社会になるにつれ，その重要性は高まる一方だといえる。また機器としても2000年初頭に，情報処理系のソフトウェアやアプリケーションを搭載して高度なハードウェアとして技術進化した。機器同士がネットワークで連結したり，他のITインフラと接続することで，機器をトータルでどう運用するか，運用コストをトータルで下げたい，オフィスワークでこんな使い方がしたいといったように，市場のニーズも変化してきている。

　その変化に対応すべく，複合機販売は，機器単体の販売に依存した従来のハコ売りから，オフィスワーカーの生産性を高めるための使い方や管理方法も含めたオフィスソリューションの提供へとシフトした。これを複合機メーカーによる新たなソリューションサービス，マネージドプリントサービス（MPS）と一般的に呼ぶ。

　コニカミノルタ独自のサービス名はオプティマイズドプリントサービス（OPS）である。顧客企業のオフィスワーク全般で発生するドキュメントの管理を中心に，(1)コスト効率の高い機器の組み合わせや一括管理の提案，(2)社内集中印刷室の設置と運用等のドキュメント領域のソリューション提案，(3)印刷フローに絡む業務プロセスの効率化改善の提案にまで及ぶ。MPSの販売にあたり，営業現場では，顧客のオフィスワークにおける課題を特定し，機器とサービスの組み合わせを提案，導入することで解決を図る「ソリューション営業」が行われる。

## 2. ソリューション営業

　ソリューション営業とは，顧客の根本的な課題や潜在的なニーズを明らかにし，顧客に対して解決策を考え提供する営業活動を指す（高嶋，2002，pp.6-7）。換言すれば，営業活動を通じたソリューション提供によって付加価値向上を目指すものである。同時に自社の財・サービスに対する需要創造が行われるので，価格競争にも巻き込まれにくい営業戦略として多くの企業で採用されている。

　ソリューション営業は，ITシステムを販売する場合のように，担当者個人ではなくチームで活動することが多い[1]。顧客が抱える問題や取り巻く環境が複雑になる近年，営業担当者が個々にもつ能力や知識に頼ったソリューションだけでは顧客満足を得るには不十分になりつつあり，チームによる取り組みが効果的であると考えられている。

## 3. チーム営業[2]

　チームを作って営業活動を行う場合には，2つの方法がある（前掲書，p.4）。1つは，複数の営業担当者がチームを作るタイプで，生産現場におけるQC（品質管理）活動のように，営業担当者間で情報を共有し営業活動の改善あるいは分担によって営業活動の効率性を向上させる。そしてもう1つは，営業担当者と他部門の担当者が職能部門を超えてチームを編成するタイプである。一般的には，営業部門と開発部門，顧客サービス部門などが機能分担し連携して特定の顧客に対応する。複雑な顧客の問題に対し，個々がもつ能力や知識を結集して問題解決を提案し，高い付加価値を実現するソリューション営

---

1) 例えばIBMのソリューション営業に関しては，石井（2012）に詳しい。
2) 営業担当者1人で対応する営業に対して，複数の担当者で対応する営業体制を「組織型営業」と呼ぶこともある。本文中の前者の例として，竹村（1995, pp.114-119）が紹介するタカラベルモント社がある。営業の生産性を改善する営業プロセス管理を新たに導入するため，営業部署内の連携を主とする組織型営業を取り入れ，事業部と営業部間での機能分担や業績評価の切り分けなどが行われた。つまり「個人の機能を発揮する環境づくり（p.117）」を目指す組織の再編成が主眼である。本事例は，後者の他部門担当者とのチーム体制による営業活動を論じ，前者との混同を避けるため「チーム営業」の名称を用いている。

業には後者のチーム連携が不可欠となる[3]。

## 3 事例：コニカミノルタ株式会社

### 1．概要

　コニカミノルタは，コニカとミノルタの経営統合によって2003年に発足した。コニカとミノルタ両社はカメラ事業を源流とした歴史ある企業であったが，経営統合を機に事業再編を行い，技術的優位性を礎に成長が見込まれる情報機器事業を中核事業に位置づけた。情報機器事業管掌である取締役専務執行役の山名昌衛氏は，当時の意思決定を次のように振り返る。

> 　単純なデジタルのアセンブルでは当社の複合機はできません。経営統合し，あるスケールをもってして，オプトの技術，ケミカルな技術，情報処理系のソフトウェアのあたりを上手にすり合わせるんです。ここは日本の産業として，本当に世界で勝ち残らないといけないという目標，志でこの統合が始まりました。その組み合わせが当社の競争の一番の源泉になっていることは今でも変わりません。

　現在の事業領域は中核事業である情報機器事業，産業用材料・機器事業，ヘルスケア事業，その他からなる（カメラ事業は2006年に終了）。連結で約41,800名の従業員が働き（2013年6月現在），2012年度の連結売上は8130億円，海外売上比率が7割を超える日本有数のグローバルトップメーカーの1つである。同年度の情報機器事業の売上高は5816億円であり，会社全体の売上構成比の72％を占め，名実ともに全社を牽引している。

---

3）大津（1995, p.91）。開発－営業－顧客サービスの職能部門間連携は，営業活動のみならず，企業全体の競争優位性に特に重要な連携構造であるという指摘もある（田村，1999, pp.45-50）。

## 2. 営業戦略

　コニカミノルタの経営統合と時期を同じくして，先述のようにマネージドプリントサービス（MPS）販売のソリューション営業が求められるようになった。機器とサービスの膨大な組み合わせに加え，顧客先のワークスタイルは1つとして同じものはない。業種，業務のフロー，社内プロセス，フロアレイアウトなどを加味すると常に個別対応が求められる中で，ベストなソリューションを提案している。

　また受注されて終わりではなく，受注後は現場での敷設（ふせつ）を行い，オフィスのインフラとして使用されて初めて顧客の課題が解決され，ソリューションの価値が実現する。そこまでを1つの営業活動とみると，顧客獲得の最初の接点から数えて平均して1年という時間がかかる。MPS販売のプロセスを，機器のハコ売りを中心とした販売活動と対比したものが，図表11-1と11-2である。ハコ売りの販売活動と比べて，網掛け部分（図表11-2）が新たに加わった活動である。

　例えば，顧客企業内のあらゆる情報の流れを分析，業務フローをコンサルティングして非効率性を見つけ出す，効率性を向上させるソフトウェアを開発，そして使い方を提案など，IT領域からエンジニアリングまで多岐に渡る活動が含まれる。そのため，各領域のスペシャリストを含めたチーム営業によるソリューション提案が欠かせない。

図表11-1　従来の販売活動プロセス

| フェーズ | 獲得 | 取引提案 | プロジェクトデザイン | 合意 | コンサルティング | 導入 | 運用 |
|---|---|---|---|---|---|---|---|
| 活動リスト | 営業による接触 | 初期ミーティング | メンバーのリストアップ | 規模の合意 | | 機器納品 | 機器とPVの報告 |
| | | RPF提出 | スケジューリング | 概要契約 | | 請求 | 技術サポート |
| | | | 価格提示 | サービスレベルの合意 | | トレーニング提案 | |

出所：コニカミノルタ提供資料より筆者作成

図表11-2　オプティマイズドプリントサービスの販売活動プロセス

| フェーズ | 獲得 | 取引提案 | プロジェクトデザイン | 合意 | コンサルティング | 導入 | 運用 |
|---|---|---|---|---|---|---|---|
| 活動リスト | 営業による接触 | 初期ミーティング | メンバーのリストアップ | 規模の合意 | フリート分析 | 機器納品 | 機器とPVの報告 |
| | | RPF提出 | スケジューリング | 概要契約 | ユーザー面接 | 進捗報告 | 技術サポート |
| | | サイト試査 | 価格提示 | サービスレベルの合意 | ワークフロー調査 | アプリケーション納品 | サービスのトラッキング |
| | | 技術評価 | リスクファクタリング | セキュリティの合意 | コスト分析 | カスタマイゼーションのリリース | 使用後のフィードバック報告 |
| | | | 顧客との確認 | | システムアーキテクチャデザイン | ユーザー受容テスト | 定期ミーティング |
| | | | | | トレーニングプログラムデザイン | 請求 | |
| | | | | | トレーニング提案 | | |

出所：コニカミノルタ提供資料より筆者作成

## 3. 営業チームのメンバー構成

　そこでコニカミノルタでは，営業担当者が各領域の専門家とチームを組んでソリューション営業に臨む。図表11-3のように6つの専門分野のメンバーでチームが構成される。

(1) プロジェクトマネジャー…　販売活動を1つのプロジェクトとみなし，そのコーディネーションやプロセス管理を行う。

(2) アカウントマネジャー（営業担当）…　顧客企業と営業チームの接点。顧客企業側の意思決定にかかわる最上位のコミュニケーションはすべてアカウントマネジャーをとおして双方に伝わる。

(3) プリ・セールス担当…　ソリューションのコンサルタント。以下の各専門の担当と協働して，顧客に対するソリューションを提案し受注に結びつける。

(4) 出力分析担当…　顧客のオフィスで行われる情報，業務，人の流れを，量的と質的の両面から分析。顧客も気づいていないような業務の非効

率性や改善可能性を洗い出す。
(5) 技術サポート担当… その顧客環境分析に基づいて自社製品とサービスを技術的に組み合わせ，最適なオフィス環境を技術的側面から提案する。
(6) サービスサポート担当… 導入過程および以降の，機器とサービス利用にかかわるアフターサービスを提案する。さらに顧客企業の従業員に対する研修や，導入後の定期的フォローアップも行う。

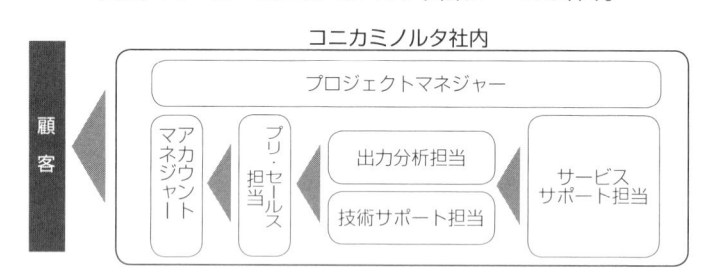

図表11-3 コニカミノルタ営業チームの体制

出所：コニカミノルタ提供資料より筆者作成

　一見，チームメンバーの専門領域は細かく定められているようだが，実はメンバー間の役割認識は自由度が高い。顧客企業やプロジェクトごとに重視される領域や活動のウェイトのかかり具合は異なるため，個々の役割は微調整される。大口顧客への販売営業を専門的に担当するGMA（グローバルメジャーアカウント）販売部部長の大崎肇氏によれば，個別の役割が固定されずに，状況に合わせる形で各担当が求められる役割を認識し，微調整するという特徴がチームの成果にも重要な意味をもつという。

　そのプロジェクトで何をやるべきかみんなが共有していて，かつそれに基づいて自分がどうあるべきか理解し，足りないことを自分たちで補っていける自己進化系のレベルが最も高いレベル。各担当の役割は，全体があって個々の役割が決まっていく。それぞれがかなりアクティブに動いているので，単

> なる部品ではない。サッカーのフォーメーションのように，ある程度は担当
> する領域は決まっているが，固定されているわけではない。

　コニカミノルタの営業チームでは，そのプロジェクトで何をやるべきか，全体目的に基づいて個々の役割が決まり，足りないと認められる役割はメンバーの誰かが補完的に担う。営業担当者がチームメンバーを統率しプロジェクトの進行をすべてコントロールするというと「わかりやすいし格好いいのかもしれないが，そのように特定の数人だけがプロジェクトを回すのに頑張っていても，その姿では大したことはできない」（大崎氏）。比して，コニカミノルタの営業チームの役割分担は，サッカーのフォーメーションのように流動的で調整が繰り返される。

### 4. チーム結成のプロセス

　チーム発足過程も，全体と個別役割の流動的な相互作用を促す秘訣の1つである。ここに，アカウントマネジャーは大きくかかわる。

　チーム結成の際，まずアカウントマネジャーが決定される。任命されたアカウントマネジャーは，他のメンバーが決定する以前から顧客との関係構築に努め，顧客とのコミュニケーションをとおして案件が立ち上がる初期段階での顧客の要望を探る。この活動により，事前にアカウントマネジャーには顧客の要望に対応できるチームは大体どのような構成で進めればいいか構想することができる。顧客との関係構築を進める一方，アカウントマネジャーは社内で，相談ベースで他のスペシャリストと情報交換を始める。

　その後，案件が固まり始めた段階で各スペシャリストの組織長が担当部下の中から案件にふさわしいチームメンバーを選出し，スペシャリストたちによる公式チームが発足する。事前にアカウントマネジャーが相談ベースで情報共有していた，インフォーマルな関係が活かされる。最終的に，顧客と社内の接点をアカウントマネジャーがつなぐことで，当該案件に適したチームが結成されるのである。

## 5. オプティマイズドプリントサービスの成功例

　営業活動の1例として，アメリカでの成功例をあげよう。顧客は，アメリカ全土に90拠点をもつ新聞配送の企業であった。各拠点では毎朝早朝，新聞配送の前に，配送先をリストアップした配送表を複合機で印刷する作業が行われていたが，複合機の機種やメーカーは，各拠点で統一や管理がなされていなかった。そこでコニカミノルタの営業チームは，どんな機械がどう使われているのか，全90拠点で調査分析しその結果，顧客企業にとって複合機が，単なる配送表の印刷という役割以上に重要な仕事を担うことを明らかにした。つまり，万一機器の故障やトラブルなどで毎朝の配送表印刷に不具合が起きれば，顧客のビジネスは回らなくなるということだ。さらにいえば，注文があったにもかかわらず最終消費者に新聞が配送されない事態となれば，クレームや購読契約の中止にもなりかねないくらい複合機の管理運用が顧客企業のビジネスに深く関わっていたのである。

　そこでチームが提案したソリューションは，(1)コニカミノルタの複合機に全機統一し，(2)機器をネットワークでモニタリング，(3)トナーの消費状況に合わせたトナー自動配送サービス，(4)機械故障の際のコールセンター対応サービスである。これらの提案内容により，配送表の印刷作業が毎朝，正しく中断することなく行える状態になった。結果，新聞配送という顧客企業のビジネスが安定して動くようになった。

　機器の効率的な組み合わせや運用方法の提案というと，プリントアウトの無駄を失くしたり，機器台数の圧縮といったコストダウン提案を想定しがちである。だが，サッカーチームのように機能する営業チームは，顧客企業のビジネスに貢献するためのソリューションを構築するという，顧客が事前に想定していなかった価値をも生み出した。すなわち業務を正確に安定させるという新たな付加価値を提供することで，顧客満足を獲得したのである。

## 4 解説：サッカーチームフォーメーションによるチーム営業

### 1. 営業チームのサッカーフォーメーション

　コニカミノルタの営業チームは，6つの専門分野のメンバーで構成される。営業担当者がお客さんと最終的な交渉に責任をもつ点は，営業担当者1人が行う営業でも，チーム営業でも変わらない。しかし案件締結のシュートを営業担当者が決められるか否かは，サッカーの試合のように，シュートをするストライカーの能力だけで決まるものではない。チーム内の連携がチーム力の源である。連携を支えるメンバー間の関係，つまりフォーメーションに着目しよう。

　図表11-4のようにコニカミノルタの営業チームは3つのレイヤーからなる。第1に，営業担当者であるアカウントマネジャーのレイヤー。これはコニカミノルタの営業チームと顧客の接点となるインターフェースのレイヤーである。第2に，より専門的にコンサルティングや提案を行うレイヤーで，プリ・セールス担当が配置される。第3に，分析や調査を実際に行い，技術的な問題解決に取り組むレイヤー。ここには出力分析のアナリストや技術，サービスのスペシャリストが控える。

　これらはあたかもサッカーチームのフォーメーション[4]のようにフォワード，ミッドフィルダー，ディフェンスのポジションに分かれ，各ポジションの役割分担や，どのポジションを重視して進めるかのウェイトの置き方を，対戦相手や試合運びにあわせて柔軟に変化させる陣形となっている。

---

4) サッカーの戦術概念上，システムと呼ばれることもある。

158　第3部　市場につなげるイノベーション

図表11-4　コニカミノルタ営業チーム体制のレイヤリング

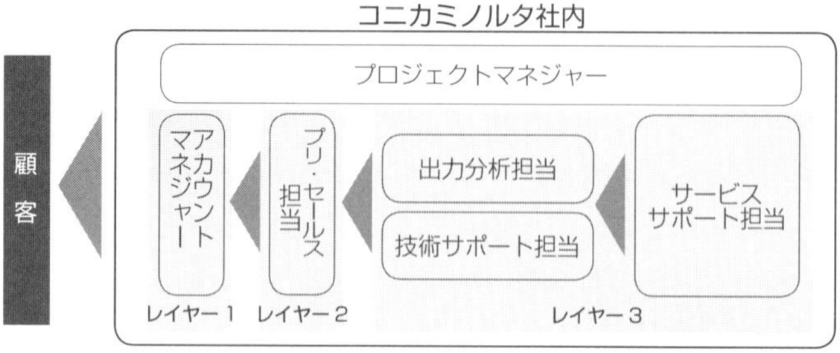

```
                    コニカミノルタ社内
  ┌─────────────────────────────────────┐
  │         プロジェクトマネジャー          │
  │  ┌──┬──┬──────────┬──────┐  │
顧│  │ア │プ │  出力分析担当  │サービス│  │
  │  │カ │リ │            │サポート│  │
客│  │ウ・│セ │            │担当  │  │
  │  │ン ト│ー │            │    │  │
  │  │マ │ル │  技術サポート担当│    │  │
  │  │ネ ジ│ス │            │    │  │
  │  │ャ │担 │            │    │  │
  │  │ー │当 │            │    │  │
  │  └──┴──┴──────────┴──────┘  │
  │  レイヤー1 レイヤー2    レイヤー3        │
  └─────────────────────────────────────┘
```

出所：コニカミノルタ提供資料より筆者作成

## 2. サッカー営業のチームプレー

　前線にいいボールを何本あげられるか，前線下のミッドフィルダーやディフェンスラインでのメンバーの能力の高さやチームプレーをとおして，最後のストライカーまでボールが渡り，ゴールネットを揺らす。営業活動におけるチームプレーについて大崎氏はこのように捉える。

> 　例えばコストダウンを強く意識されるお客さんであれば，出力分析担当が高いスキルをもっていると，すごくゴールが決まりやすいわけですよね。その場合は，アカウントマネジャーはお客さんと最終的な交渉をする専門プレーヤーとして全体もわかりつつ仕事をするという感じですね。

　コストダウン要望が明確なプロジェクトでは，スキルの高い出力分析担当を配する。顧客業務の現状から無駄を徹底的に洗い出すことが案件締結の決め手になりやすいからだ。しかし顧客の要望は多様である。先述の新聞配送の顧客のように，配送表印刷が着実に行われることで業務の安定性を高め，万が一のリスクを大幅に抑えるといった顧客の要望を超えるソリューションは，プロジェクトの進行にあわせて臨機応変に役割を調整し，チームの能力を発揮することで可能となる。

## 3. 野球チーム営業との比較

　一方，顧客の要望を最もよく知るべき営業担当者が，社内のスペシャリストを束ねて顧客に最適なソリューションを提案するチーム営業のやり方もある。その場合，専門性をもった各スペシャリストが営業担当者にとって一種のリソースとなり，営業担当者がそれらのリソースをうまく利用して自分の顧客にベストなソリューションを提案する。営業担当者が案件全体の指揮をとり，スペシャリストに対するリクエストを指示する立場をとるため，監督の指令とサインに従い，各プレーヤーが固定的な持ち場の中でそれを遂行するような野球のチームプレーと類似する。これを野球チームフォーメーションと名づけると，コニカミノルタの事例でみたサッカーチームスタイルと図表11-5のように比較できよう。

**図表11-5　チーム営業のフォーメーション概念図**

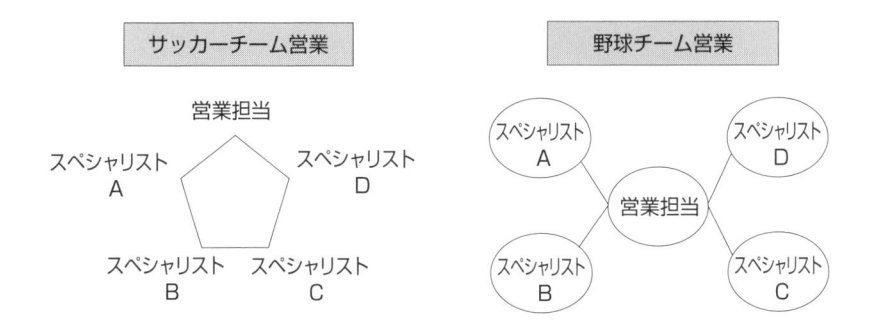

出所：筆者作成

　野球チーム営業では，営業担当者が要となり各スペシャリストの能力や知識をもって顧客の課題解決に努める。そこでは，営業担当者のリーダーシップや課題理解の正しさを判断するスキルが試される。他方，極端にいえば，各スペシャリストは営業担当者の指示を待つ存在である。複雑な顧客の問題や潜在的課題に対処しようとする場合，各スペシャリストの役割が明確に固

定化されていると，課題解決が型にはまり，営業担当者の能力によって成果に偏りが出るといった問題が考えられる。

しかしサッカーチーム営業では，各プレーヤーの役割は顧客や案件ごとに柔軟に定義され，各プレーヤー同士が触発することで顧客の抱える潜在的課題の発見や,提供されるソリューションの価値を生み出すことを可能にする。このフォーメーションでは，営業担当者も，ある1つの専門領域を任されたメンバーとして期待される。図表11-5で，営業担当者がダイヤモンドの一角を担う理由はそこにある。サッカーチーム営業において営業担当者に期待される役割について大崎氏の言葉を引用する。

> 営業の役割というのが今までの売るというところだけではなくて，お客さんとのインターフェースになること。営業，つまりアカウントマネージャーの後ろのレイヤー（図表11-4）にスペシャリストが控えていて，お客さんの課題に応じて対応していく。お客さんに相対するのはアカウントマネージャーが絶対的にエキスパートです。

複雑な顧客の課題に対してソリューション提供に取り組むため，多様な知識をもったスペシャリスト集団とチームで協働する。ゆえに，営業の専門性は売ることから顧客とのインターフェースへと研ぎ澄まされることになる。そして，インターフェースの領域へ専門が深化すると同時に，インターフェース自体のバラエティを身につけることが求められる。なぜなら，プロジェクトに関与する顧客企業の状況や組織体制次第で最適な顧客との接点の在り方が異なり，サッカーチームフォーメーションは柔軟性が高いからこそ，状況を自らが理解して自らが遂行すべき役割を判断，調整する必要があるからである。

特にビジネスがグローバル化するにつれ，営業担当者が相対する顧客企業側の人員やその多様性が増す。あるドイツの大口顧客では毎回10数名でのミーティングが行われた。各ステイクホルダーがもつ利害関係や前提知識も

同一ではないため，状況への対応力や臨機応変さがますます重要視されるのである。

## 4. サッカーフォーメーションの自律性

サッカーチーム営業では各個人の自由度が高く，またチームの中心となるべきリーダー不在のフォーメーション（図表11-5）という印象をもつかもしれない。一見制約が弱い状況にもかかわらず，どのようにプレーヤー同士が1つのチームとして機能するのであろうか。

サッカーの世界では，戦況や戦術に合わせ，ゴールキーパーを除く[5]残り10人のメンバーをどのような役割で配置するかは自由である。そこで一般にゴールキーパーを除き，ディフェンダー－ミッドフィルダー－フォワードの順番で，変更可能なメンバーの人数配置体系選手の配置を「4-4-2」や「3-5-2」といった数字で表す。自由であるからこそいったん試合が始まれば，ディフェンダーでもチャンスのときに攻撃し，フォワードでもピンチであればディフェンスをするよう，1人ひとりの自律的な状況把握と判断が求められる。

イングランドのプレミアリーグ，イタリアのセリエA，スペインのリーガエスパニョーラの3大リーグでトップクラブチームの監督を務めた，モウリーニョの言葉を借りれば，個人技がすでに高度な，プロフェッショナルなメンバーを集めたプロサッカーチームが機能するには，人員がどう配置されているかという形に加え，自分たちがどんなプレーをしたいのか，つまり「プレー原則」がチームメンバーに定着していることも重要だという。

> ゾーンで守るかマンツーマンで守るか，高いブロックで守るか低いブロックで守るか，ポジションチェンジを許容するかしないか，縦に奥行きのある陣形で戦うか横幅のある陣形で戦うか，ロングパスとショートパスのどちら

---

[5] ピッチに立つ11人の選手のうち1人をゴールキーパーとおくことがルール上規定されている。

> で攻撃を組み立てるか。これらがプレー原則だ。それが固まっていれば，4－4－2だろうと4－3－3だろうとロンボ（菱形）だろうと3バックだろうと，本質は変わらない。（片野，2009，p.99より引用。）

先にあげた，プロジェクトに応じてどの領域にウェイトをおくかなどが，ここでいう形の違いである。いったんサッカーチームフォーメーションの人員配置によるチーム営業が行われれば，次に「プレー原則」が明確にメンバー1人ひとりに共有されてこそ，高度な営業案件の成功という結果に結びつく。

プレー原則が明確に共有され，かつ個々人の働きには自由度があることで，ときにはゴールキーパーでさえ前線に上ってシュートを狙うような，即興的で創造的なチームプレーが発揮される。事業を指揮する山名氏は，コニカミノルタの営業組織全体が共有する意識について次のように語る。

> そのお客様の企業はどんな業態で，ワークフローは何のために動き，どういうワークフローでどこを改善したらどうか，ということを，ある意味ではお客さん以上に知り尽くす，そうやって関係を築いて一緒に作り上げる。それには，関するあらゆる知識やお客さんと作り上げるための活動に対するパッションを含めたプロフェッショナリティが本当に深くないといけない。

顧客以上に顧客を知ること，という「プレー原則」がチーム内に浸透することで提供されるソリューションは，顧客企業にとってコストダウンだけでなく業務自体に貢献するような付加価値をもつものとなる。

## 5 おわりに

ハコ売りの販売営業からソリューション営業へと転換する昨今，チーム営業が注目されている。営業担当者と，職能部門を超えた担当者がチームを組み，顧客の課題に応えるソリューション提供を行う営業活動である。

本章の狙いは，ソリューション営業がどのようなチーム体制で遂行されるのかについて，事例をとおして学ぶことにあった。コニカミノルタのOPS販売活動の事例では，チーム営業が機能することで顧客の要望を越える付加価値の高いソリューションが提供されていた。

　こういったソリューション営業を可能にしていたのは，営業担当者がチームの中心となりスペシャリストたちを周辺に固めるといった野球型のチームよりも，営業担当者もスペシャリストも同じフィールドプレーヤーとして，持ち場や役割を臨機応変に調整できるサッカー型のチームといえる。営業のサッカーチームフォーメーション内では，営業担当者は顧客とのインターフェースのエキスパートとして期待される。その結果，他のメンバーと共有された1つのプレー原則のもと，連携と専門性の発揮をとおして，顧客の要望を越えるソリューションが創造されるのである。

■参考文献

石井淳蔵（2012）『営業をマネジメントする』岩波書店。
大津正和（1995）「第三章　ハイテク営業の可能性　―松下電工にみる営業支援システム―」石井淳蔵・嶋口充輝編著『営業の本質』有斐閣。
片野道郎（2009）『モウリーニョの流儀　勝利をもたらす知将の哲学と戦略』河出書房新社。
高嶋克義（2002）『営業プロセス・イノベーション』有斐閣。
竹村正明（1995）「第四章　組織型営業の革新　―タカラベルモントの事例―」石井淳蔵・嶋口充輝編著『営業の本質』有斐閣。
田村正紀（1999）『機動営業力』日本経済新聞社。

＊本章の記述にあたっては，コニカミノルタ株式会社　取締役　専務執行役　情報機器事業管掌　山名昌衛氏，販売本部GMA販売部部長　大崎肇氏，販売本部ICTサービス事業統括部　部長　杉江幸治氏，CSR・広報・ブランド推進部課長　石川和寛氏に取材にご協力いただいた（所属・役職名はいずれも調査当時）。記して感謝の意を表したい。

### パワーアップ・ポイント 11

# 「ランチョンテクニック」

　商談は食事をしながら話を進めることが多い。食事をしながらの方が成功率は高くなるので、これをランチョンテクニックという。食事が説得に効果があることを心理学者のジャニスらは実験で明らかにした。この実験は「フィーリング・グッド」と呼ばれる。

　まず、200名以上の大学生を2つのグループに分ける。そしてそれぞれ4つのテーマの評論を読ませた。「がん治療」「アメリカの軍隊規模」「月世界旅行」「立体映画」というもので、いずれも難解なものであった。2つのグループのうち一方にはコーラとピーナッツを食べさせながら読ませ、もう一方には何も与えずに読ませた。

　結果は、食事をしながら文章を読んだグループは、もう一方のグループよりも好意的に解釈していたというものであった。その理由は次のように考えられる。人は何かを口にすると快感を覚える。すると、「食事の快感」が「文章の内容」と結びついてしまい、好意的に解釈されることになる。この結びつきを「連合の原理」という。これは2つの対象がお互いに結びついていると「錯覚」することをいう。

　連合の原理の応用例としては、テレビCMで有名タレントを起用することで「タレントへの好意」と「商品への好意」を結びつけようとするのが典型である。セールスの世界でもその考え方を応用し、食事中に提案した意見を好意的に受け取ってもらおうとしてきたのである。一緒に食事を体験することでお互いの意見を受け入れやすくなるのは、人間は食べている間は無防備で開放的な心理状態になるからである。そのため、相手の話も聞こうとしてしまうのである。

　食事中の脳はある化学物質が分泌されることで、相手や物事を否定したり攻撃したりすることが緩和されてしまう。この物質によって夢心地状態がつくられ、よほどのインパクトがないかぎり「あまり事細かに覚えていない」ということになる。それよりも「食事を共にした」という記憶によって親近感が高まってしまうのである。ということは、例えば映画館でコーラとポップコーンを食べてもらうと、映画を好意的に見てもらえるということがいえる。

# 第12章 テレマーケティングによる営業支援
―マルチプル・リレーションシップ戦略への展開―

**Keyword**

- テレマーケティング
- 関係性志向
- 拡張性志向
- マルチプル・リレーションシップ戦略

## 1 はじめに

　本章の目的はテレマーケティングというマーケティング方法を通じて，従来の営業活動の課題を解決する方向性を見いだすことにある。

　近年，特にBtoBにおける製品・サービスはIT化による影響で専門化・複雑化してきた。セールスパーソン1人の能力には限界があり，技術部門との連携やサービス部門の丁寧なフォローが必要になってきている。つまり部門横断的チーム営業が必要になってきているのである。さらに，ライバルに差をつける商品を開発するためのリサーチ活動も必要である。しかし質問紙によるアンケート調査では，潜在的なニーズまで拾うことが難しい。顧客と直接コミュニケーションして初めて本人も気づいていなかった需要が浮かび上がってくる。そうした現実的な問題の解決に有効な方法がテレマーケティングである。以下ではテレマーケティングについての詳細と意義を検討していく。

## 2 市場の特徴

　テレマーケティングとは，One-to-One マーケティングの実現を可能にする最適な手法の1つとして登場した。1994年9月に発表された日本テレマーケティング協会（1997年に社団法人化し，2012年1月より一般社団法人日本コールセンター協会へ変更）によれば，「顧客の創造，顧客満足の向上，顧客保持といったマーケティングプロセスをパーソナルで双方向性をもつ通信メディアを通じ，円滑かつ有効に実現する手段である。」と定義されている。

　テレマーケティングの歴史は，1960年代に，広大な土地のアメリカにおいて遠隔の顧客とコミュニケーションをとる必要性があったことから始まった。テレマーケティングという単語は，電話を活用することが一般的なため「テレホンマーケティング」の略と解釈されることも多いがそうではない。本来は，「テレ（遠隔の）」と「マーケティング」が接続して誕生した造語である。

　日本では1980年台に黎明期を迎え，当初は秘書代行サービスなどの受付業務（受信業務：インバウンド業務）が中心であったが，徐々に案内などを行う業務（発信業務：アウトバウンド業務）も広がっていった。1980年台後半頃からは，これらのテレマーケティング業務を代行する会社（アウトソーサー）が設立され始めた。アウトソーシングが主流となった今では，コールセンターブースの保有数が数千席ある会社から数十席の会社まで，100社以上が存在している。

　テレアポという用語をよく耳にするが，これは本質的にテレマーケティングとは異なる。アポイントをとるという業務もテレマーケティングには含むが，テレアポというのはやみくもに電話をかけて数打てば当たる作戦をとっている印象が強い。それは会話の内容にマーケティング要素が一切ないものであり，電話という通信手段を使う以外は目的が違うものである。

　テレマーケティングの主要業務は以下のとおりである。

(1) インバウンド（受信業務）

→カスタマーセンター，資料請求受付，通販注文受付，ヘルプデスクなど
(2) アウトバウンド（発信業務）
　→商品などのご案内，訪問アポイントメント取つけ，電話調査（世論調査など），顧客満足度調査など

## 3 事例：遠隔コミュニケーションによるマーケティング

### 1. 会社設立の経緯

　筆者の大学生時代は，アナウンサーになりたかったこともあり，テレビ局などマスコミを中心に就職活動を行った。そして大学卒業後の1998年4月に，AM放送局である大阪放送株式会社（ラジオ大阪，通称OBC）の子会社でラジオ以外の事業を行う株式会社ラジオ大阪プロジェクトに入社した。その中のテレコム事業部に配属されたのだが，その事業部はテレマーケティングのアウトソーシングサービスを提供する部門であった。その企業は，もともとラジオ大阪が出資していたテレマーケティング会社の解散に伴い，事業の一部を引き継いだものである。
　そこでBtoBにおける顧客開拓のためのテレマーケティングサービスを学び，自ら電話でアポイントをとっては，新規取引を増やすべく営業をしていた。あるとき，グループの別会社で休眠していたオービーシー情報システムという会社でもテレマーケティング事業を立ち上げることになり，入社8ヵ月目の11月にはそちらへ出向した。そこで業界のベテラン（前述の解散した会社で社長をされていた）方とともに営業活動をスタートした。
　ところが業績がよくなかったため，1999年の秋頃には業務縮小の話が持ち上がった。そこでベテランなど一部の人員を削減して事業を継続してもよいことになっていたが，それではおもしろくないと思い，2000年3月に退職。そこにいたスタッフ全員（前述のベテランも含め6〜7名）を引き連れて2000年4月25日に資本金1,000万円で株式会社アイ・エヌ・ジー・ドットコムを設立した。とりあえず代表取締役に就任したものの，経営について

勉強した経験がなく，上記のベテランのスタッフたちはアイディアマンではあったが会社を解散させた経験があるだけに金銭に関して無頓着であった。こうして苦労の日々が続いた。当時の世の中はITバブルと謳われていたが，設立間もない会社に対する金融機関の対応は非常に厳しく，とにかく売上を上げるために営業活動で走り回っていた。

売上は小さいもののいくつかの大企業からの依頼があったため，BtoBにおけるテレマーケティングそのものの需要があることは確信していた。大手企業は，ブランド力はあるが代理店販売が中心のため，営業が得意でない場合が多かった。直販部門はあるが，どこに営業してよいかわからないという担当者が大半のため，ターゲットとなる企業の部署やキーマンを調べ，売り込みたい商材への関心度合いを聴取でき，訪問アポイントメントを獲得できるテレマーケティングは重宝がられた。ただしテレマーケティングのような販売促進施策は，予算の関係や担当者の異動などにより長期的に継続して業務委託が発生することはほとんどなく，スポット的な仕事にしかならないことが課題であった。会社設立後の数年間は毎月の売上も読めず，資金繰りなどにおいて非常につらいことばかりだったように思う（それは今でも大きく変わらないかもしれないが）。

取引先としては，パナソニックとのつき合いが多く，東京在住のOBの方には，当初より顧問となってもらっていた。その方のアドバイスもあり，パナソニックのソフトウェア子会社で約10年社長を務められた方を社長として迎え入れ，現在の体制を構築した。

## 2. アウトバウンド業務の特徴

これまで，テレマーケティングの中でも特にBtoBにおけるアウトバウンド業務に注力してきた[1]。これには大きく3つの領域がある。第1に新規顧

---

1) BtoBにおける典型的な営業フローは次のとおりである。①企画・営業資料作成→②ターゲット企業選定→③キーパーソン探し＆ニーズ収集→④訪問アポイントメントの取り付け→⑤提案（訪問商談）→⑥クロージング・成約→⑦アフターフォロー

客開拓，第2に既存顧客フォロー，第3に市場調査である。
(1) 新規顧客開拓：これまで接点のなかった企業などの法人へアプローチし，営業担当者の訪問アポイントメントや資料送付の承諾を取りつけたり，イベントやセミナーの来場を促進したりする領域である。
(2) 既存顧客フォロー：既存顧客ではあるが営業接点が希薄になっている顧客にアプローチし，すでに導入されている製品やサービスに対して意見を聴取し，改めて接点を強化する領域である。
(3) 市場調査：新しい製品やサービスを開発するために，ターゲットと想定する業種の企業からニーズや不満足要素，導入しやすい価格帯等の意見を聴取する領域である。電話だけで調査を完結する場合や，アンケートを送付する郵送調査の調査依頼を行う場合もある。

　以上の領域の中で最も活用されるのは新規顧客開拓である。以前は業務用のノートパソコンやプロジェクター，監視カメラなどのハードウェアが多く，電話での説明が容易であった。ところが最近では，ソフトウェアやソリューション（製品とサービスを組み合わせて問題解決する商材）が増え，電話では説明が難しいものが増えてきている。
　モノが売れにくくなってきた昨今，単に製品やサービスを販売するだけでなく，顧客の生産性や業務効率の向上，コスト削減などができるソリューションの提案が主流になってきている。以前であれば，1回の電話で商材に対する関心度合いを確認し，訪問アポイントを獲得するパターンが多かった。最近では，電話で説明するのが難しいソリューションの商材が増えたので，まずは最初の電話で担当者を探し資料送付の承認を得て（第1次テレマーケティング），資料送付後に再度電話で担当者と話し訪問アポイントを取りつける（第2次テレマーケティング）というパターンが増えてきた。この場合，耳からの情報だけではなく，視覚的な情報も使えるため訪問アポイントの精度がアップする。この送付資料の代わりに専用Webページを使う場合もある。

## 3. 導入成功事例（1）：監視カメラ

　監視カメラという製品の場合，従来はアナログタイプで，工事をして設置するハードウェアであった。現在はデジタルタイプになりネットワークカメラへと進化し，パソコンなどと同様にIT関連の商材に変化してきた。そうなると，カメラの映像がパソコンでどこからでもタイムリーに観察できるため，防犯用途だけではなく本部から店舗の様子を確認できる遠隔地モニターという用途が出てきた。さらにその映像をソフトウェアで解析することも可能になってきた。例えば，カメラで生産現場における作業スタッフの動きを捉え，ムダやムリな設備配置や導線の改善に貢献できるようになってきた。こうなると，メーカーも新たな需要を獲得するために新規顧客開拓が必要になり，テレマーケティングが活躍できることになる。

　まずは，顧客を開拓する前に販売店を開拓する必要がある（直販でない場合）。従来の監視カメラの販売店では，LANなどのネットワーク工事はできないため，それらができるSIer（エス・アイアー：パソコンなどネットワーク機器を組み合わせてお客様へ提案ができるシステムインテグレーター）に対してネットワークカメラを取り扱ってもらうことになる。ネットワークカメラを認知して取り扱ってもらうために，大手A社がテレマーケティングを活用した。結果，1,289件の対象（SIer）にアプローチし，117件（9.1%）の訪問アポイントメント，191件（14.8%）の資料送付承諾が獲得できた。

　しかしながら，ネットワークカメラを取り扱ってもらうことで顧客の幅は広がるが，SIerは複数社の商材を取り扱っているので，A社だけのものを販売してくれるわけではない。そのため，直販で顧客開拓も行う必要が出てくる。そこで，ネットワークカメラを活用し，工場向けに作業スタッフの動線分析ができる提案をテレマーケティングで行った。その結果は次のとおりである。訪問OKが10%を超えるとは珍しく，クライアントには大変喜んでいただける内容となった。

対象リスト：865 件
- 訪問 OK：116 件（13.4%）
- 資料送付 OK：150 件（17.3%）
- 回答のみ（担当者と会話はできたが，訪問も資料も NG）：172 件（19.9%）
- 案内拒否：23 件（2.7%）
- 対話不可（3 コールをしたが担当者と会話ができなかった）：230 件（26.6%）
- その他（上記に当てはまらないもの）：174 件（20.1%）

### 4．導入事例（2）：水処理メーカー

　これは大手水処理メーカー B 社から依頼を受けたものである。この会社へはこれまで生産工場などから，水処理に関する多数の問い合わせが入ってきていた。それらの問い合わせ情報は各地域の営業所へ送り，対応してもらうことになっている。ところが多数の問い合わせにもかかわらず，受注に結びつく件数が少ないことに企画の担当者は疑問をもった。そこで，問い合わせがあった企業に現状をヒアリングするテレマーケティングを実施することになった。

　351 件に対して架電した結果，「営業担当者が 1 回は訪問したものの，その後のアプローチがなかった」「資料請求をしたのに送ってもらっていない」などの声が上がってきた。そこから，見込み客は製品に不満があるわけではなく，営業対応がまずいことで受注に結びついていなかったことなどが判明した。営業担当者からは，「フォロー済み」「今すぐの案件ではない」などの報告があがっていた。しかし営業担当者は普段の業務に追われており，新規の顧客対応ができておらず，正しくない報告を企画部門にあげていたのであった。結果的には，37 件（10.5%）の訪問アポイントメントを獲得できたので，営業担当者が訪問していくつかは受注に結びつけることができた。

### 5．テレマーケティングのノウハウ

　これらの BtoB テレマーケティングは，ただ電話をかけるだけで，このよ

うな成果が上がるわけではない。そこにはさまざまなノウハウを必要とする。

　第1に，成果を上げるためには業務設計が重要となる。業務設計とは，目的に対してどの対象リスト（規模，業種，地域など）にどのようなトークスクリプト（架電するテレコミュニケーターが会話する台本）でやり取りをするかなどをいう。クライアントから提出された対象リストにただ架電するだけでは望ましい結果は出ない。過去にどのような設計でうまくいったか，この時期ならこのような設計にすると成果を上げやすいといった提案をするノウハウが最も重要なのである。これには業務設計の豊富な経験が必要になる。

　第2は，ベテランのテレコミュニケーターによる会話力である。アウトバウンド業務の場合，電話をかけた理由や商材説明が必要になる。そのため，相手に伝える力が求められる。同時にリサーチをあわせて行うので，相手の情報を引き出す聴取力も求められる。これらの力を備えるには社会人としての経験が必要である。そのため当社が採用するテレコミュニケーターは若いときに社会人経験があり，現在は子育てに一段落してまた働きたいという意欲がある方である[2]。

## 6. リサーチへの活用

　以上のことからテレマーケティングは，セールスプロモーション以外にもリサーチ分野でも活用できることがわかる。リサーチ分野に関する導入事例は以下のとおりである。

### (1) 電機メーカー（生産部門）

要望：空調や電力の省エネサービスを展開したいので，企業の製造部門（工場）ではどのようなサービスが導入されていて，どのようなサービスを求めているかを知りたい。

対応：工場の設備や環境，CSRの部門に電話アプローチを行い，知りたい

---

[2] 現在所属しているベテランテレコミュニケーターの多くは5年以上の勤務経験（10年以上の方も）があり，それらの経験に基づいたノウハウが蓄積されている。

項目をインタビューし，その傾向などを集計する。

## (2) 製薬メーカー
要望：動物病院の獣医がどのような薬品を取り扱っており，なぜそれを選定したかを知りたい。
対応：獣医に電話アプローチを行い，知りたい項目をインタビューし，地域別や病院規模別などでその傾向などを集計する。

## (3) リサーチ会社①
要望：食品メーカーからの依頼があり，自社で保有しているリサーチモニターの中から条件に合致する人に集まってもらい，食品の食べくらべをして新製品開発を行うための意見を聞きたい。
対応：リサーチモニターに電話アプローチし，年代や嗜好などのインタビューし，あらかじめ決められた条件にあった人には特定の時間と場所を知らせ，調査の参加依頼をする。

## (4) リサーチ会社②
要望：テレビ局からの依頼があり，参議院選挙での当選予測を事前に行いたい。
対応：RDDリスト（電話番号をランダムで作成）を用意し，電話アプローチを行い，各エリア，各選挙区で年代別，男女別で特定数の意見を聴取し集計する。

## (5) リサーチ会社③
要望：自治体から製造業の立地に関する調査を受託しており，郵送調査を行うのでその回収率を上げたい。
対応：製造業に電話アプローチしてアンケートの送付先の担当者を見つけ，送付承諾を獲得する。アンケート送付後に，アンケートの返送依頼の電話アプローチをする。

## 4 解説：マルチプル・リレーションシップ戦略

　前節で取り上げたテレマーケティングは，これまでの営業に関する先行研究の議論に沿っていえば，マルチプル・リレーションシップ戦略を可能にする力をもっているといえる。マルチプル・リレーションシップ戦略とは，(1)顧客との深い関係性を追求する方向性と，(2)より多くの顧客にアプローチしようとする拡張性，というトレードオフを同時に達成しようという戦略である。従来の営業スタイルではどちらか一方に集中しがちで，その両立は困難であった。以下では，テレマーケティングによる上記トレードオフの解消について述べていく。

### 1. 関係性志向の営業

　近年，関係性管理（CRM）に関する取り組みは各企業では当然の業務として認識されてきた。営業分野においても，人間的な関係性でもって顧客との関係性を構築するだけでなく，データを利用した社内外の関係構築の重要性が議論されている。データを利用するといった場合，そのデータを収集・加工・整理するといった人材が必要になり，必然的にチーム営業の体制が求められる。こうして作り上げられたデータベースにセールスパーソンがアクセスし，情報共有していく。

　さらにそのデータベースは，開発部門や生産部門とも共有されることで社内のコミュニケーション・パイロット（高嶋，2002）としての役割を担っていく（図表12-1）。つまり，部門間のコミュニケーションを円滑にするハブになるのである。これまでは，営業部門と技術部門の間で情報がうまく伝わらず，それは大きな問題として残されてきた。しかしデータベースが活用されることで，営業部門と技術部門は1つのチームとなることができる。近年はいっそう技術的な要素を含む製品・サービスが増えてきたので，技術部門とのチーム体制は不可欠になってきている。

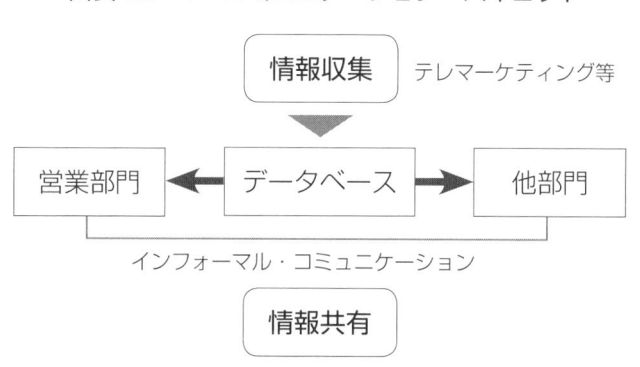

図表 12-1　コミュニケーション・パイロット

```
            ┌──────┐
            │ 情報収集 │ テレマーケティング等
            └──────┘
               ▼
┌──────┐  ┌──────┐  ┌──────┐
│ 営業部門 │ ◄─│データベース│─► │ 他部門 │
└──────┘  └──────┘  └──────┘
       インフォーマル・コミュニケーション

            ┌──────┐
            │ 情報共有 │
            └──────┘
```

出所：高嶋（2002），図5-9，p.151を参考に筆者作成。

## 2. 拡張性志向の営業

　より多くの顧客にアプローチしようとする場合，従来であればセールスパーソンを多く雇用するといった方法が採用されてきた。この場合，個々の担当者が多くの顧客と面談することになり，1件当たりの面談時間は限られたものになる。すると，技術的に説明が難しい商材であればどうしても十分な時間がとれなくなってしまう。

　このように広範囲に営業を展開しようとすると，個々の担当者の力量にバラつきがあると十分な成果が見込めなくなる。そこで営業体制は標準化する方向に動き出すことになる。ここでいう標準化とは，画一的マニュアル的なスタイルをいうのではなく，当事者間で情報を共有して問題解決の効率化を図ることをいう。つまり，営業活動に関する情報（顧客情報，商品情報，成功事例，失敗事例等）をデータベース化することで，セールスパーソンの力量を一定のレベルで標準化するということである。

## 3. トレードオフの問題

　これら関係性志向の営業スタイルと拡張志向のスタイルはそれぞれにメリットがある。しかしこれらを同時に達成しようとすると困難に直面する。

確かにこの両方のメリットを手にすることが本来の営業現場では求められているが，この両者はトレードオフの関係にあるため，同時達成は難しく通常はどちらか一方を選択することになる。

というのは，顧客との関係性を追求しようとするとデータベースに乗ってこない（標準化されない）活動が中心になってしまう。1人の顧客にたっぷり時間をかけて対応することになり，他の顧客への対応や新規開拓まで手が回らなくなるのである。一方，多くの顧客にアプローチして拡張性を志向すると，1人の顧客にたっぷり時間をかけられないので，深い関係性を構築することは難しくなる。これらを両方追及するとどちらも中途半端になり，かえって結果が出ないということにもなる。

このトレードオフの問題を解消する有力な方法がデータベースである。その流れは，(1)拡張性を追求しようとすると営業スタイルを標準化することになる，(2)そのためにはデータベースの構築が必要になる，(3)データベースで情報共有が進めば営業部門と技術部門といったより大きなチーム営業が可能になる，(4)データベースを活かしてより専門的な提案によって顧客の問題を解決することで，顧客との関係性を深めていく，というものになる（図表 12-2）。

図表 12-2 データベースによるトレードオフ解消

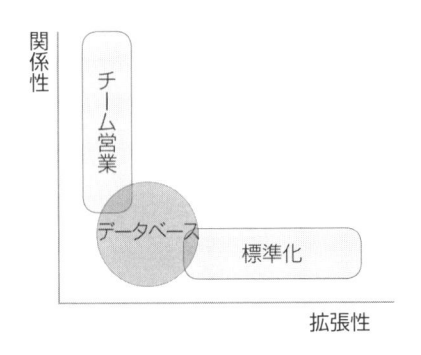

出所：高嶋（2002），図 9-1，p.230 を参考に筆者作成。

## 4. マルチプル・リレーションシップ戦略

　マルチプル・リレーションシップ戦略というのは，上述の関係性と拡張性を同時達成する戦略である。例えば，あるコンピューター・メーカーは主要顧客にはダイレクトに関係性を構築する体制をとり，一方で多数の一般ユーザーに対しインターネットによる拡張性を重視した体制を採用している。つまり，主要顧客には関係性，一般ユーザーには拡張性を重視したスタイルである。

　このスタイルを実現するには2段階のコミュニケーションが必要である。第1段階をファースト・リレーションシップ，第2段階をセカンド・リレーションシップという[3]。ファースト・リレーションシップでは，顧客やチームでの対面コミュニケーションが中心となる。セカンド・リレーションシップでは標準化された営業活動が中心となる。

　この2つの段階を結びつけるためには，①ライバル企業や顧客さえ気づいていないニーズを捉えること，②そのニーズや問題解決に対応する製品・サービスを開発できること，③コストダウンによって規模の経済性が活かした生産体制の3点が必要になる。この3点を手に入れることで，顧客との関係性を構築し（①と②），多くの顧客へアプローチするための価格優位性をアピール（③）できるのである。

## 5. テレマーケティングによるマルチプル・リレーションシップ戦略

　上のマルチプル・リレーションシップ戦略を可能にする有力な方法がテレマーケティングである。テレマーケティングを有効活用できれば，上記の必要項目3点を獲得できる可能性が高まる。

　第1に，テレマーケティングを活用することで，きめ細かく潜在顧客のニーズをリサーチすることが可能になる。質問紙による表面的な調査ではうまく文脈が伝わらない，あるいは誤解があっても直せない。しかし電話は双方向コミュニケーションが可能なので，細かい文脈を補足したり，相手の誤解を

---
[3] 高嶋（2002），p.239。

修正したりすることが可能になる。つまりそうしたインタラクションによって，顧客がそれまで気づいていなかった問題やニーズを発見できる可能性が出てくる。

　第2に，顧客ニーズ情報をデータベース化することで，技術部門との連携が進み，新しいイノベーションが生まれる可能性が高くなる。あるいは，既存顧客へのフォローにテレマーケティングを利用することで，サービス部門との連携がとれるようになる。そこから顧客の声を拾い開発部門にフィードバックすると，また新たな製品やサービスが生まれることになる。

　第3に，顧客ニーズを把握していることで，部品，原材料，生産設備のメーカーとの連携を強化することが可能になる。すると，その関係性から他社よりも有利な条件でリソースを入手でき，それがコストダウンを生み出して顧客に低価格をアピールできることになる。そのことでライバルよりも多くマーケットシェアを獲得できることにつながるのである。

　これら3点を満たすことで，ファースト・リレーションシップとセカンド・リレーションシップにおけるコミュニケーションが円滑になる。それはマルチプル・リレーションシップ戦略を可能にすることを意味しているのである。

## 5　おわりに

　本章ではテレマーケティングの事例の理解をベースにし，従来の営業研究が課題にしてきた関係性と拡張性のトレードオフを解消するという，新しい営業スタイルの展開をみてきた。そのためのキーワードはデータベースである。

　しかしながら，肝心のデータベースに収められる「情報」をどのように収集すればいいのか。その作業を現場のセールスパーソンに任せるほど余裕はない。セールスパーソンの仕事は商談におけるインタラクションが中心であり，データの入力業務などに時間をさける余裕はない。ただでさえ，商材は技術的にも専門化・複雑化しておりその提案準備に相当の労力を要する。そ

のため，既存顧客のアフターフォローも手薄になりがちになる。

　そうした問題を解消し得るのがテレマーケティングである。テレマーケティングで得られた情報をデータベース化することで，顧客に対するきめ細かい情報提供や問題解決提案によって深い関係性を構築し，かつ広範囲の顧客にアピールできる拡張性を手に入れることができると考えられる。

■参考文献

高嶋克義（2002）『営業プロセス・イノベーション』有斐閣。
田村直樹（2013a）『セールスインタラクション』碩学舎・中央経済社。
田村直樹（2013b）『経営戦略とマーケティング競争』現代図書。

**パワーアップ・ポイント 12**

# 「返報性のルール」

　人間社会は返報性のルールがあるからこそ人間的な社会が保たれている。もし親切にしてくれたにもかかわらず，そのお返しをしないならば「恩知らず」や「たかり屋」とみなされ，関係を崩してしまうことになる。この返報性のルールがどのように働いているのかについて，心理学者リーガンが次のような実験を行った。

　「美術鑑賞」という名目の実験に3人が参加した。そのうちの1人はリーガンの助手である。あとの2人はこの実験の本当の目的を知らない。この2人をA氏とB氏としておく。まず，助手とA氏の2人だけで控室で待機しているとき，助手はコーラを買いに行きA氏の分も買って戻ってきた。そして絵画の鑑賞と評価が終わったあと，助手はA氏に頼みごとをした。それは新車が当たるくじ付きチケットを売っているのだが，最も多く売った者が50ドルの賞金がもらえるので，1枚25セントで何枚でもいいから購入してほしいというものであった。A氏は何枚かチケットを購入した。一方B氏に対しては，助手は控室から出て行ったあと何も買わずに戻ってきた。そして同様に，美術鑑賞のあとチケットの購入を頼んだ。B氏も何枚か購入してくれた。

　さて結果は，A氏の方がB氏よりも2倍のチケットを購入してくれたのである。この実験が示唆することは，A氏は助手のことを好意的に思っていただけではなく，「借りを返さなければ」という気持ちが大きかったということである。すなわち，この返報性のルールは相手に対し，良い感情があってもなくても力を発揮することを意味する。人の心の中に「相手がしてくれたことと同じような行為を相手に返すべき」という恩義の感情が生まれるのである。

　この返報性のルールを破る人は，社会集団のメンバーから嫌われてしまうことになる。人はそれを恐れるのである。なぜなら人は集団で生きる動物であり，集団から外されることは生きていけないことを意味するからである。以前に紹介した「ドア・イン・ザ・フェイス・テクニック」が有効になるのは，この返報性のルールが働いているからである。相手の譲歩に返報しなければならないという気持ちになり，第2の小さな願い事を受け入れるしかなくなるのである。

# 第13章 セールス・フォース・オートメーション（SFA）
―SFAが織り成すジレンマ―

**Keyword**

・SFA　　・顧客管理　　・ジレンマ　　・情報化社会

## 1　はじめに

　本章においては，近年のクラウド・コンピューティングの発展に伴い，営業職場に積極的に導入されつつあるセールス・フォース・オートメーション（以下，SFA）に関して考察する。SFAは多様な使われ方をしているので一言で定義するのは容易ではないが，本章では「情報技術（コンピュータ）による営業支援システム」として定義したい。そして同時に，人間がコンピューターと対面するときに発生する，「SFAが織り成すジレンマ」についても問題提起したいと思う。

## 2　セールス・フォース・オートメーションの起源

### 1．概要

　米国では「sales representative」と呼ばれる契約社員が多く,「salesperson」と呼ばれる営業職の離職率は非常に高い。そこで，こういった「salesperson」

を管理するために導入されたのがSFAの本来の目的であった。つまり，事務処理をIT化するのがOA（office automation）であるとすれば，salespersonの業務プロセスをIT化して管理するのがSFAである[1]。このSFAが日本に上陸した1990年頃，SFAは営業日報を入力して部門内での情報を共有し，顧客データベースを構築する「営業改革のツール」としての機能が注目されていた。本章では，SFAのメリットのみを強調するのではなく，SFAがなぜ失敗するのかについても考えてみたい。

セールスフォース・ドットコムは，2012年のForbesが選ぶ「The World's Most Innovative Companies」においてAmazon.comを抜いて1位に選ばれた。同社が提供するサービスは，顧客管理，商談管理といったCRM（Customer Relationship Management）に加え，会計管理，人事管理，在庫管理など多岐にわたっている。

セールスフォース・ドットコムは1999年3月にマーク・ベニオフによって米国カリフォルニアでベンチャーとして起業し，2004年6月にニューヨーク証券取引所に上場した。日本法人が設立されたのが2000年4月である。セールスフォース・ドットコムは16言語で利用可能であり，2012年1月31日時点で世界10万社以上に導入され，大企業のみならず中小企業でも導入されている。

## 2. SFAの評価

ここからは次の2つの視点からSFAの評価を確認する。第1に，SFAを導入される側である営業担当者にとって，SFAは本当に有効なのか。第2に，営業にとっての「究極の問い」，すなわちSFAは売上増大に貢献するのかというものである。

---

1) 現在の代表的なSFAのベンダーとしては，セールスフォース・ドットコム，NIコンサルティング，ソフトブレーン，オラクル，ネットスイートなどをあげることができる。この中でも50%を超えるトップ・シェアで急成長しているのが，セールスフォース・ドットコムである。

(1) SFA は有効か

　ここではある調査データを確認する。2013 年の 10 月，製薬会社大手の A 社が，191 名の営業（MR）に SFA の導入効果に関するアンケート調査を実施した。例えば「SFA 導入で帰社してからの内勤時間が減ったか」という質問に対して，36.6％が「減った」，12.6％が「増えた」，そして 47.1％が「変わらない」と回答している。あるいは「SFA を活用することによって売上げ向上に繋がると思うか」という質問に対しては，66.0％が「繋がる」と回答し，8.9％が「繋がらない」，そして 24.1％が「変わらない」と回答した。

　SFA が売上げ向上に貢献するという回答は 60％を超えていたのに対して，内勤時間が減ったとの回答は約 3 分の 1 である。換言すれば，SFA を導入するという会社の方針に対しては売上げ向上という点で期待を抱いているが，内勤時間の短縮という実務においては，あまり実感されていないようである。

　本アンケートは自由記述方式で，営業担当のさまざまな見解が述べられている。以下では SFA に対する「メリット」と「デメリット」に関する代表的な回答を提示する。これらのコメントは A 社のみならず他社にも当てはまる本質的な見解であり，SFA の現実を具体的に浮き彫りにしている。

図表 13-1　SFA アンケート結果：メリット

<メリット>
・得意先住所等の検索の簡便さ
・出先から iPad で訪問内容を記録できる
・行動予定を簡単に入力できる
・以前，訪問した得意先が鮮明に分かる
・月報作成が便利になった
・月末報告が早くなった
・他の営業担当者の活動が分かる
・過去に前任者が得意先に対して何をしていたかが分かる
・過去の訪問履歴が検索できるので，訪問時に前回何を話したかが分かる
・少ない時間で採用品目，新採用品目が確認できる
・説明会報告などの書類が減った
・上司のコメントを確認できる
・業績の良い MR の行動や傾向を知ることができ，自分と比べて何が足りないかを確認し，日頃の活動を変えるきっかけとなる。
・部下の訪問先について，日頃どんな訪問先に行っているか，或いは行くべき訪問先かが分かる
・上司とも情報共有しているので，上司に報告しなくてよいのが便利
・得意先訪問に関して，部下に直接電話して確認しなくても，部下のコメントで状況が把握できる
・部下の得意先での訴求内容が把握でき，指導に役立つ

出所：A 社アンケート結果より筆者作成

図表13-2　SFAアンケート結果：デメリット

```
＜デメリット＞
・記入の基準が明確でない
・新規顧客の登録の際に，SFAでは名前を漢字変換ができないことがある
・iPadで入力するとき，SFAにリンクされないことがあり，互換性も悪い
・自分でも情報管理しているのに，同じ事をSFAに入力しなければならない
・同じ名前の得意先（薬局など）の場合，所在地の判別に手間が掛かる
・SFAの動きが遅いときがあり，入力にストレスを感じる
・人事異動があった場合の担当得意先の変更に手間がかかる
・売上が直近のものしか分からない
・得意先の訪問履歴を時系列でみる時，手間と時間がかかる
・得意先で長話し場合や説明会が盛り上がった場合など，訪問内容が記載できる文字数に制限がある
・得意先への訪問を熱心にすると入力内容が増えるので，業務に支障をきたす
・SFAは情報分析には使いにくい
・様々なデータを取り出す時，ネットに繋がなければならないので手間がかかる
・営業の数が多いので，コメントなどのダウンロードに時間がかかる
・新規得意先が登録されていないので，カスタマイズしなければならない
・月報の作成時，得意先の面談人数，訪問件数などの各種集計データを抽出するのに時間がかかる
・個人の週報はエクセルで作成しているので，活動履歴をエクセル出力できるようにしてもらいたい
・営業は現場をしっかり回ること仕事なのに，ＳＦＡでのコメント記入に時間を取られ過ぎる
・予算実績進捗状況を，支店別。拠点別，営業担当者別に更新してもらいたい
・会議等でSFAの使い方や活用について話し合う機会を設けてもらいたい
・行動管理にSFAを利用するのは止めてほしい
・上司のコメント欄をなくしてほしい
```

出所：A社アンケート結果より筆者作成

　以上，A社のアンケートにおける自由記述からSFAの「メリット」と「デメリット」を列挙した。ここには筆者が勤務する会社の事例とも共通したエッセンスが含まれている。第1に，メリットとしてはSFAのCRMとしての有効性や組織的な情報共有が効率的に展開されている。第2に，デメリットとしてはクラウド・コンピューティングを活用しているSFA特有の技術的

な問題がかなり多く見受けられ，KKD（感・根性・度胸）といった昔ながらの営業の精神が失われていないこともわかる。このKKDはSFAと相反する概念であり，もしSFAの導入が失敗したとすれば，その主たる要因がKKDに由来する精神的反発だといえるだろう。

### (2) SFAは売り上げに貢献するのか

　SFAが実際に売り上げに貢献しているかどうかの判断は難しい。そこには賛否両論があるからである。

　例えば，大手食品メーカーのB社では，執行役員営業本部長の強い信念でSFAを社内から一掃して，営業成績を向上させた。営業本部長によれば，営業は顧客との関係性を構築するのが最も重要であり，「ホウ・レン・ソウ」（報告・連絡・相談）や会議に費やす時間があったら，顧客を回るのが重要だと断言する。このB社の事例からすると，A社におけるSFAのデメリットが説得力をもってくる。

　しかしB社の事例だけで，SFAの一掃が売上げ向上に繋がったと判断するのは性急である。SFAがあればもっと売上げが向上していたかもしれないという反論も成り立つからである。実際にセールスフォース・ドットコムのような企業がMost Innovativeと評判になっていると考えるならば，SFAを導入しようという営業世界は実に「ジレンマ」に満ち溢れているといえよう。

## 3 事例：SFAが織り成すジレンマ

### 1. 社命を受ける

　2010年11月，民間放送局（C社）の営業部門に勤務する筆者は，営業担当取締役から顧客データベースを構築するよう指示を受けた。民間放送の営業とは広告代理店やスポンサーと交渉して広告を受注する部門である[2]。と

---

[2] 民間放送の経営はスポンサーからの広告費によって成り立っているのでスポンサーは重要な顧客であり，CRMは重要な営業戦略である。

ころがC社では，CRMとしての顧客データベースは構築されていなかった。CRMがなかったため，営業現場には次のような問題点があった。
- 営業担当者が個人単位で営業活動状況等を管理し，情報管理の手段・方法が異なる
- 売上情報や契約情報といったスポンサー情報を外出時にすぐに確認できない
- 売上情報や契約情報など，見たい情報が複数のシステムに散在している
- 過去の情報が管理されておらず，契約経緯は不明な場合がある

これらの問題を解決すべく，さっそく筆者は，社内の情報インフラを担当する情報システム部に相談に行った。すると幸運なことに，情報システム部もクラウド・コンピューティングを利用した情報インフラを検討中であり，セールスフォース・ドットコム社とのライセンス契約をさっそく提案してきた。当時，筆者も情報システム部もこのセールスフォース・ドットコム社のCRMの技術力の高さまでは認識していなかったが，同社が急成長していること，システム開発事業社のD社が推薦している等の理由で契約することにした。

### 2．開発開始

SFAを導入する場合，中小企業であれば自社でセールスフォース・ドットコム社のプログラムを自らカスタマイズすることがある。しかしC社では社内の営業情報システムのデータベースをセールスフォース・ドットコム社のプログラムと同期させるという高度な技術が要求されるため，SFAの開発はシステム開発事業社のD社に委託した。したがって，われわれが直接セールスフォース・ドットコム社と交渉することはなく，すべてD社との間で交渉が行われた。そこでの要件定義は，①入力画面はどのようにするか，②更新頻度はどうするか，③営業組織内の閲覧権限はどのように設定するか，④自社の営業情報システムのどの情報をセールスフォース・ドットコム社と同期させるか等であった。

このSFAは「統合顧客管理システム」と命名された。その目的は，蓄積した営業情報を社外からも活用可能にすることで，平均して営業力を向上する仕組みを構築すると設定された。

D社との要件定義会議は，2010年～2011年に4回行われ，2011年5月24日に開発がスタートした。実際のSFAの運用目標は2011年10月3日となった。5月の開発期間にはD社から技術者が常駐し，夜遅くまで連日，開発と運用テストが行われた。さらにSFAの特徴であるクラウド・コンピューティングを生かすため，営業担当にタブレットを配布して，社外からもSFAにアクセスできるように構想が広がった[3]。

### 3. ついに稼動

「統合顧客管理システム」と名づけられたSFAは，2011年10月3日に無事稼動した。特にタブレットでSFAを閲覧する目的は，もしタブレットを紛失してもデータが社外に流出することはないという安全性の確保にある。そのために，タブレットからC社のデータベースに直接アクセスするのではなく，自社のデータベース情報はクラウドを通じてセールスフォース・ドットコムに「鏡」のように映すのである[4]。

ときにはD社の技術者や自社の情報システム部員を集めて「お疲れ様会」と称する宴会も行った。彼らの努力は，宴会くらいではお返しができないほど過酷なものであったに違いない。D社の技術者が行った作業は筆者の要求を十分満たしており，素人の目からみたかぎり，技術的な不具合は稼動にあたっては見当たらなかった。しかし実際は，稼動と同時にさまざまな問題が発覚し始めたのである。

---

3) 筆者の主な仕事は，セールスフォース・ドットコム社とライセンス契約を結び，タブレットの購入契約を結び，D社の技術者からの質問に答えることであった。
4) ただし，自社のデータがセールスフォース・ドットコムに反映されるのは常時ではなく，深夜0時を過ぎた頃の1回という設定であった。

## 4．意外だった技術的障壁

　セールスフォース・ドットコムの導入と同時に，営業担当全員にタブレット端末を配布した。それは，クラウド・コンピューティングの利便性を最大化するためであった。タブレット端末を使えば，社外からでもSFAにアクセスすることができる。ところが，ここに技術的な限界が露見してきた。

　タブレット端末は3Gのアンドロイド端末であったために，接続する場所によっては繋がるのがかなり遅くなることがある。SFAはパソコンからでもアクセスできるが，タブレット端末を営業担当全員に配布するというのがこのＳＦＡプロジェクトの目玉だった。それゆえに，タブレット端末に対して「繋がるのが遅い」というクレームが多く寄せられたのは，予想外であった。繋がりが遅く，ストレスを感じる営業担当は，当然のことながらSFAを使わなくなってしまう。タブレット端末はキャリアと2年契約にしていたため，高いキャンセル料を払って今更交換することもできない。よって，「繋がるのが遅い」という営業担当のクレームに対しては，「何とか我慢して使ってくれ」というしかなかった。

　またセールスフォース・ドットコムは，当然のことながらIDとパスワードでログインするのであるが，ログインするとエラー表示になるというケースが続いた。それは，セールスフォース・ドットコムの設定のミスが原因の場合もあったが，多くの場合は大文字と小文字が間違っていたり，キーボードの隣のキーを無意識に押しているといった入力ミスが主な原因であった。

　このようにコンピューターというツールに対して，われわれが抱いていた万能であるという「神話」は，些細なところから崩れていった。セールスフォース・ドットコム自体は完成度が高かったが，タブレット端末のアクセスに時間がかかることや，ID，パスワードの入力がうまくいかないという技術的な障壁（それもきわめて初歩的な障壁）は想定外であった。そして何よりも，こういった些細な技術的障壁がSFAを使わない「理由」として正当化されることに危機感を抱いていた。

　このタブレット端末の接続速度や入力の手間に関するクレームは，第2

節のA社の事例でも述べたとおりである。しかし現在では，LTE（Long Term Evolution）と呼ばれる次世代高速通信サービスが登場し，通信速度の問題は解消されつつある。セールスフォース・ドットコム社もバージョンアップを定期的に行っている。

いずれにしても，SFAの今後を考えると技術革新の問題を抜きに語ることはできない。C社では，2013年10月にタブレット端末を廃止して，LTE搭載のノートパソコンを営業担当に配布した。これで，SFAへのアクセスはかなり便利になった。

SFAの定義が「営業支援システム」であるならば，たとえ些細な障壁であったとしても，SFAの入り口に技術的なハードルを作ってはいけない。これが筆者の実感した教訓である。技術は日々進歩している。したがって，タブレット端末のような技術革新の早い領域では，その「時点で最高だったもの」が翌年には「過去の遺産」になる可能性を常に意識しておく必要がある。

## 5. SFAが織り成すジレンマ

SFAを導入する際，最も重要なのは「ユーザーの声」を素早くシステムに反映させることである。2011年10月3日にセールスフォース・ドットコムが稼動した時点では，営業担当者間の相互閲覧には制限をかけていた。部長以上のみが全員の情報を閲覧可能であった。しかししばらくすると，一部の営業担当者から「自分のスポンサーのことはわかっているから，他の営業担当者のスポンサーの情報が知りたい」という声が上がってきた。これに対しては「競合他社の情報をみるのは好ましくない」という反対意見もあったが，筆者は営業部長と相談し，この意見を採用してすべての閲覧制限を解除した[5]。

---

5) こうした自分のスポンサーの情報を知られたくないというのは，KKD（感・根性・度胸）という古いスタイルの営業では当たり前の「想い」である。しかしC社の場合は，自分が担当していないスポンサーの情報はSFAを使わなくとも調査可能であった。したがって，プライバシーの侵害にあたるとは考えなかったのである。

SFAに対する要望やクレームは，視点を変えれば「SFAを使う」という意思表示の現れである。こういった要望を排除するのは「SFAを使う」というモチベーションを低下させることになる。導入時点において，「SFAに毎日アクセスせよ」という上司からの業務命令は出ておらず，アクセスは営業担当の自由意思に任されていた。ユーザーからの意見を可能なかぎり慎重に採用するのが重要な職務だと考えていたからのである。

　だが，セールスフォース・ドットコムの利用は，営業担当者よりむしろ上司の方が多い場合がある。上司が営業担当とスポンサーを訪問する際，担当はそのスポンサーの過去の実績を知っているが，上司はすべてを把握しているわけではない。そこでスポンサーを訪問する前に実績を知っておくのが礼儀だということで，セールスフォース・ドットコムにアクセスすれば，あらゆるスポンサーの過去3年間の売上実績をみることができる。基本的に営業担当は外出して不在のことが多いので，都合よくヒアリングできない場合に便利である。これも想定外の利便性であった。

　2013年12月現在，2011年10月に導入したSFAは「よく使う営業担当」と「まったく使わない営業担当」に分かれている。これは，営業能力というより，「感性」あるいは「ITリテラシー」の問題だと思われる。SFAはあくまでも営業支援ツールであって，どんな高額なSFAであってもそれだけで利益を上げることはできない。しかし，SFAを有効活用すれば利益が上がるのかと問われれば，その答えは「イエス」であると考える。

　しかし皮肉なことに，SFAをよく使う担当者が，常に営業成績が良いかといえば必ずしもそうではない。SFAをまったく使わない担当者も新規開拓をするし，交渉能力がきわめて高いことがある。ここに，情報技術の織り成す「ジレンマ」がある。「ITリテラシー」と「営業能力」は時に融合し，時に離反する存在である。電子メールが現代ビジネスのスタイルを変えたのは間違いないが，電子メールのみを使って営業成績を上げるなどできないことはいうまでもない。

　セールスフォース・ドットコムは各企業によってカスタマイズされるため，

どのように運用すべきかについての「教科書」は存在しない[6]。SFAの奥深さは，実はこういったカスタマイズや運用における知恵やイマジネーションにあるともいえるだろう。まさにコンピューターとの効果的な共存を模索しなければならないといえる。

　本節では，SFAの導入から現在に至るまでのプロセスを，導入担当者でありながら，外部者の目線を意識しながら記述した。そこには「SFAの織り成すジレンマ」という「悩み」が横たわっているが，この事例は第2節で紹介したA社の事例ときわめて似ている。民間放送であっても，製薬会社であっても，SFAは「ITリテラシー」と「営業能力」のジレンマに翻弄されながら進化していくのである。

## 4　解説：情報を解釈するのは誰か

　加護野忠男は『組織認識論』(1988)の中で示唆に富んだ論理を展開している。

> 「例えば，ある販売部長に，2月の売上高が1月よりも10%減少したという情報が伝えられたとしよう。この情報は，多義性のない一義的な情報のように見える。事実，この情報を売上の大きさを示す情報として捉えるかぎり，それは一義的である。しかし，見方によっては，この情報も多義的情報である。それは，多様な状態を想起させるからである。この情報は，営業部門の努力の不足，モラールの低下という状態を意味するかもしれないし，製品そのものが陳腐化したという状態を意味するかもしれない。つまり，問題のレベルを変えてみるとこの情報は多義的情報なのである。

---

6) セールスフォース・ドットコム社は定期的に「ユーザー会」というイベントを開催している。各業界でSFAを導入した立場の人間が集まり，自社の失敗事例や成功事例を語り合う会である。興味深いのは，業界が違っても，成功要因や失敗要因はほぼ共通しており，従業員1,000人の大企業から従業員10人の中小企業でも会話が通じ合うことである。場合によっては従業員10人の中小企業の成功事例が，従業員1,000人の大企業にとって参考になることがある。

> それでは、この情報を販売部長はどのように解釈するのであろうか。この情報からどのようにして意味を引き出すのであろうか。その過程で重要な役割を演じるのは、販売部長の記憶の中に蓄積された情報、つまり知識である。もし販売部長が、毎年2月には売上高が1月よりも大きく落ち込むという情報を知識としてもっており、この情報がこの知識と連結されれば、彼はこの情報は、販売が今年も例年通りの推移をたどっているということを意味している、つまり販売の状態は異常ではないと判断するであろう。以上の例から、情報の解釈つまり意味決定は、受け取られた情報（フローの情報）を取捨選択し、それを記憶の中に蓄積された情報（ストックの情報）と結びつけることによって行われると考えることができる。」[7]

すなわち、この加護野の記述を読むかぎり、例えばコンピューターは将棋で人間に勝てたとしても、加護野のいう販売部長の記憶の中で展開される情報のフローとストックの結合に勝てるとは思えない。2月の売上高が1月よりも10％減少したことを示すのはSFAであるかもしれないが、情報の解釈つまり意味決定を行うのはあくまでも人間である。

電子メールやSFAの出現によってわれわれは「情報化社会」の恩恵を受けている。しかし、同時にこの「情報化社会」に対する不信感を心のどこかで抱いている。われわれが営業において「SFAが織り成すジレンマ」に直面するのもそのためである。

SFAはこれからもバージョンアップを繰り返して営業にとって必要不可欠なものになるだろう。しかし、それはわれわれがSFAの神話を信奉するのではなく、共生の道を探るべきである。本章ではSFAと人間の共存を「ジレンマ」と呼んだが、SFAを使いこなすITリテラシーと営業のIT化は、必然的に到達する営業の未来像だと確信している。

---

7）加護野（1988），pp.62-63。

## 5 おわりに

　以上，SFAの導入事例をとおしてわれわれはいかに情報と向き合うべきかをみてきた。コンピューターは万能ではない。情報を解釈するのは人間であって，コンピューターではない。コンピューター画面に出てくる情報をただ鵜呑みにすると，現実についていけなくなることにもなる。営業場面は膨大な情報にあふれている。コンピューターでは扱えないもの，例えば顧客の表情，声の調子，態度といった情報もまた営業マンが配慮すべきものである。SFAかKKDかといった二者択一ではなく，二刀流で相手と真剣勝負をするのが現代の日本のサムライ魂をもった営業マンかもしれない。

■参考文献

加護野忠男（1988）『組織認識論：企業における創造と革新の研究』千倉書房。
高嶋克義（2005）『営業改革のビジョン：失敗例から導く成功の鍵』光文社。
田村直樹（2013）『セールスインタラクション』碩学舎・中央経済社。

### パワーアップ・ポイント13

## 「スリーパー効果」

　一般的に権威のある専門家のいう言葉には信頼性があり，記憶にも残りやすいと考えられている。しかし，心理学者オブランドらの実験は必ずしもそうではないことを明らかにした。

　オブランドらの実験では学生に対し，抗生物質の使用に関する賛否記事について，賛成者には否定的記事を，否定者には賛成的記事を読ませた。そして彼らを2つのグループに分け，一方に「医学専門誌」，もう一方には「大衆雑誌」に掲載された記事であることを明かした。まず，「医学専門誌に掲載された記事」と聞いた学生は23%が意見を変えた。「大衆雑誌に掲載された記事」と聞いた学生では意見を変えたのは7%であった。

　そして1ヵ月後，彼らの意見がどう変わったかを確認した。すると，「大衆雑誌」の記事だと聞いた学生の方が意見を変えている割合は大きかった。つまり，実験直後では信頼できる情報源（＝医学雑誌）の方に影響力があったのに対し，1ヵ月後の調査では信頼できない情報（＝大衆雑誌）の方が逆転するという結果となった。このような現象を「スリーパー効果」という。

　これは同じ情報においても，時間が経って忘却されていく過程で情報源や情報提供者の違いが区別されなくなり，自分の意見として取り込んでしまうという心理現象である。当初信頼性の低い情報ほど情報源があいまいなため，もともと自分の意見であったような錯覚が起きてしまう。その結果，あいまいな情報ほど自分の意見に組み込まれてしまい，信頼性がむしろ高まってしまうという逆転現象が起きる。

　このスリーパー効果のポイントは3点ある。第1に，自分の申し出に対する相手の答えを早急に求めないこと。第2に，相手との接触を一定期間完全に断ち切ること。第3に，再度依頼するときは前よりも強い調子でいってみることである。

　すると，次のようなことが考えられる。若手セールスパーソンの提案が最初は受け入れられなくても，1ヵ月後に再訪問すると，相手は彼の話を自分の意見に取り込んでしまっており，すんなりとOKになる可能性がある。つまり一度断られても，あきらめるのはまだ早いということである。

# 第14章 顧客接点のイノベーション
## ―販路コーディネータの役割―

**Keyword**
- 販路開拓
- 顧客接点
- プライマリー・ユーザー
- スモール・ワールド現象

## 1 はじめに

　本章では，販路コーディネータ事例をとおして「販路」という考え方を再検討する。一般的に販路というのは，流通上の概念でスーパーマーケットやインターネットといった販売経路を意味してきた。それは販売チャネルともいわれる。

　しかし，インターネットが普及した現代では「モノがどのように流れるか」ではなく，「情報がどのように流れるか」が重要になってくる。企業が提供する商品やサービスの情報をいかに効果的に顧客に結びつけるかである。この接点がうまくいき，商品やサービスを高く評価してもらえたら，口コミで一気に普及する可能性が高まる。以下では販路コーディネータという仕事の醍醐味をみていこう。

## 2 販路コーディネータとは

　高度な技術をもっているメーカーが，その技術を駆使して開発した商品。いざ売り出してみるが思うように売れない。よく聞く話である。その商品は本当に市場にニーズがあったのか，販売価格は適正だったか，ほかにもっと販売ルートはなかったのか，効果的な販売促進施策を立案・実施したのか。実はターゲットが明確でなく，市場のニーズを把握しないまま，メーカーの思い込みで商品を作ってしまっているケースがよくある。

　筆者が仕事にしている販路コーディネータは，そのような課題をもつ中堅・中小企業の経営者の立場に立ち，知識と実務に裏づけられた商品・サービス開発，マーケティング，販売企画，宣伝販売促進，販路開拓などの業務を一貫してサポートしている[1]。

販路コーディネータの主な業務
 1. 製品評価（製品の商品力評価，経営力評価，事業遂行能力評価）
 2. ブラッシュアップ（商品改良，販売企画，販売促進，技術支援）
 3. 販売チャネル決定（販路選択）
 4. セールスレップとの連携

　次項ではソフトウェア業界と人材サービス業界における実際の事例を通じて，販路コーディネータの役割をみていく。

---

1）販路コーディネータ（1～3級）は社団法人日本販路コーディネータ協会の認定する資格である。技術系のコンサルタントや経営結果を診断することが主たる役目である従来の経営コンサルタントと異なり，「市場の視点」で商品・サービスを評価し，プロジェクトリーダーとして商品・サービスの開発，既存商品・サービスのブラッシュアップ，マーケティング，販売促進戦略，販売チャネル戦略の立案から実施まで幅広い支援を行う。

## 3　事例：販路コーディネータ

### 1. フォントメーカーにおける新サービスの販路開拓

**(1) S社の課題**

　今回のクライアントは，大阪市にあるフォントメーカーS社である。フォントとはパーソナルコンピュータ（以下，PC）で使用する書体である。S社は，PCにインストール済の明朝体，ゴシック体という一般的な文字ではなく，キャッチやタイトルに使用されるデザイン向けやペンや筆の手書き風のフォントメーカーである。図表14-1が使用例だが，PCで打った文字なのに，まるで手書文字のようで読み手に気持ちを伝える効果がある。

図表14-1　フォントによる印象の差

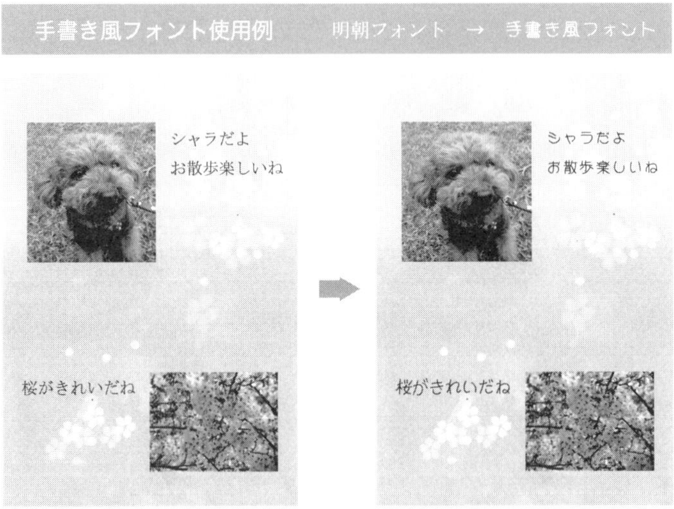

出所：著者作成

　S社との出会いは，筆者が独立する前のサラリーマン時代からのつき合いで，S社の商材を代理店として販売していた経緯がある。よって，商品や業界の動向については，ある程度の知識があり，その点でS社にとっても双

方スタートしやすいプロジェクトであった。

　S社の課題は次の2点である。1点目は大手ソフトウェア会社のECサイトや，年賀はがき作成ソフトとのバンドルという販売ルートが頭打ち状態なので，新たな売上が見込めるサービスの実現。2点目は過去にダイレクトメール（以下，DM）などの販売促進をしても費用対効果が出せないことであった。新規サービスが実現できても，販売促進で成功できなければ成果が見込めない。これらの課題を解決すべく販路コーディネータとして依頼を受けた。今回は事例として「ブラッシュアップ」と「販売促進」に焦点を当てる。

### (2) D-FONTシリーズ定額サービス

　まず目をつけたのが，独自性が強く125書体のラインナップをもった「D-FONTシリーズ」である。特徴は36名のデザイナーが独自の感覚でフォントをデザインした個性的なフォントである。このラインナップを年間定額制ライセンスとしてブラッシュアップし商品化することで，売上の新たな柱にできると感じた。

　年間定額制ライセンスとは，フォントを1書体ずつ購入するのではなく，フォントベンダーの所有するフォント全書体を年間定額料金で利用できるライセンスを付与するサービスである。業界最大手はじめ，その他大手ベンダーもこの年間定額制ライセンスを採用しており業界のスタンダードとなってきている。

　「D-FONTシリーズ」を定額制にする際，社内でさまざまな意見が出てきた。懸念材料としては，大手は500書体以上を定額で使用できるのに対し，「D-FONTシリーズ」は125書体なのでユーザーが受入れ可能かという点だ。そこで想定ユーザーへのヒアリングを実施した。対象は1書体ごとに購入してもらっている既存ユーザーと，「D-FONTシリーズ」を知らないユーザーである。その結果は定額制のサービスには概ね肯定的であり，年間定額制ライセンス利用料金の目安は，シングルダウンロードの3書体分が受入れ可能な価格帯であった。大手との書体数の差は予想外に肯定的な意見が多く，理

由は見出し，キャッチなどに使用されるデザイン性の強いフォントのため，また別のジャンルとしての捉え方をしてくれているようである。このアンケートをもとに，以下の価格を導き出した。

- スタンダード（PC1台での利用）31,500円
- ビジネス（PC複数台での利用）84,000円

図表14-2のとおり，大手ベンダーのフォントラインナップ数および価格を比較すると，別ジャンルという前提でも割高感は否めない。そこでビジネス1事業所内であれば，PC数の制限を外した。この設定は他社にはないので満足度の高いサービスになると考えた。

**図表14-2　フォントラインナップ一覧**

| ベンダー | 書体数 | 価格（年間） | 備考 |
| --- | --- | --- | --- |
| M社 | 591 | 52,500円 | 1PC |
| F社 | 327 | 37,800円 | 1PC |
| D社 | 942 | 26,250円 | 1PC　入会金31,500円／1事業所 |
| S社（スタンダード） | 125 | 31,500円 | 1PC |
| S社（ビジネス） | 125 | 84,000円 | PC制限なし／1事業所 |

出所：著者作成

販路コーディネータは市場の視点に立つことを重視している。そこを忘れると売り手の自己満足に陥り，素晴らしい技術やサービスだと思えても売れてはいかない。その点今回のヒアリングで買い手（市場）の意見をダイレクトに収集でき，有意義であった。

## (3) 販売促進

「D-FONT シリーズ」の商品化も固まり，次にどのように世の中に広めていくかを考える。S 社からのリクエストは「販促にお金はかけられない，最小限で最大の成果を上げてほしい」という厳しい内容であった。だが中小企業では大企業のように十分な販促費をかけられないところがほとんどである。

そこで限られた予算の中で最も効率的な施策を考えた。WEB サイトでのアピールをまず考えたが，運営しているフォント販売サイトで十分なアピールをするためには，WEB サイトの大幅な改修が必要で，予算的にもこちらは将来的な課題とした。スタートは「D-FONT シリーズ」の商品内容，こだわりを伝えることができるパンフレットを作成し，DM としてターゲットユーザーへ送付することにした。

ここで重要なことは送付先のリストアップである。まずは S 社のもつ販売サイト会員への送付を実施。次にターゲットとなり得るユーザーのピックアップであるが，S 社では別商材で過去に DM を送付したことがあり，すでにターゲットである印刷会社，デザイン事務所などのリストをもっていた。過去の DM の反応率を確認してみると，不特定多数への送付の場合の平均的反応率である 0.5% を下回っていることが判明。何とかその率を上げていかないと，費用対効果は望めない。リストをみてみると，会社名と住所のみの情報しかなかった。おそらくほとんどが開封もされずにゴミ箱行きになっていることが予想された。

そこで，もし個人宛で送ることができれば開封率も上がり反応率も上がると考えた。そのリストをどのように収集するかだが，業界にはさまざまな団体が存在する。個人で加入していることが多く，各団体の WEB サイトから，その情報をピックアップし，ターゲットリストに加えた。もう 1 つ工夫をしたことがある。封筒を片面透明なものを使用し「D-FONT シリーズ」のパンフレットの表紙が見える形にした。ユーザーの興味を喚起し，開封してもらえるデザインを心がけた。

## (4) 反応率アップ

　DM送付の結果，約3,000通を送付し問い合わせなどの反応が約100件あった。反応率が3.3%と過去に比べ大幅に向上。成約に関しては約30件となり，定額制ライセンスとして最初のプロモーションにしては上々の成果であった。S社にもこの結果に満足いただくことができた。今回の販路コーディネータとしての契約は，契約期間は3ヵ月の固定給＋成功報酬というものだった。成果を出すことができ，報酬としても活動に見合った金額を受け取ることができた。その後S社からは次の課題である自社ECサイト運営の相談を受け，近々新たな契約が始まる予定である。

## 2. 医療系人材紹介会社における販路開拓

### (1) 麻酔科医の現状

　次は，大阪市にある医療系人材紹介会社A社の事例である。医療系人材会社といっても，A社は麻酔科医に特化しており，麻酔科医専門の紹介会社は国内でも数社しか存在しない。A社との出会いは，知人を通じて代表者を紹介されたことであった。代表自らが麻酔科医でありどの病院にも属さない，いわゆるフリーの麻酔科医であった。

　代表者は本事業をスタートして3年になるが，最初の1年間は契約病院も急速に増えたがそれ以降は増加していない。麻酔科医の紹介事業のニーズは多くあるはずだが新規開拓ができていないので，これを何とかしたいということであった。

　この依頼を受けるかどうかリサーチを行ったところ，次の2点で麻酔科医のニーズが高まってきているとわかった。1点目は，これまで外科医が自ら麻酔を行ういわゆる自家麻酔のケースがあったが，もし医療事故で訴えられると自家麻酔だと大変不利になる。2点目は医療点数制度の変更などもあり，病院は手術を行わなければ利益が出ない仕組みになってきている。麻酔科医は慢性的に不足状況にあり，特に毎日手術を行わない中堅病院などは，フル

タイムで麻酔科医を雇用できない[2]。常勤の麻酔科医を休ませる意味でも，スポット的に麻酔科医が必要だということがわかった。ニーズは十分にあるので新規開拓の施策を練り，それを実施することで大きな成果が見込めると判断し依頼を受けることにした。

### (2) A社の課題

A社の課題は次の2点である。1点目はスタッフの負担を軽減し，新規営業活動に時間を割ける体制作りである。スタッフは代表を含め3人。営業兼コーディネータと電話対応，事務処理を担当しているスタッフである。日々の業務内容を調べてみたところ，病院からのオーダーに対して対応可能な麻酔科医をマッチングさせるというコーディネート業務に多くの時間を割かれている。それが日中だけではなく，休日，夜間などの緊急手術にも対応しておりスタッフの疲弊度はかなりのもので，到底新規開拓が行える状況ではない。2点目は競合他社に対抗するため，早急に新規営業活動を実施することである。

これらの課題を解決するために2つの施策を立てた。しかしその施策を実現するには多くの費用が必要で，代表にそれを認めてもらうための説得材料の準備に奔走した。

### (3) マッチングシステムの構築

施策の1つ目は，病院からのオーダーと対応可能な麻酔科医のマッチング業務の改善である。現状は病院からFAXでオーダーが入り，それをテキストに書き起こす。その内容を登録麻酔科医にメールで配信。反応がなければ個別に電話をかける。対応可能な麻酔科医が見つかれば，病院の情報や手術の内容，患者の情報を伝える。病院には麻酔科医の情報や，医師免許の提示などを伝える。1つのオーダーが完結するまでには多くのやり取りが生じる。

---

[2] 大病院であっても，常勤の麻酔科医がハードワークで疲弊しているので，「ハードワークが続き疲れているときなど，手術中にヒヤっとすることもある」という話も耳にした。

ここをシステムに置き換え自動化できれば，スタッフの時間を確保でき，新規開拓にかける時間を捻出できる。またマッチング業務に疲弊していたスタッフの負担を軽減し，パフォーマンスを高めることもできる。

　信頼できるシステム開発会社を選び，一緒に代表者への説得資料を準備した。システムに置き換えたときにスタッフが他の業務に割ける時間やスタッフ増員時のコスト比較を算出した。それをもって代表者に掛け合い，数回のプレゼンの結果ゴーサインが出た。

　早期サービス開始を目指し急ピッチで開発を進め，企画から5ヵ月でサービスインにこぎつけた。当初は病院や麻酔科医，スタッフとも不慣れな点もあったが徐々に操作方法にも慣れ，サービスインから2ヵ月後にはスムーズに稼働することができた。

(4) 人的アプローチ

　2つ目は新規開拓のアウトソーシングである。マッチングシステムの稼働を待ってからでは遅いので，すぐにでもアプローチを始める必要があった。なぜなら東京の麻酔科医専門人材紹介会社が関西圏に進出してきたからである[3]。

　そこで考えた施策は，新規開拓のアウトソーシングである。従来から協業してきた営業代行会社にアポ取りから訪問までを委託した。その分費用はかかるが，短期で成果を上げる方法としては，当時のA社の状況においてベストな選択であった。競合他社の関西圏進出には代表も脅威を感じており，この提案は容易に受け入れられた。

　新規開拓のアウトソーシングにあたり，テスト的に関東圏の病院にもアプローチを行った。それはマッチングシステムが稼働すれば，エリアはあまり関係なくなるためだ。アプローチの結果わかったことは，東京23区内は比較的麻酔科医が充足している。ただ郊外に行けば麻酔科医の紹介を求める病院が多くあったが，そこで対応できる麻酔科医がいないのである。学会などで登録を呼びかけたが成果は出ず，このタイミングでの関東圏への進出は断

---

3) 営業スタッフも3名おり，関西圏で圧倒的なシェアをもっているA社の牙城を崩しにきたのである。

念するという苦渋の選択を行った。

### (5) 成果とノウハウ

A社との契約期間である2009年11月から2010年10月までの1年間の手術依頼件数の推移は図表14-3のとおりである。着実に依頼病院数と依頼手術件数は増加し，営業アウトソーシングは一定の成果を上げた。またマッチングシステムの稼働により，スタッフの負荷を軽減できたことが大きい。販路拡大には継続的な営業活動が必要であり，そのノウハウと時間とを提供することができた。

販路コーディネータの仕事はクライアントの販路拡大による業績向上にあるが，今回のように社内整備にまでかかわるケースがある。クライアントに真摯に向き合い，信頼関係を築きプロジェクトを動かしていくプロデュース能力が必要なのである。

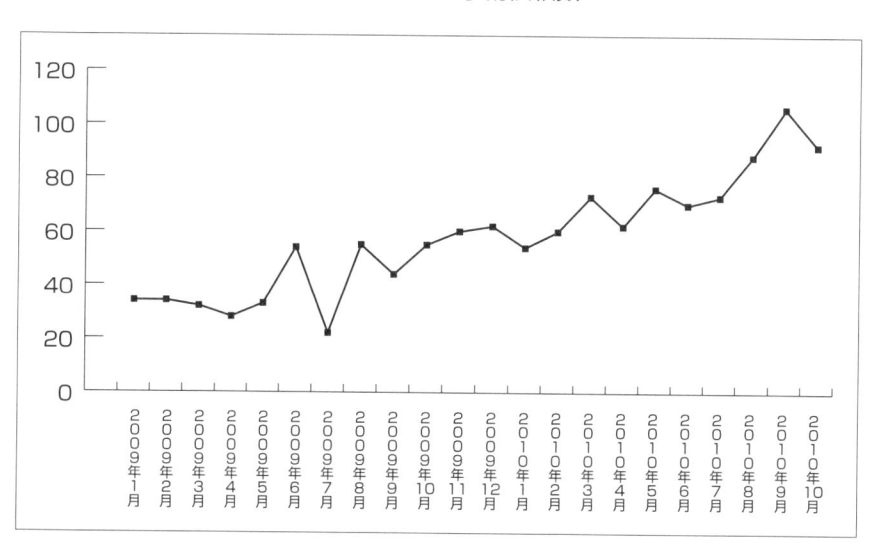

図表14-3　手術依頼数

出所：著者作成

## 4 解説：販路開拓のイノベーション

　新しい販路を開拓する，これはイノベーションである。一般的にはイノベーションは「技術革新」の意味で使われることが多い。しかし，シュンペーターがいうイノベーションはそれだけはなく「新結合」を意味する。彼に依拠するなら以下の5つがイノベーションであると定義される。
(1) 新しい財貨すなわち消費者の間でまだ知られていない財貨，あるいは新しい品質の財貨の生産
(2) 新しい生産方法の導入
(3) 新しい販路の開拓
(4) 原料あるいは半製品の新しい供給源の獲得
(5) 新しい組織の実現

　販路コーディネータの仕事は上記の(3)にあたる。まさしくイノベーションを起こすイノベーターに他ならない。さて，この販路を開拓するうえで参考になる概念がある。それが「スモール・ワールド現象」である。以下はそれについて理解を深めていこう。

### 1．スモール・ワールド現象

　スモール・ワールド現象とは，知り合い関係をたどっていけば比較的簡単に世の中の誰にでも行きつくという仮説である。この仮説によれば，6人の知り合いをたどれば誰にでも行きつくという。社会心理学者ミルグラムは次のような実験をした。

　1967年，ミルグラムはカンザス州に住むさまざまな境遇の被験者60人に手紙を送った。彼らはその手紙をマサチューセッツ州に住む神学生の妻に転送するように依頼された。転送は個人的な知り合いをとおして手渡しで行うよう指示された。60人中50人が参加し，そのうち3通が最終地点にたどり着いた。その後実験に改良が加えられ成功率は高まった。このような人と人のつながりに入る知り合いの人数は平均すると6であった。このことから世界は「6次

の隔たり（Six Degrees of Separation）」で成り立っているといわれる。

　この6という数字には1つの裏づけがある。例えばAさんの直接の知人が44人いるとする。これらの人々を知人1とする。そこから彼らの知人を44人，重複しないように選ぶ。こうして選ばれた人々は知人2とする。同様にこれを知人6まで行うとどうなるか。それは44の6乗であるから，$44^6$ = 7,256,313,856人となり現在の世界人口（70億人）を超えてしまう。

　このミルグラムの実験による6次の隔たりは，まだインターネットが誕生していない時代のものである。そこでFacebookが2008年，スモール・ワールド現象の実験を行った[4]。結果，世界中のFacebookユーザーは4.74人ですべてつながることが明らかになった。

### 2. 現代の販路とは

　インターネットのなかった時代，6人の隔たりで世界は結ばれていたと考えると現代はさらに世界が小さくなった。企業にとって，最終ユーザーにたどり着くには便利な世界になった。しかし問題は，まず誰と誰を結びつけるかという点にある。現実は実験と違い，次から次へと手紙が渡されていくことはない。商品の評判は口コミで広がっていくが強制力はない。すると最初のユーザーが最も重要であり，彼が商品やサービスを高く評価してくれるならば，その評価は口コミで一気に広がる可能性がある。

　この最初のユーザー（プライマリー・ユーザー）との接点を作り出すこと，これが販路コーディネータの課題である。すでに述べたように，販路コーディネータの仕事は，(1)製品評価，(2)ブラッシュアップ，(3)販売チャネル決定，(4)セールスレップとの連携であった。中でも(2)のブラッシュアップは特に重要な段階となる。商品を魅力あるものに仕上げ，プライマリー・ユーザーを惹きつけなくてはならない。販路をコーディネートするにおいて，最初の顧客を誰に設定するかが最も重要であり，そのためのアイディアを出すというクリエイティブな仕事なのである。

---

4) フェイスブック・データサイエンスより。

## 5 おわりに

　本章では販路コーディネータの事例を通じ，イノベーションの概念を再検討した。技術革新だけがイノベーションの意味ではないことを確認し，新しい販路を開拓することもイノベーションであると理解した。

　そこでいう販路とは単に流通チャネルをいうのではなく，最初のユーザー（プライマリー・ユーザー）との接点をいう。それが店頭であるかネットであるかは問題ではない。問題はプライマリー・ユーザーの設定次第で，商品の見せ方，広告の作り方，言葉の選び方がすべて変わってくる。その意味で，販路コーディネータはクリエイティブな職業である。まさにイノベーターそのものである。

■参考文献

シュンペーター，J.A. 著／清成忠男編訳（1998）『企業家とは何か』東洋経済新報社。
ダンカン，J.W. 著／辻竜平・友知政樹訳（2004）『スモールワールド・ネットワーク―世界を知るための新科学的思考法』阪急コミュニケーションズ。
フェイスブック・データサイエンス「Anatomy of Facebook」
　（http://www.facebook.com/notes/facebook-data-team/anatomy-of-facebook/10150388519243859）取得日：2014年1月10日。

## パワーアップ・ポイント14

# 「応酬話法」

　応酬話法とは，相手の言い分を切り返すテクニックである。相手がネガティブな反応をしてきた場合，その流れを断ち切り軌道修正するために利用される。以下ではその代表的なテクニックを4つ紹介する。

(1) イエス・バット法

　人は自分を肯定してくれる人を好む。もし相手の言い分に反論したくても，まずは肯定（YES）してから，「でも（BUT）」と反論する方が効果的である。これを「イエス・バット法」という。例えば，「はい，おっしゃるとおりです，初めてのお客様はみなさん不安を感じられるようです（YES），しかし（BUT）実際に多くのお客様が効果を実感されていますので，一度3ヵ月だけお試しいただけますか？」とう具合である。いきなり反論されると人は，人格まで否定されたと思い込む場合もあるので注意が必要である。

(2) 質問法

　質問法とは，「どういった点が不安でしょうか？」と質問で切り返すテクニックである。これはある意味で正攻法である。顧客が良い返事をしない，あるいは不安に感じている場合，その点にフォーカスし質問する。もしその懸念が解決されるならば，商談は前に進むことが期待できる。

(3) 話題転換法

　「ところで，お知り合いの方でどなたかお使いになっていませんか？」というように，相手の話を少し違う次元で話を進めようとするテクニックである。この場合は，顧客が「いい商品というのはわかるけど，やはり不安がある」といった言葉に続くものである。ただしあまりに話がずれていると，会話自体が成り立たないので注意が必要である。

(4) 事例活用法

　「なるほどやはり不安ですよね，でも私どものお客様で，初めてのご利用でも良い効果を得られた方がいらっしゃいます」といように，他者を引き合いに出すテクニックである。人は他人を気にするところがある。他の事例で具体的な情報があることで，顧客の否定的な気持ちに変化を起こしやすくするのである。

# 第15章 営業職派遣の世界
## ―プロセス営業へのインパクト―

**Keyword**
- プロセス営業
- アウトプット管理
- プロセス管理
- クラン

## 1 はじめに

　本章は営業職派遣（派遣労働）を取り上げ，営業研究で議論されてきた管理様式の選択課題についての理解を深めようとする。

　実際に営業職派遣での現場を経験した人物の事例から，その雇用スタイルの問題点を検討する。近年の景気動向の影響で，営業職派遣が注目されている。企業にとっては営業プロセスの一部をアウトソーシング化することに意義があるが，働き手に対しモチベーションが高まるインセンティブを与えているとは言い難い。

　以下では，営業職派遣の事例から，営業研究における管理様式課題に関する理解を深め，現場への示唆を提示する。

## 2 派遣市場の特徴

　派遣労働者とは，労働契約を結んだ派遣元の指示で派遣先へ赴き，派遣先

の指示で働く労働者のことである。派遣先は労働者からの労務の提供に対し，派遣元に派遣料金を支払う。その派遣元は労働者に賃金を支払うシステムになっている（図表15-1）。

図表15-1　派遣労働者の位置づけ

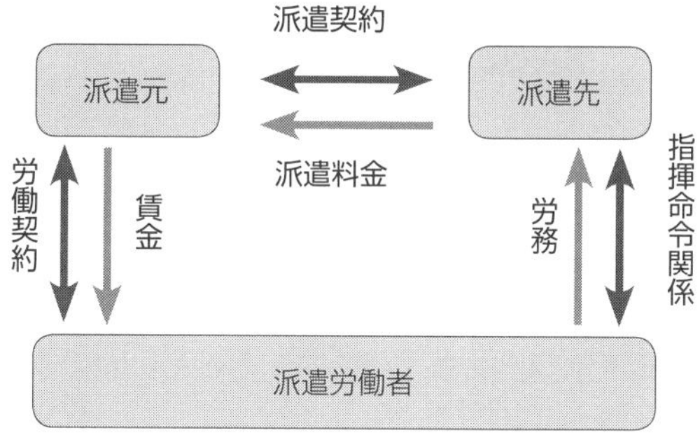

出所：筆者作成

近年，景気動向の悪化から「派遣切り」という雇用調整が行われ，派遣労働者は正規労働者とは異なる点で社会から注目されている。正社員や契約社員，そしてパートタイマーといった雇用形態は企業と労働者の2者間で成立する。しかし派遣労働の場合は，図表15-1で示したように，3者間での雇用契約となっている。この点が大きな違いである。

この派遣労働のメリットは，(1)労働者にとっては勤務時間や勤務地の柔軟性があり，自分の都合に合わせた働き方ができる。(2)業務内容についても，労働者は希望にあった内容や会社を選択できる機会がある。その一方，デメリットとしては雇用の不安定さが指摘される。派遣先は派遣元と契約を結んでおり，契約期間終了時にニーズがなくなれば派遣労働者は必要なくなる。正社員と比較すると非常に不安定な雇用条件である。派遣労働を含むわが国の雇用者人口は図表15-2のとおりである[1]。派遣労働者の数字は2013年の場合23万人増加している。

---

1) 総務省「労働力調査（詳細集計）」平成25年（2013年）7～8月期平均より。日本における雇用人口は5,205万人である。

図表15-2　雇用者人口の内訳

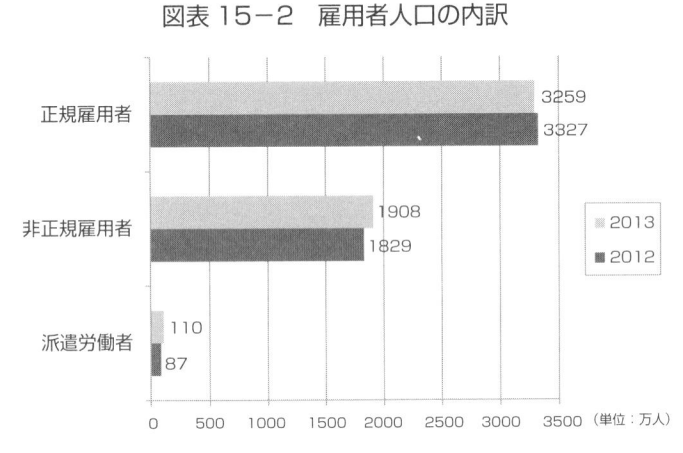

| | 2013 | 2012 |
|---|---|---|
| 正規雇用者 | 3259 | 3327 |
| 非正規雇用者 | 1908 | 1829 |
| 派遣労働者 | 110 | 87 |

(単位：万人)

出所：総務省「労働力調査」(2013年7～8月)より筆者作成

次節以降，派遣労働の1つである営業職派遣に注目し，その雇用スタイルの在り方を検討していく。

## 3　事例：営業職派遣の世界

### 1. 概要

そもそも営業職派遣とはその名のとおり，派遣労働者として営業を行う者のことである。経済低成長時代の昨今，必要な労働力をすべて社内でまかなうことはリスキーなことであるという認識から，企業にとっての基幹業務である営業も外注化しようという意識が高まってきた。営業の業務を質や量に応じて分類し，コア・専門的な業務と定型的な業務に分け，そのうちの定型的な業務を担うのが営業職派遣の業務内容である。

「営業」といっても範囲は広く，仕事の内容や対象顧客，扱う商品の種類などによって分類することができるが，仕事の流れで分類するとわかりやすい。(1)アプローチ業務：営業の最初の段階である「顧客のリストアップ」「アポ取り」「訪問」「ニーズヒアリング」等，(2)コア業務：「企画書・提案書の

作成」「プレゼンテーション」「交渉」等，(3)フォロー業務：契約締結後の「納品」や既存顧客の支援等。

　通常このプロセス営業の中心部分である（2)コア業務は社員が担い，その他の定型的な業務である（1)アプローチ部分と（3)フォロー部分を派遣労働者が担当する。例えば，新規顧客の開拓をメインとしたいが既存顧客のフォローも怠れない，既存顧客との関係性を深めるのに手一杯で新規開拓がなかなかできない。あるいは新商品を市場に浸透させるために大量の営業マンを投入したいが新たに社員を採用するゆとりがない，休眠顧客を活性化させるために現状を把握したいがヒアリングに割くパワーがない。このような場合に活用されるのが営業職派遣である。

## 2. 営業職派遣の現場
### (1) 人間関係をどう捉えるか

　木下エリカさん（仮名）は20代後半，情報通信大手で営業職派遣を経験した。未経験に近いほど経験が浅かったが，大企業で勤務できる，時給も福利厚生も良いというメリットに惹かれて入社した。そもそも就職氷河期の厳しい就職状況の中，大卒後入社した企業は本当に入社したかったのではない企業ではなかったので，今回希望する業界でかつ安定した大企業で勤務できることは何よりも嬉しかった。

　入社当初はわからないことばかりで，OJTで黙々と業務を覚える毎日が続いた。初めの1年はひたすら業務に邁進し，頑張れば社員と同じような業務ができるかもしれないと期待した。しかし他の派遣社員から，そのような行動に対して目をつけられてしまった。人間関係が煩わしくないから働きやすいとよくいわれる派遣労働だが，内実はそうではなかった。

　木下さんの場合，派遣労働者が新規顧客のフォローを行い，社員は顧客との交渉や企画・提案，売上管理などを担う。事業規模の大きい企業であり，社員は忙しく煩雑なことには時間を割けない状況であった。そこで木下さんは新規顧客の数を稼がねばならなかった。

一部の社員からは派遣の枠を越えて働いているとみられたこともあった。当時，派遣社員と正社員の違いをあまり感じていなかった木下さんは社員と同等になってやろうという気持ちが強く，その姿勢が社員にとっては心よく映らなかったのかもしれない。「たかだか派遣社員の分際で」というように蔑視されることもあった。

　一方で，派遣社員であるが社員以上に頑張っている姿をみて業務をサポートしてくれた社員もいた。それが唯一の救いであり，モチベーションでもあった。数年勤務するうちに徐々に他の社員も木下さんの存在を認めてくれ，派遣期間の終わりの頃には重宝されるようになった。石の上にも3年とはよくいったものだが，派遣社員にも忍耐は相当必要であった。

(2) モチベーション

　仕事を遂行するうえで一番重要であるモチベーションは何だったか。一般的に考えられる要素としては，昇給・昇格・成績評価・インセンティブなどがあげられるだろう。しかし，派遣社員にそのような見返りは皆無である。まず，社員ではないので昇格はない。新規顧客を増やしたり既存顧客を繋ぎ止めたりしても，そもそも賞与がないので処遇に反映されにくい。成果報酬も同様である。売上目標を達成しても評価には繋がらない。

　そこで木下さんがモチベーションとしていたのは，顧客との関係を社員以上に密に築くことだった。一定のラインまで業務を行えばそれ以降は社員の担当になるため，納得できる満足を顧客に与えることができない。そのことにジレンマを感じていた木下さんは，業務外でのつき合いも行い顧客との関係性を構築していった。社員ではないのでもちろん交際費は支給されず，自腹での接待である。しかしそこで得られた人間関係は今でも木下さんの財産となっている。

　また，社員と比べると派遣社員は信頼度が低く格下にみられることも多々あり，社員を飛び越えてやろうという悔しさをバネにして頑張っていた面もあった。仕事へのモチベーションは，勤務する企業の環境や同僚・上司など

との関係性にも左右されるので，一概に報酬だけがモチベーションになるわけではない。しかしながら，やはり対価があってこその仕事という観点でみると，悔しさだけでモチベーションを保つのは難しいということである。

木下さんは同様の仕事をする社員以上に働いているのではと理不尽に感じたこともあったが，派遣という立場上受け入れざるを得なかった。実際に派遣労働の現場では，多様な就業形態で同じ仕事をするため，木下さんも社員に対して不満を抱いたのは事実である。しかしあくまでも社員の補助であり，業務の一部を代替で担う要員として派遣された立場なので，おかれた状況に納得せざるを得ない。その点は理解していたものの，現実には機械的な作業や扱いに自分は「モノ」なのだろうかと戸惑うことが何度もあった。

## 4 解説：アウトプット管理かプロセス管理か

まず，上の事例を検討するために営業の管理様式について検討する。営業研究においては，セールスパーソンを管理する様式には大きく2つあるとされている。第1にアウトプット管理，第2にプロセス管理である。前者は従来型の管理様式であり，後者は新しい様式として議論が積み重ねられてきた。以下で両者の特徴を明らかにしていこう。

### 1. アウトプット管理とは

アウトプット管理とは，上司は担当者の営業手法には口出しせず，成果だけをみて評価するというスタイルである[2]。したがって担当者の報酬は営業成績から判断される。それは逆をいえば，成果が反映される報酬システムになっていれば，担当者はより多くの報酬を期待して頑張り，モチベーションが高まる。

しかし問題は，現場でどのような営業がなされているかを上司はチェックしていないので，担当者が成績不振になった場合，その原因を分析できない

---

2) または成果ベース（outcome-based）管理ともいう。

点にある。これでは「頑張れ」「気合を入れろ」としかいいようがない。よって，この管理スタイルは「勘」「経験」「度胸」というKKDが大事だという話になってしまう。

ただし，企業側からすると当該スタイルにおいては，データ収集やトレーニング等をしない点でコスト的にメリットがある。担当者の営業不振に上司やトレーナーがついて指導するということは，相当の費用が発生することになる。その点からすると，企業としても無視できないマネジメントスタイルではある。

このアウトプット管理を支持する別の考え方がある。それは「顧客志向」という顧客に対する関係性を優先する発想である。担当者が現場の裁量で顧客の望みを最大限にかなえることで，その後の継続的な取引を円滑にしようとするものである。例えばオプションの部分を無償で提供して顧客には「いい顔」をする，上司には今後の取引継続のためという理由でそれを通す。これは当該企業にとっては損益が発生していることになり，望ましい方法とは言い難い。しかしこれが現場担当者には使い勝手の良い方法であり，企業もアウトプット管理であれば事前に指図ができないので，これがまかり通ってしまう。

## 2. プロセス管理とは

プロセス管理とは担当者の進捗状況を把握し，そのプロセスに応じて詳細な指示を与えるというスタイルである[3]。この場合，担当者の評価や報酬は成果だけによるのではなく，担当者の能力や訪問件数といった複数の指標が利用される。

ただし，このスタイルは担当者にとって現場干渉ということになれば，現場の創意工夫が阻害されるといった印象によってネガティブなイメージになり得る。先述したような顧客志向が機能しないので，担当者には歓迎されない場合もある。

---

[3] または行動ベース（behavior-based）管理という。

近年では情報化が進み，プロセス管理といっても情報共有を中心にしたスタイルが注目されており，単なる現場干渉ではないさらなるメリットが生まれている。そのメリットは4点に整理できる[4]。
(1) プロセスに応じたデータ（訪問件数や提案内容等）が収集できる。
(2) 最終目標以外に，中間目標を設定できる。
(3) 成績不振の場合，プロセス別に問題を分析できるので解決の糸口が発見できる。
(4) 「結果オーライ」的な行き当たりばったりで反省のない活動を回避できる。
　以上のメリットから，担当者の短期的な行動（押し込み販売等）を回避できる，あるいは仮説検証型のマネジメントにシフトできるといった結果が期待できる。
　ただし，このプロセス管理におけるデメリットは，その管理が容易ではない点である。このスタイルは現場からの情報によるデータをもとに運営されるスタイルなので，担当者が正しくない情報（自分に都合がよい情報のみ）を報告すると，現実とはかけ離れたデータになり管理そのものが破綻してしまうおそれがあり，仮説の検証もいい加減なものになってしまうことになる。

### 3. 営業管理様式の選択課題

　以上のように，営業管理には大きく2つの様式があることを確認した。これらは互いに対照的な特徴を有しており，どちらが優れているかという議論になりやすい。しかしそれぞれのスタイルの一方が絶対的に優れているということではなく，状況に応じてふさわしいスタイルが採用されるべきだという相対的な視点が必要である。
　そこで，アンダーソン＆オリバー（1987）の整理がわかりやすい[5]。図表15-3をもとに説明を進める。要点は2点ある。第1に，営業プロセスにお

---

4) 高嶋（2002），pp.71-74。
5) アンダーソン＆オリバーは知識や能力といった測定可能な要因から，どの管理様式を選択するべきかという実証研究を進めてきた。

いて顧客の反応がある程度事前に想定可能かどうかという点である（横軸）。想定可能であれば知識は「完全」とみなされ，不可能であれば「不完全」とみなされる。収集したデータによって想定内の営業活動ができるということは，知識が十分にありプロセス管理がしやすくなるのである。対照的に顧客の反応が不確実で想定が困難な場合は，プロセス管理は不向きになるのでアウトプット管理が採用されやすくなる。

　第2は，管理者が正しく営業成果を測定する能力をもっているかという点である（縦軸）。この能力が高いということは，短期的な売り上げといった成果が優先されることを意味し，アウトプット管理が採用されやすくなる。反対にその能力が低いということは，成果で評価することが困難な「新規開拓」や「長期的信頼関係」が求められる場合を意味する。この場合はプロセス管理が採用されやすくなる。

図表15－3　営業管理様式の選択

| 営業成果を正確・包括的に測定する能力 | | 営業プロセス知識 | |
|---|---|---|---|
| | | 完全 | 不完全 |
| | 高い | アウトプット管理またはプロセス管理　Ⅱ | アウトプット管理　Ⅰ |
| | 低い | プロセス管理　Ⅲ | クラン　Ⅳ |

出所：高嶋（2002）の図4・1，p.76をもとに筆者作成

　以上を踏まえると，ⅠからⅣの4つのセルに整理できる。（セルⅠ）営業プロセス知識が不十分で（顧客反応を想定しにくく），成果によって評価しやすい場合はアウトプット管理が採用されやすい。（セルⅡ）営業プロセス

知識が十分にあり，しかも成果で評価しやすい場合は，アウトプット管理とプロセス管理のどちらでも採用可能になる。(セルⅢ) 営業プロセス知識が十分であるが，成果で評価が困難な場合はプロセス管理が採用されやすい。

### 4. クランという管理様式

そしてもう1点（セルⅣ），アウトプット管理とプロセス管理も両方が適さない場合がある。プロセス知識が不十分かつ成果で評価しにくい場合である。アンダーソン＆オリバーはこの状態を「クラン」と呼ぶ。クランとは，メンバーの目標や価値観が一致しており，組織の目標に強いコミットメントをもっている集団や状態をいう。このメンバーは長期的な視点で行動するので，短期的な成果の追及を避け，しかも上司から監視されなくても自主的に活動する特徴がある[6]。

このクランが成立する条件は2点あるとされている。第1に，顧客との間で取引関係が長期的に維持されていること。第2に，担当者と企業の雇用関係が長期的に安定していることである。これらの条件がそろうならば，担当者は短期的な成果を求める行動を回避すると考えられている。

クランのメリットは，担当者が顧客との信頼関係を構築できるので，有益な情報を獲得しやすくなるという点にある。その情報を新製品開発にフィードバックし，さらに顧客満足を得ることが可能になる。こうして強固になった関係性によって，担当者は長期的な成果を手にすることができるのである。

欧米ではこのクラン状態にはならず，営業プロセス知識が不足していれば即アウトプット管理が採用されてきた。しかし，日本の場合は当該知識が不足していたとしても，長期的関係の優先を求められる場合はクランが採用されてきたのである。なぜなら雇用条件が安定しているからである。

---

6) この特徴は日本の企業では珍しくない。欧米の視点からするとこのクランは日本的な行動スタイルに映る。

## 5. 営業職派遣でクランは可能か

　さて，以上の議論を踏まえたうえで，本章の事例で取り上げた営業職派遣と管理様式の関係をみていこう。結論を先取りすれば，営業職派遣の場合は雇用条件が不安定であるため，クランとはなりにくいということになる。

　アンダーソン＆オリバー（1987）に従えば，営業職派遣の雇用の不安定さというのは短期的な仕事しか任せられないので，比較的成果がみえやすい管理様式が採用されると考えられる。セルでいえばⅠかⅡになる。そして，ある程度仕事の範囲は限定されていることから，営業活動自体はプロセス化され，顧客反応も想定しやすいのであれば，セルⅡということなる。つまり，アウトプット管理でもプロセス管理でもよいことになる。

　しかし本事例の場合，木下さんの新規開拓の仕事はセルⅢかⅣに相当する。新規開拓の場合は顧客の反応を想定しにくいので，プロセス管理（セルⅢ）もしくはクラン（セルⅣ）が採用されることになる。ここに矛盾がある。木下さんの仕事自体はプロセス管理もしくはクランが求められているが，そもそも派遣社員には雇用の不安定から成果に見合った評価によるアウトプット管理が採用されるべきである。

　事例の木下さんは，成果を正しく評価してもらえなかった（＝企業に評価能力がなかった）。仮に，派遣社員の評価基準があって報酬に連動していれば（セルⅠかⅡ），その評価の範囲内で一定のモチベーションが維持されたであろう。しかし評価基準のない状態（セルⅢかⅣ）にもかかわらず，派遣社員が正社員と同様の長期的視点に立った仕事をする場合，モチベーションの置き場所がない。結局，「いつかは正社員になれるかも」といった勝手な思い込みや，「悔しさ」をバネにするといった精神論的なことになり，健全な職場環境とはならない。クランで営業職派遣を管理するのには無理があるといわざるを得ない。

## 5　おわりに

　本章では，営業職派遣の事例をとおして，営業管理様式の選択課題について検討してきた。今後，営業職派遣という雇用スタイルはさらに一般化するであろう。しかし，事例でみたように仕事の内容と雇用の条件に矛盾が起きていると，働く者のモチベーションの置き場所がなくなってしまう。雇用主はその矛盾を解消する管理スタイルを用意する必要がある。

　営業職派遣は雇用条件が不安定なため，長期的視点の仕事には不向きである。よって，報酬への評価基準が明確なアウトプット管理が採用されるべきで，ある。それにもかかわらず，評価基準を明確にせず正社員同様のクランで管理しても，報酬がアップするわけではないので，モチベーションが維持できないことになる。

　雇用主はその点を理解したうえで，営業職派遣について取り組む必要がある。ここに働く人の人生に関わっていることの意識が強く求められているのである。

■参考文献

総務省ホームページ「労働力調査(詳細集計)」：平成25年(2013年)7〜9月期平均(http://www.stat.go.jp/data/roudou/sokuhou/4hanki/dt/pdf/2013_3.pdf)　取得日：2014年1月13日。
高嶋克義（2002）『営業プロセス・イノベーション』有斐閣。
田村直樹（2013）『セールスインタラクション』碩学舎・中央経済社。
リクルートスタッフィングホームページ (http://www.r-staffing.co.jp/sol/contents/client/jinzai/eigyou/index.html)　取得日：2014年1月13日。
Anderson, E. & Oliver, R. L. (1987) "Perspective on Behavior-Based Versus Outcome-Based Salesforce Control Systems," *Journal of Marketing*, 51 (October), pp.76-88.

### パワーアップ・ポイント 15

# 「クライマックス法」と「新近効果」

　聞き手に対し「大事な話なので，もう一度申し上げます」と結論を繰り返すテクニックを「クライマックス法」という。これは，最後に話したことが最も聞き手の印象に残る効果によるものである。

　物事を説明する方法には，「新聞型」と「推理小説型」がある。新聞であれば通常，大見出しから小見出しへ，そして本文という構成になっている。つまり，結論をまず述べてから説明に移る流れである。大見出しで何が起こったのかをまず知らせ，次に小見出しでポイントを伝え，本文で詳しく情報を提供するのである。重要なことから順に整理されている。この新聞型は，結論が先に出てくるので説明時間が短い場合に適している。そして最後に「もう一度申し上げますが…」と結論を繰り返すことで，強い印象を与えることができる。これは「新近効果」といい，人は最も直近に与えられた情報に左右されやすいという心理作用である。

　一方推理小説型は，話のプロセスに従って段階的に理解を進めながら，結論は最後に出てくる。この場合は説明時間に制約がなく，じっくり話し合える条件が必要である。ただし，相手に関心がないテーマだと最後まで聞いてくれない。そこで前置きが必要になる。「実はすごい事実を発見したんです」「生まれて初めての経験をしたのですが」といったインパクトを与えていないと途中で飽きられてしまう。

　新聞型は論理的な説明や時間のない場合に適している。推理小説型は講演などの時間に余裕がある場合に適している。どちらにもメリットがある。いずれにしても最後に，「私が申し上げたかったことは…」といって全体の総括をすることで，相手には強い印象を与えることができる。

# 第16章 インターネット営業
## —弱者の戦略—

**Keyword**
- EC（Electronic Commerce）
- ランチェスター戦略
- 弱者の戦略
- 資源ベース戦略論

## 1 はじめに

　本章では，中小小売業におけるEC事業[1]の事例を通じて，次の2点について検討する。第1に，インターネットが小売業に与える効果である。第2は，中小企業のEC事業における経営資源である。特に後者では，環境の変化への対処方法の1つがインターネットの活用であった。

　1990年後半，EC事業においては，インターネットを活用できる知識やノウハウが競争優位の源泉であった。しかし今日ではインターネットは社会的なインフラとなり，誰もが利用可能になっている。本章では，競争優位とはどのようなものか，そこから求められる中小企業（弱者）の戦略とはいかなるものかについて考える。

---

[1] ECはElectronic Commerce（電子商取引）の略称。商品販売を行っているホームページのことを「ECサイト」と呼ぶことがある。

## 2 市場背景

営業活動におけるインターネット（特にホームページ）の役割は，図表16-1のように整理できる。

図表16-1　営業活動におけるホームページの機能類型

| 類型 | 機能例 |
| --- | --- |
| 広報情報提供型 | 会社案内，IR，リクルートなど企業に関する基本情報の提供 |
| 営業支援型 | イベント・フェア等の告知，見積り，予約，店舗誘導に関する情報提供 |
| 商品情報提供型 | カタログ，商品検索など取扱商品に関する情報提供 |
| 商品販売型 | 商品の受発注，決済など |
| ファン形成型 | SNSなどのコミュニティ，ポイントシステムなど |

出所：(株)博報堂インタラクティブカンパニー(2000)をもとに筆者が一部修正し作成

実際に企業が運営しているホームページは複数の役割を担っているケースが多い。特に，営業に対して直接的な役割を担うものとしては「商品情報提供型」と「商品販売型」である。いわゆるECサイトはこれらの機能を有している。一方，「広報情報提供型」「営業支援型」「ファン形成型」は，営業を間接的に支援する活用方法といえるであろう。

これまでインターネットを介した商取引の場合は，対消費者向け(BtoC)[2]と対法人向け(BtoB)[3]の2つの領域に分けて議論されてきた。前者をBtoC電子商取引，後者をBtoB電子商取引と呼ぶ。経済産業省が電子商取引に関する統計を開始した1998年の市場規模は，BtoBが8.6兆円，BtoCが650億円であった。そして2012年には，BtoBが約20倍の178.4兆円，BtoCが約146倍の9.5兆円にまで拡大した[4]。この消費者向けの成長が著しく，近

---

[2] BtoCは「Business to Consumer」の略称。
[3] BtoBは「Business to Business」の略称。
[4] 通商産業省（1999）および経済産業省（2013）を参照。

年は特に注目されている。

　1998年の時点では，電子商店と呼ばれる小規模小売業者のECサイトがBtoC市場における中心的存在であった。大手小売店の影響によって疲弊していた小規模小売店舗が，インターネットに新しい販売チャネルを求めECサイトを立ち上げていた。その後，BtoCの市場規模の拡大に伴い，小規模小売業者の参入が増加，さらに大型小売店の本格的な参入が始まったのである。

　インターネットを活用した小売業は，ようやく導入期から成長期にさしかかったといえる。今後も，技術革新や顧客の情報リテラシーの進化によって変化し続けるであろう。次節では，インターネットが与える効果と中小企業による環境変化への適応に関する事例をみていく。

## 3　事例：家具・インテリア小売店舗（BtoC）のケース

### 1. EC事業への参入

　ここで紹介する事例は，大阪市内にある家具・インテリア小売業を営む「山岡家具（仮称）」のECサイトである。同店は，60歳代の店主夫婦と40歳代の息子夫婦の計4名で経営している小規模小売店である。創業100年以上の歴史があり，店舗は3階建ての自社ビルとなっている。

　同店が取扱う家具は，無垢の木を使用した洗練されたデザインの商品が中心である。展示数は少ないが書棚についての実績もある。インテリアはイタリア，ドイツ，フランスの職人が製作した独特の風合いをもったライト，シャンデリア，鏡，時計，置物等であり，モダンでやや個性的なデザインの商品が多い。いわゆる量産品中心の店舗とは一線を画した品揃えとなっており，近隣の競合店に対して一定の競争優位性を備えている。

　1990年代の終わり頃，インターネットで家具やインテリアを販売する同業者の噂を聞くようになったという。それらは大手企業ではなく，山岡家具同様の小規模小売店であった。大阪でもネット通販に関するセミナーが開催

され，息子の山岡貴之氏（仮名）が2度ほど参加した。同氏によれば，家具やインテリアという商品は，実物をみながら説明を聞いて購入するものだと考えていたので，ネット購入の顧客は特別な存在だと思い込んでいた。しかし，セミナーでネット販売の売上が実店舗の売上げを超えたケースを知り，ネットに新しいビジネスチャンスを感じ独学でECサイトを作り始めた。

そして，3ヵ月の時間をかけて完成した。しかし，商品はほとんど売れなかった。なぜ自社のECサイトが売れず，セミナーで講演をしている店舗のECサイトが繁盛しているのか見当がつかなかった。しかし，それを考える知識も余裕はなく，日々の店頭業務に忙殺されていた。

## 2. ネットビジネス研究会への参加と改善

あるとき，公的機関が運営するEC事業の勉強会「ネットビジネス研究会（仮称）」の存在を知り参加することになった[5]。参加者は10名ほどで固定化されており，中には月商100万円を超えているオーナーもいた。そこでは，各ECサイトの売上動向についてもメンバー内で公開された。売上と連動させながら各メンバーの活動がわかるため，どのような取り組みが効果的であるのか明確であった。その中で，山岡家具の売上に大きく貢献したのは（1）SEO対策[6]，（2）商品の掲載方法であった。

第1に，同研究会へ入会したときは，ホームページの制作技術に関する基礎的な知識は習得していたが，SEO対策の存在をまったく知らなかった。同研究会でSEO対策の基本的な技術を学び，それを自社のECサイトへ反映する方法についてはコンサルタントからアドバイスをもらった。

第2に，各商品ページの内容が1つの写真と簡単な説明にとどまっており，商品の良さが伝わりにくいという指摘があった。サイト制作時は，デザイン

---

[5] 同研究会は，毎月1回（約2時間程度）のペースで開催されていた。コンサルタントがECサイト制作や運営のノウハウに関するレクチャーを行う時間と，各ECサイトのオーナーが課題を発表し，コンサルタントとメンバーがお互いにアドバイスする時間で構成されていた。

[6] SEO対策とは，検索エンジンで特定のキーワードによる検索を行った際，その検索結果の上位に自社のホームページが表示されるようにする技法である。

図表16－2　ECサイトにおける書棚ページの修正

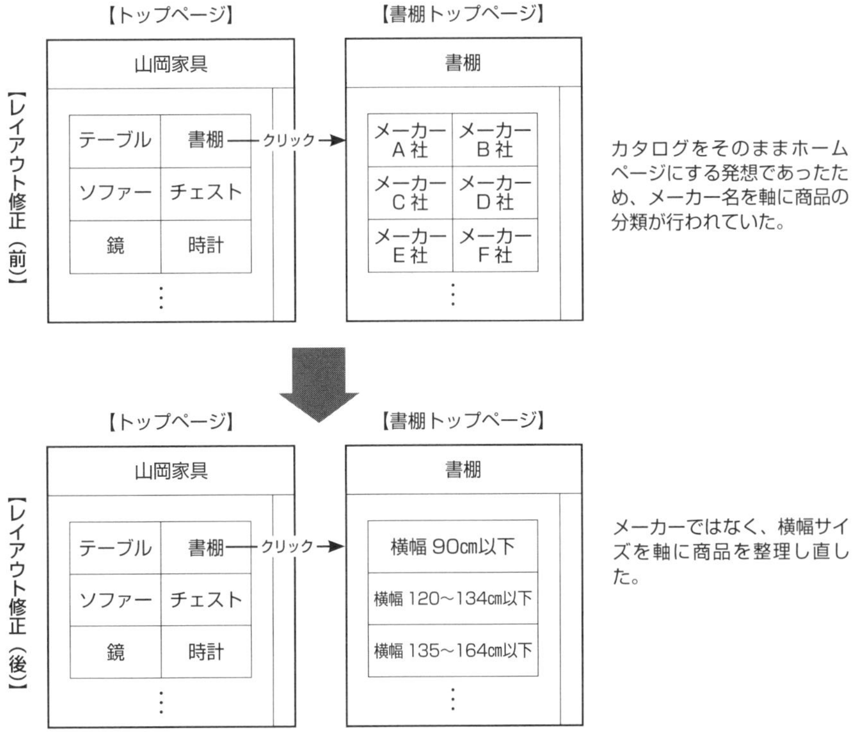

【レイアウト修正（前）】

【トップページ】
山岡家具
| テーブル | 書棚 |
| ソファー | チェスト |
| 鏡 | 時計 |
⋮

──クリック──▶

【書棚トップページ】
書棚
| メーカーA社 | メーカーB社 |
| メーカーC社 | メーカーD社 |
| メーカーE社 | メーカーF社 |
⋮

カタログをそのままホームページにする発想であったため、メーカー名を軸に商品の分類が行われていた。

⬇

【レイアウト修正（後）】

【トップページ】
山岡家具
| テーブル | 書棚 |
| ソファー | チェスト |
| 鏡 | 時計 |
⋮

──クリック──▶

【書棚トップページ】
書棚
横幅90cm以下
横幅120～134cm以下
横幅135～164cm以下
⋮

メーカーではなく、横幅サイズを軸に商品を整理し直した。

出所：筆者作成

性にとらわれてしまい，商品の良さを伝えるという意識はなかった。そこで，商品への思いや品質と技術の高さを示す情報を文章にして表現すべきという改善案が示されたのであった。

　同様に，積極的に販売したい書棚ページの掲載方法がわかりにくいという指摘があった。同店のECサイトでは，ページ全体の構成として，トップページでは，テーブル，ソファーというように商品カテゴリー別に分類を行い，次の階層ではメーカーを基準に分類を行っていた。メーカーが用意していた

カタログをもとにページ構成を考えていたからである[7]。

しかし書棚を求める顧客にとって最も重要なことは，自宅での設置スペースである。つまり，「この場所に書棚をおきたい」というニーズが先にある。よってECサイトの書棚ページの適切な構成はサイズ別表示となる。本体のサイズは横幅，高さ，奥行の3種類で表されるが，書棚は壁に沿わせて設置するため，特に横幅が重要になる。そのため，横幅サイズ別に商品ページを再構成して商品を掲載したのである。これによって，(1) 顧客は予定している設置スペースの横幅サイズにあわせて書棚を選択し，(2) そのサイズの範囲内で棚構の高さ，奥行等のバリエーションを選択すればよいことになる。

さっそくECサイトの作り替え作業に入った。以前のECサイトよりも情報量は何倍にもなるが，すでに制作方法がわかっていたため，1ヵ月半ほどの作業で作り替えることができた。

結果，重視したキーワードを検索エンジンに入力すると，同店が検索結果の上位に表示されるようになった。また，競合サイトと比較した場合，同店のページ構成はわかりやすく情報量において圧倒しており，販売価格は同レベルであった。このリニューアルしたECサイトは2ヵ月後に月商100万円を達成した[8]。売上の半数は関東地域からであった。

ECサイトとは対照的に，実店舗の売上げは年々減少していた。近隣の競合店には十分な優位性を発揮できていたが，購入率と顧客単価が低下していたのである。そして，実店舗の売上げ減少分をネットが補うことで多少の余力が生じていた。おそらく，ネット販売に参入しなかったら経営は行き詰っていた可能性が高い。

## 3. EC事業の環境変化と対応

2008年頃からECサイトの状況が変化しはじめた。それまで対前年比を

---

[7] つまり，トップページでテーブルのボタンをクリックしたあと，テーブルのページでは，メーカーA社の商品ページ，B社の商品ページ，C社の商品ページへと展開する構成になっていた。
[8] 最もよく売れた商品は，書棚，有名作家の家具，オーダー家具であったが，特に高い売上げを上げたのは書棚であった。

プラスで推移し続けていた売上げがマイナスになる月が出てきた。要因は2つあった。第1に，顧客単価が下がってきたこと。これまで，10万円以上の商品を求める顧客は少なくなかったが，そのような顧客が減少しはじめたのである。これは実店舗も同じであった。

第2に，同業者がネット事業へ参入してきた。ECサイト同士の競争が激しくなったのである。つまり新規参入者が増加し，同店の競争優位性が維持できなくなってきたのである。

例えば，SEO対策を行ってきたキーワードの検索結果で，同店のECサイトが上位表示されなくなっていた。そして大手通販会社のECサイトが上位表示されるようになっていた。一定レベルの対策を行ったが，簡単な再調整では順位は改善されずアクセス数は減少した。

しかも，同店の売れ筋と競合する類似品を低価格で販売するサイトが複数参入してきていた。同じ価格の場合でも，配送料・設置料等で実質的な値下げが行われていた。これら競合サイトのデザインは美しく洗練されており，新規参入者の方が目立つようになっていた。

競合対策が必要であることは明確であった。しかし，サイトの売上げが減少し始めたとはいえ一定量を維持しており，顧客への対応（実店舗含む）に多くの手を取られていた。ネット専任担当者を雇う選択肢もあったが実店舗の売上減少を考慮すると，新しい人材の雇用にはリスクがあると判断した。そのため，限られた時間と予算の中で競争優位性を高める方法を模索した。

対抗策はいくつか想定された。まず第1に，サイトのクオリティを高めること，つまり，写真・文章・レイアウト等を全面的に刷新することであった。第2に，外部のSEO対策業者の活用やネット広告など，集客のための仕組みに投資する方法である[9]。

同店としては，価格競争に巻き込まれにくい商品分野に注力し，それらの

---

9) 検索エンジンやショッピングモールの発達によって商品比較がますます容易となり，どのサイトでも取り扱われているブランド商品や量産品は，価格競争になる。さまざまな集客システムへの投資は有効ではあるが，それは投資力の勝負になる。

商品ページの制作と SEO 対策を強化することにした。主力商品は，書棚，オーダー家具，輸入のインテリア商品である[10]。同店では家具工場や職人と取引が数多くあり，小売店でありながらオリジナル商品を提供でき，実質的にはメーカーに近い機能を有している。

まず，(1)外部の制作業者にサイトのリニューアルを依頼し，デザイン性の向上を図った。デザイン性が信頼性と関わっていると判断したからである。(2)これまでに対応したオーダー家具の事例，オーダーの考え方，注文から納品までの手順等を丁寧に記載した。(3)輸入品はネット上で商品価値が判断されるため，写真撮影を強化することにした。実店舗内に専用スペースを設け，カメラ，照明，背景紙などの機材を一式整えた。

これらの対策から売上減少に歯止めがかかり，再びプラス傾向に転じた。ただし，現在でも新規参入者は増加している。検索エンジンで家具やインテリアを検索すると，大手小売チェーン店や大手通販会社が上位に表示され，顧客がそちらに流れているのは明らかであった[11]。

## 4  解説：弱者の戦略

インターネット営業のメリットを理解するため，以下では (1)ランチェスター戦略論と (2)資源ベース戦略論の視点から考察する。

### 1. ランチェスター戦略論

1960 年代，「ランチェスター戦略」がわが国のビジネス界に導入された。ランチェスター戦略とは，イギリスの航空工学のエンジニアであったランチェスターが戦争上の空中戦をシュミレーションしたことに端を発する。その後，クープマンらによって精緻化され第 2 次世界大戦に利用された。この

---

10) 当時，輸入品については競合サイトではほとんど扱われていなかった。
11) ネットビジネス研究会では「中小企業にとっては，EC 事業の第 2 ステージがはじまった」という認識で一致しており，次の新しい対抗策を実践していく必要があるとしている。

戦略における基本な考え方は,「弱者の戦略（第1法則）」と「強者の戦略（第2法則）」があり，自己の資源に応じた戦略を選択すべきというものである。経営上の資源であれば，人材，設備，資金，情報，技術，あるいは市場シェアといったものになる。大手企業（強者）は経営資源において中小企業（弱者）を圧倒している。しかし弱者は「弱者の戦略」を採用することで，強者に引けをとらない戦いを展開できるのである。

　強者の戦略を要約すれば，それは弱者の模倣をして物量で圧倒するというものである[12]。例えば，多額の投資によって人材を雇用，生産拠点を増設，新株発行による資金調達などが可能である。しかし，中小企業ではそうはいかない。そこで弱者が採用すべき戦略は，差別化戦略ということになる。そのポイントは5つに整理される。

(1) 局地戦：より細かくセグメントした地域，顧客層，用途に絞り込む。
(2) 一点集中主義：経営資源のポイントを一点に絞る。
(3) 一騎打ち：ワンランク下のライバルを攻撃対象に絞る。
(4) 接近戦：直販方式等で顧客との密接なコミュニケーションを確立する。
(5) 陽動作戦：自社の本当の狙いを悟られないようにオトリ的な動きを採用する。

　これらの特徴を踏まえると，山岡家具のネット営業は(1)から(4)に相当すると考えられる。これら4点を事例に沿ってみていこう。

　第1に局地戦としては「無垢の木を使用した洗練されたデザインの商品」を好む顧客セグメントに絞り込んだ。この戦略の目標は，セグメント内でナンバーワンになることである[13]。ナンバーワンとは，目安としては市場シェアが41.7％必要である。ここでの市場とは，特定の地域や商品をいう。結局はナンバーワンでなければ生き残れない。

---

12) この模倣（追従）する戦略を，ランチェスター戦略では「ミート戦略」という。
13) 実はアメリカの最大手電機メーカーのGEでさえ，No1・No2戦略を採用し業界3位以下の事業は手を引いた。

第2に一点集中主義としては，特に書棚（オリジナル）に資源を集中させた。弱者は手を広げないことが重要である。経営資源は限られているので選択と集中を実践すること。それにより顧客が高く評価してくれ，評判を生むことになる。
　第3に，ライバルはオリジナル製品を製造できない家具業者である。市場の購買力というのは一定しているため，商機はライバル間で奪い合いになる。大手をライバルにしたのでは勝てない。そこで自分よりワンランク下のライバルから顧客を奪うこと，これが最も容易である。オリジナル家具を提供できない業者がそれに相当すると考えられる。
　そして第4に，顧客に対し直接「家具の幅」をテーマにしたコミュニケーションをサイト上で確立した。家具の幅は商品選択上重要な項目である。こうしたサイト上のコミュニケーションによって，顧客が安心して商品を評価できるようになった。
　これらのうち，特に第4はインターネットのメリットが活かせる戦略である。なぜなら，中小企業では多くの人材を顧客対応に回せない。しかしながらインターネットを利用すれば，24時間，多数の顧客に対応できる。こうした経営資源に関する点については以下で検討する。

### 2. 資源ベース戦略論

　企業が採用する戦略は，大きく2つに分けられる。第1に，「ポジショニング戦略論」，第2に「資源ベース戦略論」である。第1のポジショニング戦略論とは，ポーター（1980）が指摘するように，競合が少ない業界で勝負すれば競争優位が得られるというものである。しかしながら今日では，競合が少ない業界が見当たらなくなり，この戦略の限界が指摘されている。その対抗理論として，第2の資源ベース戦略論（バーニー，2002）が登場した。
　資源ベース戦略論の概要は次のとおりである。競争優位を獲得するためには，その組織固有の経営資源の蓄積が必要だという点である。バーニー（2002）によれば，資源について4つの要素が重要であるという。(1)価値（Value），

(2)希少性（Rareness），(3)模倣可能性（Imitability），(4)組織（Organization）の4つである。

　第1に，製品やサービスにはそれなりの価値がある。しかし第2に，そこに希少性がなければ高額な代金を支払ってまで顧客は求めようとしない。つまりコモディティ化してしまうことになる。そして第3に，希少性があったとしても後にライバルに模倣されては，その優位性は持続できない。そのため第4に，この模倣可能性を否定できる組織であれば，競争優位を獲得できるというのがバーニー（2002）の主張である。この視点を「VRIOフレームワーク」という。

図表16-3　VRIOフレームワーク

| V | R | I | O | |
|---|---|---|---|---|
| 価値 | 希少性 | 模倣可能性 | 組織 | |
| ○ | × | × | × | ➡ 他社並み |
| ○ | ○ | × | × | ➡ 一時的優位 |
| ○ | ○ | ○ | × | ➡ 持続的優位 |
| ○ | ○ | ○ | ○ | ➡ 資源の有効活用 |

出所：バーニー（2002）をもとに筆者作成

　VRIOフレームワークに従えば，資源を模倣困難にする4つのポイントがある。第1に歴史的経緯，第2に因果関係，第3に社会的組み込み，第4に制度的確立である。

　第1に，先行者が有名で歴史的に市場を押さえていれば，模倣は困難で新規参入は容易ではない。第2に，因果関係がわかりにくい（つまり1つに特定できない）場合，模倣は容易ではない。第3に，独特な企業文化や人間関係によって実現された競争優位は，他社は容易に模倣できない。そして第4に，特許などで制度的に模倣が制限されている場合は参入障壁となる。

　こうした視点を踏まえると，山岡家具は第2のポイントで競争優位を確立したと考えられる。なぜなら，山岡家具の強さは1つに特定できないものだ

からである。具体的にいえば，(1)家具メーカーや職人との取引がありオリジナル製品を提供できる，(2)ネットビジネス研究会といったところからノウハウを手に入れた，(3)サイト運営によってコストダウンを実現したことがあげられる。こうした複合的な競争優位の源泉はすぐには模倣が難しい。

しかしながら，顧客ニーズが変化してしまうこともあり得る。従来のニーズには対応できていても，急速に顧客ニーズが変わってしまえばそれまでの競争優位が保てなくなる。山岡家具もそういった場合を念頭におき，模倣困難な競争優位を展開していく必要があるだろう。

## 5 おわりに

小売業者がインターネットによって得られる基本的なメリットについては，今後も大きな変化はないであろう。しかし，競争優位性の源泉となる知識やノウハウは模倣されると短期間でコモディティ化してしまう。そのため，弱者は常に経営資源に磨きをかけ競争優位性を維持しなければ，ネットの効果を得ることは難しい。

大手企業であれば，多額の投資によって人材や設備を拡充するであろう。しかし，投資が容易ではない中小企業にとっては何らかの手立てが必要である。山岡家具の場合は，企業間ネットワークであるネットビジネス研究会がその1つであった。今後はより模倣困難な要素を経営資源に取り入れていく必要がある。

インターネットは今やインフラになりハード化している。今日ほど模倣困難なアイディア（ソフト）が重要な時代はないと考えられる。

■ 参考文献

株式会社博報堂インタラクティブカンパニー（2000）『インターネットマーケティング』日本能率協会マネジメントセンター。
田岡信夫（1992）『ランチェスター販売戦略（1）』サンマーク出版。
田村正紀（2001）『流通原理』千倉書房。
田村正紀（2008）『業態の盛衰』千倉書房。
通商産業省（1999）『平成10年度電子商取引に関する市場規模・実態調査』。
経済産業省（2013）『平成24年度我が国情報経済社会における基盤整備（電子商取引に関する市場調査）報告書』。
Anderson, C.(2004) *The Long Tail*, Wired Magazine.（篠森ゆりこ訳『ロングテール―「売れない商品」を宝の山に変える新戦略―』早川書房，2006年）
Barney, J.B.（2002）*GAINING AND SUSTAINING COMPETITIVE ADVANTAGE*, Second Edition, Prentice Hall.（岡田正大訳『企業戦略論（基本編）』ダイヤモンド社，2003年）
Porter, M.（1980）*Competitive Strategy*, Free Press.（土岐坤屋他訳『競争の戦略』ダイヤモンド社，1982年）

## パワーアップ・ポイント 16

# 「PAC モデル」

　エリック・バーンが創始した交流分析というパーソナリティ理論に,「PACモデル（自我状態モデル）」という考え方がある。人の自我状態は「親（Parent）」「成人（Adult）」「子ども（Child）」の3つの状態を行き来しているという。これら3つの状態がP, A, Cと区別される。そのうちPとCはさらに2つに分かれる。

　親の状態で支配的なものはCP（Controlling Parent）, 養護的なものはNP（Nurturing Parent）という。子どもの状態で順応した状態はAC（Adapted Child）, 自由な状態はFC（Free Child）という。これら5つの自我状態のうち, ある場面では特にどれか1つが顕著に現れる。人によっては5つをバランスよく使いこなせ, ある人は偏った使い方になる。

　このPACモデルからすると, 顧客がどの自我状態かによって, セールスパーソンに求める情報が異なってくると考えられる。例えば顧客の自我状態がCPの場合,「何々すべき」といった規範的な思考になっているため,「人としてどう生きるべきか」といった情報に関心が高くなる。NPが高い場合,「家族のために安全性を第一に考えたい」といった思いやりの情報に関心が向きやすい。Aの場合は合理的な思考が強くなっているので,「燃費がよく経済的」といったデータに反応しやすい。ACの場合は, 人に合わせようとする傾向が強いので「みなさん満足されていますよ」といった言葉に流されやすい。そしてFCの場合は,「楽しい, エキサイティング, 愉快」といった好奇心をくすぐる情報を好む。

　セールス側は相手の言葉遣いや態度などで判断し, どの自我状態が強く出ているかを見極めることができればそれに応じたセールストークによって顧客が求める情報を提示できる。そうなれば, 購買意欲が刺激され, 成約に結びつきやすくなる。

　このためには, セールス側の自我状態を自分でコントロールできることが大事である。相手が合理的な情報を求めているなら, 自分の自我状態をAに設定する。規範的な意見を求めているなら自分をCPに, 好奇心旺盛な無邪気さを求めているならCPといったように自分自身の自我状態を相手に合わせることができれば, 円滑なコミュニケーションがとれることになる。そうすると対話は進み, 親密感も高まることになるのである。

# マーケティングの 基礎知識

**Appendix**

1 マーケティングとは
2 マーケティングの流れ
3 SWOT 分析（自社と環境の分析）
4 セグメンテーション（戦略の決定 1）
5 ターゲティング（戦略の決定 2）
6 ポジショニング（戦略の決定 3）
7 マーケティングミックス
8 市場地位別戦略
9 製品コンセプト
10 プロダクトライフサイクル
11 価格設定（ペネトレーション価格とスキミング価格）
12 取引総数最小化の原理
13 不確実性プールの原理
14 メディアの特徴
15 パブリック・リレーションズ（PR）
16 プッシュ戦略とプル戦略

## 1 マーケティングとは

　会社や組織が利益を最大にするために，自分たちの力を最も活かせる消費者を選び出し，彼らに満足してもらえる商品やサービスを提供する一連の活動をマーケティングという。その活動はコンセプト作りから，価格設定，販売方法，広告活動などが含まれる。すると自分たちが提供できる商品やサービスはどのようなものか，ターゲットとする消費者は何を求めているかといった，提供者側のリソースと消費者側のニーズをマッチさせる必要が出てくる。

　しかも，ライバルが参入しにくい市場でなければ競争は激しくなるので，どんな事業をするのかについては慎重に選ばなければならない。長期間にわたって利益をあげるということは，値引きしなくても，望む価格で消費者が買ってくれるものでなくてはならない。価格を下げないと売れないようでは，すぐに行き詰ってしまうだろう。そうならないためにはどのような方策があるのかを見いだしていくのがマーケティングなのである。

## 2 マーケティングの流れ

　マーケティング活動は大きく4つのステップで進む。(1)環境分析，(2)目標設定，(3)戦略の決定，(4)マーケティングミックス，の4つである。(1)の環境分析とは，自社や顧客，そしてライバルについて調査分析をする。(2)の目標設定とは，具体的な売り上げや市場シェア，利益などを定める。(3)戦略の決定とは，市場を細分化し，ターゲット市場を定め，自社のポジションを明らかにすることである。(4)マーケティングミックスとは，製品，価格，流通経路，プロモーションの4つの側面から，活動を具体化していく。特に(3)と(4)については後述する。

　この流れがマーケティングの全体像である。言い換えれば，顧客の満足を極大化するための計画である。もし計画通りにいかなければ，それを見直

し，次の活動につなげていく必要がある。計画を立て（Plan），実行し（Do），見直し（Check），次の活動につなげる（Action）という一連のサイクルは，PDCA サイクルと呼ばれる。このサイクルがうまく回らないと，マーケティング活動は絵に描いた餅になってしまうことになる。

## 3 SWOT 分析（自社と環境の分析）

　まず，自社を分析する場合，何が強みで弱みなのかを知らなければならない。それは開発力なのか，販売力なのか，生産力なのか。それらの強みをストレングス（Strength）と呼び，弱みをウイークネス（Weakness）と呼ぶ。特にライバルには，弱みを突かれないようにしなければならない。
　次に，環境を分析する場合は，自社にとって何が脅威で何がビジネスチャンスなのかを知るということになる。脅威はライバルなのか，規制なのか。チャンスはどこにあるのか。それらの脅威はスレット（Threat），ビジネスチャンスはオポチュニティ（Opportunity）と呼ばれる。
　以上4つの側面から，自社と環境を分析することを SWOT 分析という。まずこの分析をして，参入すべき事業に魅力があるのかを判断するのである。

## 4 セグメンテーション（戦略の決定 1）

　市場を漠然と捉えるのではなく，ターゲットを設定して効果的に経営資源を投入する必要がある。資源の無駄遣いは許されない。そこで，市場を細かく細分化して同質的なニーズをもった消費者グループを見いだし，自社の事業領域を決定する。これをセグメンテーション（Segmentation）という。
　例えば，消費者を年齢や性別，地域，職業，収入といった特徴で分類したり，趣味やライフスタイル，商品の価格帯などで分類したりしていく。そうすることで，似通った好みをもつグループが浮かび上がってくる。そこに経営資源を集中させることができれば，無駄のないマーケティングを展開でき

る。30代主婦で健康に関心があるグループには，ヘルスケアに関する特集雑誌に広告を入れるといったことが効果的になる。そのための第1歩がセグメンテーションである。図表A-1は，ある市場を性別と4つの世代で細分化したセグメンテーションの1例を示している。

　商品の価格帯でセグメンテーションをする場合は，例えば低価格品はスーパーのルートで販売，高価格品は百貨店で販売するといったことが考えられる。スーパーと百貨店では明らかに消費者の目的が異なり，消費に使う予算も違ってくるのでセグメンテーションは重要なポイントになる。

図表A-1　セグメンテーション

| | 男性← →女性 | |
|---|---|---|
| 漠然とした市場 → | M10　F10 | 10代 |
| | M20　F20 | 20代 |
| | M30　F30 | 30代 |
| | M40+　F40+ | 40代以上 |

細分化された市場

出所：筆者作成

## 5　ターゲティング（戦略の決定2）

　セグメンテーションによって自社の事業領域が定まれば，次は対象とする顧客を決めることになる。このプロセスをターゲティングという。つまり，見込み客を誰にするのかを決めるのである。不特定多数に「みなさん」と呼びかけるよりも，「〜さん」というように呼びかける方が振り返ってもらう可能性が高くなる。そこで核となるコア・ターゲットを設定し，それに付随するサブ・ターゲットを設定する。

　例えば，30代女性の主婦をコア・ターゲットにした健康ドリンクを想定

する。するとそこから付随して，20代女性のジョギング愛好家，30代女性のオフィスレディ，20代女性の子育てママなど，カバーできそうなサブ・ターゲットを想定できる。以上を整理したのが次の図表A-2である。

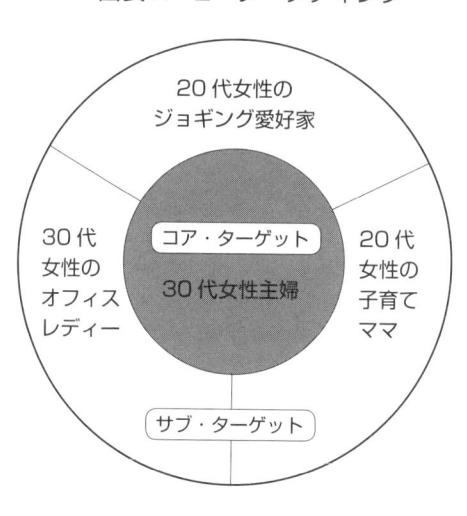

図表A-2　ターゲティング

```
         20代女性の
         ジョギング愛好家

  30代                    20代
  女性の    コア・ターゲット   女性の
  オフィス  30代女性主婦     子育て
  レディー                   ママ

         サブ・ターゲット
```

出所：筆者作成

## 6　ポジショニング（戦略の決定3）

ポジショニングとは，ターゲットとなる顧客にどのような商品イメージを与えられるかという位置づけを，ライバルと比較しながら決定することである。この際，どのような評価軸を設定するかで消費者に与えるイメージが変わってくる。説得力のある評価軸が設定できれば，他者との差別化が容易になり，それにしたがって広告などのプロモーションがしやすくなる。

図表A-3はポジショニングの1例を示したものである。これは健康ドリンク市場におけるライバルと自社のイメージの違いをプロットしたものである。評価軸はまず高価格か低価格かという軸，そして疲労回復志向かダイエッ

ト志向かという軸の2軸で整理したものである。まずライバルAは，高価格かつ疲労回復志向のイメージで顧客にアピールしていることがわかる。同様にライバルBは，高価格かつダイエット志向をアピールしている。ライバルCは，低価格でありながらダイエット志向とやや疲労回復志向もアピールしている。

　すると残された領域は，低価格かつ疲労回復志向となる。ライバルとのバッティングを避けるという方針であれば，この領域でイメージをアピールできれば，明らかにライバルと差別化できることになる。

図表A-3　ポジショニング

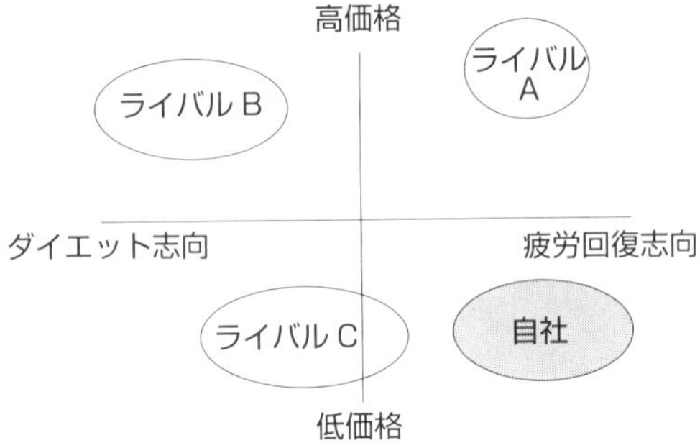

出所：筆者作成

## 7 マーケティングミックス

　マーケティングミックスとは，顧客が満足するような商品やサービスを提供しようとする際，4つの分野から考えていくアプローチである。(1)プロダクト（製品：Product），(2)プライス（価格：Price），(3)プレイス（場所：Place），(4)プロモーション（販売促進：Promotion）の4つである。それぞれの頭文字がPから始まることから，マーケティングミックスのことを「マーケティングの4P」ともいう。

まず(1)のプロダクトとは，製品のコンセプトやデザインを開発する分野である。(2)のプライスは，商品の価格設定(定番価格かプレミアム価格か等)，(3)のプレイスは販売経路の構築（コンビニルートか専門店ルートか等），(4)のプロモーションは商品のメリットを効果的に伝える広告やセールスの分野である。

　これらの4つの分野からのアプローチを効果的に組み合わせることで，最大の成果をあげようとするのである。以上の4つはそれぞれ，製品戦略，価格戦略，流通戦略，プロモーション戦略と呼ばれることもある。

## 8 市場地位別戦略

　ライバルがひしめく市場では，売り上げが上位にランクする商品（あるいはブランド）もあれば下位に低迷している商品（ブランド）もある。市場内のランキングによって企業やブランドを分類し，それにマッチした戦略を採用するというのが，市場地位別戦略である。

　まず，市場におけるランクを4つに分類する。(1)リーダー（市場内でトップの商品），(2)チャレンジャー（トップと差別化してその座を狙う商品），(3)フォロワー（トップの模倣で追従する商品），(4)ニッチャー（市場のランキングとは無関係に特定の固定ファンがいる商品）の4つである。

　次に，それぞれのランクに応じた戦略を採用する。(1)リーダー：コストリーダーシップ戦略（大量生産によってコストダウンし，業界標準として市場シェアトップを狙う），(2)チャレンジャー：差別化戦略（リーダーとは異なる特徴で差別化をはかる），(3)フォロワー：模倣戦略（リーダーの商品を模倣して開発費を抑え，低価格で販売する），(4)ニッチャー：集中戦略（特定市場に特化して集中的に少数派ニーズを満たす）。

　業界標準を採用するのが，リーダーとフォロワーである。一方，業界標準から距離をおこうとするのはチャレンジャーとニッチャーということになる。どちらの方向を採用するのかは，まさに戦略そのものである。

以上を整理したものが次の図表A-4である。

図表A-4　市場地位別戦略

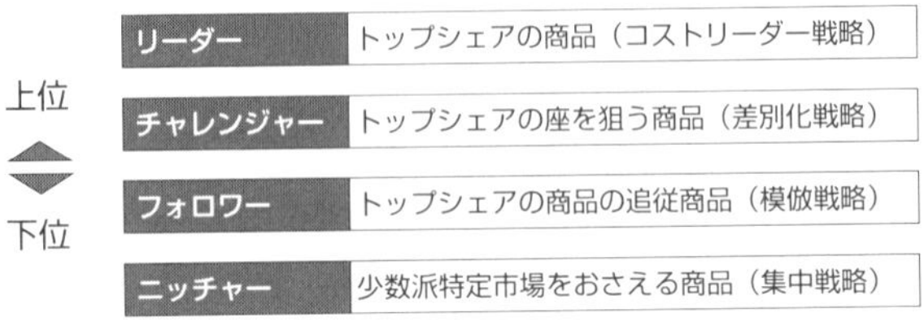

| 上位 ⇕ 下位 | | |
|---|---|---|
| | リーダー | トップシェアの商品（コストリーダー戦略） |
| | チャレンジャー | トップシェアの座を狙う商品（差別化戦略） |
| | フォロワー | トップシェアの商品の追従商品（模倣戦略） |
| | ニッチャー | 少数派特定市場をおさえる商品（集中戦略） |

出所：筆者作成

## 9 製品コンセプト

　製品コンセプトとは，誰がどこで，どんな目的で使うのかといったことを，具体的に言葉で表現したものをいう。この活動は製品戦略の1つと考えられている。特に新製品を出す場合は，既存製品との違いを明確にしないと，消費者に特徴が伝わらない。例えば，「塩分1/2」というのは既存製品に含まれる塩分の半分であることが明確にわかり，健康志向の消費者にアピールしやすいコンセプトだと考えられる。

　そのほかにもライバルと比較して，重要な機能や優位性をアピールするために製品コンセプトは重要である。この製品コンセプトに従って，デザインを決定し，価格を設定し，販売経路を定め，広告を制作していくのである。つまり，マーケティングミックス（マーケティングの4P）の中でも真っ先にくるものである。ここが決まらないと，あとのマーケティング活動に影響することになる。

## 10 プロダクトライフサイクル

プロダクトライフサイクルとは，製品が市場に導入されてから撤退するまでを，人生に置き換えた概念である。製品にも寿命というものがあり，4つのステージで説明できる。それは，(1)導入期，(2)成長期，(3)成熟期，(4)衰退期の4つである。

導入期：製品が市場に導入された段階で，まだ開発コストを回収できていない状態。知名度も低いため広告費の負担は大きい。

成長期：製品が市場に受け入れられて急速に売り上げ（または利益）が伸びる時期。

成熟期：製品は市場に行きわたり，売り上高はピークとなる。一方知名度は高いので広告費に対する負担は軽くなる。

衰退期：売上が減少し，市場の魅力も縮小した状態。どの時点で市場から撤退するかを検討する必要がある。

企業は自社製品がプロダクトサイクルのどのステージに位置しているのかを見極め，効果的な資源配分を行う必要がある。

図表A-5　プロダクトライフサイクル

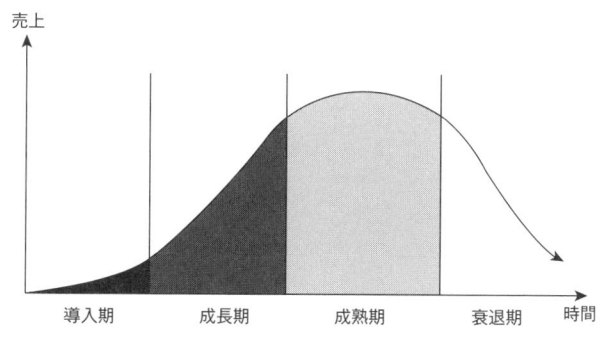

出所：筆者作成

## 11 価格設定（ペネトレーション価格とスキミング価格）

　新製品を市場に出す場合，大きく2つの価格設定が考えられる。(1)ペネトレーション価格と(2)スキミング価格である。

　まずペネトレーション価格とは，企業側が本来売りたい価格ではなく，消費者が求めやすいところに設定した低価格路線をいう。まだ知名度の低い新製品にとって，消費者にまず買ってもらい市場シェアを確保しようとする戦略である。携帯電話の例が典型的で，初期にはかぎりなく低価格で製品を普及させておき，市場に行きわたってから徐々に価格を上げていくというものである。

　次のスキミング価格とは，業界標準的な価格を無視して高めに設定する戦略である。それにより高級イメージを確保し，高品質を武器にマーケティングを展開しようとするものである。高価格は利益率が大きいため，比較的早期に開発コストを回収できるメリットが期待される。ただし大量販売は期待できないため，市場シェアの拡大には不向きである。

## 12 取引総数最小化の原理

　消費者とメーカーの間に流通業者（卸売業・小売業）が存在することで，消費者は低コストで商品を購入することができると指摘する，流通業者の存在根拠となる原理である。例えば，テレビを生産するメーカーが3社あるとする。もし流通業者が存在しなければ，消費者は3つのブランドをみて比較しようとすると，3ヵ所を往復しなければならない。

　しかし，3つのブランドを1ヵ所に集める小売店があれば，消費者はそこに行ってワンストップショッピングができる。すると1往復で済むことになり，時間や費用が大幅に節約できる。したがって，流通業者は社会的に必要であるという根拠を示すことができる。

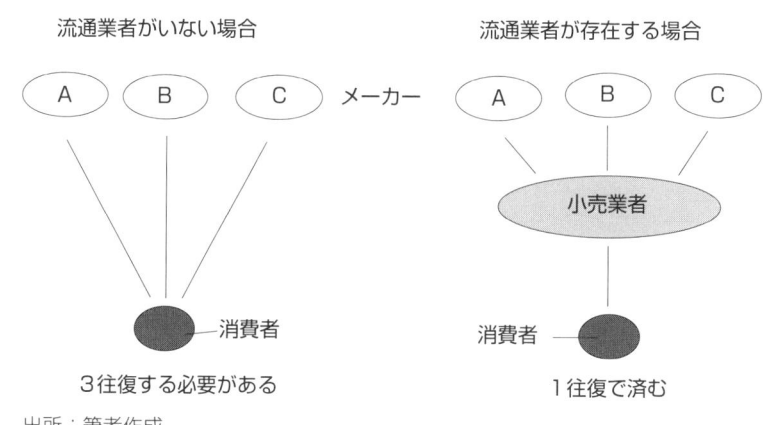

図表A-6　取引数量最小化の原理

流通業者がいない場合

A　B　C　メーカー

消費者

3往復する必要がある

流通業者が存在する場合

A　B　C

小売業者

消費者

1往復で済む

出所：筆者作成

## 13　不確実性プールの原理

　流通業者のうち，特に卸売業者の存在意義を示すのが，不確実性プールの原理である。卸売業者が存在することで，消費者は低価格で商品を手にできるメリットがあるというものである。

　例えば，テレビを生産するメーカーが月に500台生産するとしよう。卸売業者が存在しないとすれば，小売店が在庫を引き受けることになる。仮に5軒の小売店があって，均等に在庫を負担するならば，各店舗で100台のテレビを在庫することになる。

　しかし，卸売業者が介在して300台は卸売業者が在庫すると，残りの200台を5つの小売店で均等に在庫することになる。結果，1店舗当たり40台の在庫で済み，大幅に在庫リスクを低減できることになる。そうなれば売れ残りのリスクが減少するので，その分安価で商品を消費者に提供できることになる。もし在庫リスクが大きければ，売れ残りを意識して価格を高めに設定するかもしれない。したがって，卸売業者が存在することで，消費者は低価格で商品を購入できることになる。

図表 A-7　不確実性プールの原理

卸売業者が存在しない場合　　　卸売業者が存在する場合

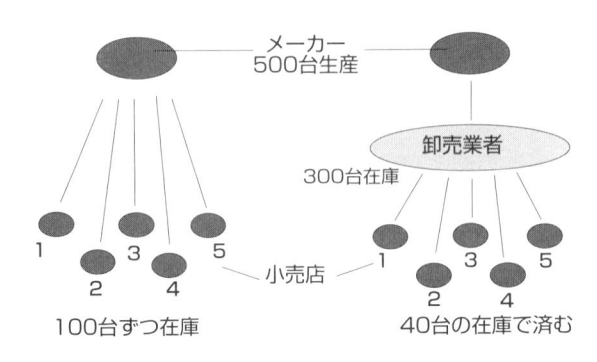

メーカー
500台生産

卸売業者
300台在庫

小売店

100台ずつ在庫　　　　　40台の在庫で済む

出所：筆者作成

# 14　メディアの特徴

　広告の場合，テレビや雑誌といったメディアによって効果的なコミュニケーションの在り方は異なる。以下では代表的なメディアの特徴を確認する。
(1) テレビ：最も多くの人々に到達でき，影響力が大きい。視覚と聴覚でイメージを伝えやすい。コストは高い。
(2) 新聞：理性的な情報に強いがイメージを伝えにくい。接触時間は短い。コストは紙面のサイズ，カラーによって多様。
(3) 雑誌：ターゲットを絞ることができる。接触時間は比較的長い。コストは紙面の位置やサイズ，カラーによって多様。
(4) ラジオ：限られた人々が長時間接触する。視覚情報は伝えられない。コストは比較的低い。
(5) 屋外看板，ポスター：消費者の外出時に接触できる。情報量は限られる。
(6) インターネット：ターゲットの特性は偏る。受け手との双方向コミュニケーションが可能。コストは比較的低い。

## 15 パブリック・リレーションズ（PR）

　パブリック・リレーションズ（PR）とは，企業や組織が自分たちの活動を広く世間に知ってもらうために情報発信する活動である。具体的な方法としては，(1)パブリシティ，(2)イベント，(3)広報誌，(4)文化活動，(5)寄付などがある。

　特に(1)パブリシティは，テレビや雑誌，新聞の取材をとおして情報を報道してもらうことであり，広告と同等以上の効果が期待できる。広告の場合，企業広告主として費用をかけてメッセージを制作しているので客観的な情報とは言いがたく，信頼されにくいことがある。しかし，パブリシティは第三者による報道であるため客観性が高いとみなされやすく，その情報は信頼されやすくなる。しかも広告費はかからず基本的に無料である。

　したがって企業は，できるだけマスコミやメディアに自社に有利な情報を取り上げてもらえるように動いている。社会性や話題性をもった情報はマスコミに取り上げられやすく，世間も注目しやすい。ただし広告とは違い，いつも取り上げてもらえるとは限らない。

## 16 プッシュ戦略とプル戦略

　顧客が商品やサービスを購入する場合，大きく2つの方向性がある。1つは店員やセールスに勧められて買うという方向，もう1つは自主的に店舗などに出向き購入するという方向である。これらの方向性のうち，前者を「プッシュ型戦略」，後者を「プル型戦略」と呼ぶ。

　まずプッシュ型戦略とは，メーカーの担当者が卸売業者や小売店に商品の推奨販売をしてくれるように依頼する。今度はその卸売業者や小売店が消費者へ推奨販売するというものである。これは，メーカー→卸売・小売店→消費者へと流通経路を通じて商品を「押して」いく流れである。

　次のプル戦略とは，メーカーが広告やPR活動を通じて消費者に直接商品

情報やメッセージを伝えて，関心をもった消費者が店頭で指名買いするというものである。つまり，メーカーはプロモーションによって先回りして消費者にコンタクトし，消費者を「引きつける」のである。消費者から指名買いされた小売店は，卸売やメーカーに発注することになり，プッシュ型とは逆の流れになる。

以上を整理したのが次の図表 A-8 である。

図表 A-8　プッシュ型戦略とプル型戦略

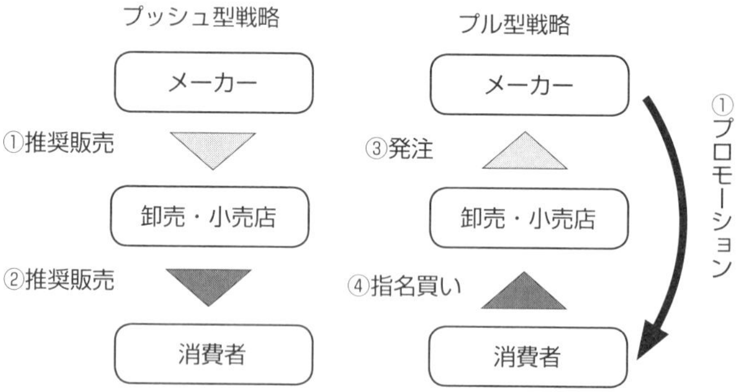

プッシュ型戦略
- メーカー
- ①推奨販売 ↓
- 卸売・小売店
- ②推奨販売 ↓
- 消費者

プル型戦略
- メーカー
- ③発注 ↑
- 卸売・小売店
- ④指名買い ↑
- 消費者
- ①プロモーション（メーカー→消費者）

出所：筆者作成

# 索　引

## あ

アーリー・アダプター（初期採用者）・・・26
アーリー・マジョリティ（前期追随者）・・27
アウトプット管理・・・・・・・・・・・・・・・・・・・215
アフォーダンス・・・・・・・・・・・・・・・・・・・・・72

イエス・バット法・・・・・・・・・・・・・・・・・・209
一面提示・・・・・・・・・・・・・・・・・・・・・・・・・・73
一貫性の法則・・・・・・・・・・・・・・・・・・・・・・15
イノベーションの普及理論・・・・・・・・・・26
イノベーター（革新者）・・・・・・・・・・・・26
インタラクション・・・・・・・・・・・・・・・・・・53
インティマシー・・・・・・・・・・・・・・・・・・・・89
インティマシー・ロックイン・・・・・・・・89

営業管理様式の選択課題・・・・・・・・・・217
営業職派遣・・・・・・・・・・・・・・・・・・・・・・212

応酬話法・・・・・・・・・・・・・・・・・・・・・・・・209
オピニオン・リーダー・・・・・・・・・・・・・101
おもてなし・・・・・・・・・・・・・・・・・・・・・・・84

## か

革新者・・・・・・・・・・・・・・・・・・・・・・・・・・・26
拡張性志向の営業・・・・・・・・・・・・・・・・175
関係性志向の営業・・・・・・・・・・・・・・・・174

キーパーソン・・・・・・・・・・・・・125, 126

強化・・・・・・・・・・・・・・・・・・・・・・・・・・・・・12
クライマックス法・・・・・・・・・・・・・・・・222
クラン・・・・・・・・・・・・・・・・・・・・・・・・・・219

交換価値・・・・・・・・・・・・・・・・・・・・・・・・・42
後期追随者・・・・・・・・・・・・・・・・・・・・・・・27
広告・・・・・・・・・・・・・・・・・・・・・・・・・・・・248
購買心理の8段階・・・・・・・・・・・・・・・・・80
交流分析・・・・・・・・・・・・・・・・・・・・・・・・236
顧客ロックイン戦略・・・・・・・・・・・・・・・89
コスト意識・・・・・・・・・・・・・・・・・・・・・・132
コストリーダーシップ戦略・・・・・・・・243
コンテクスト・・・・・・・・・・・・・・・・・・・・・55
コンピレーション・・・・・・・・・・・・・・・・142

## さ

サッカーチーム営業・・・・・・・・・・・・・・159
差別化戦略・・・・・・・・・・・・・・・・・・・・・・243
資源ベース戦略論・・・・・・・・・・・・・・・・232
自己開示・・・・・・・・・・・・・・・・・・・・・・・・・11
自己関与・・・・・・・・・・・・・・・・・・・・・・・・145
自己関与性・・・・・・・・・・・・・・・・・・・・・・129
市場地位別戦略・・・・・・・・・・・・・・・・・・243
質問法・・・・・・・・・・・・・・・・・・・・・・・・・・209
ジャムの法則・・・・・・・・・・・・・・・・・・・・・71
従属の効果・・・・・・・・・・・・・・・・・・・・・・・13
集中戦略・・・・・・・・・・・・・・・・・・・・・・・・243

準拠集団・・・・・・・・・・・・・・・・・・・・・・・・・99
使用価値・・・・・・・・・・・・・・・・・・・・・・・・・42
初期採用者・・・・・・・・・・・・・・・・・・・・・・・26
承認欲求・・・・・・・・・・・・・・・・・・・・・・・・104
譲歩的説得法・・・・・・・・・・・・・・・・・・・・・30
初頭効果・・・・・・・・・・・・・・・・・・・・・・・・・59
事例活用法・・・・・・・・・・・・・・・・・・・・・・209
親近効果・・・・・・・・・・・・・・・・・・・・・・・・222
真実の瞬間・・・・・・・・・・・・・・・・・・・・・・108
心理的リアクタンス・・・・・・・・・・・・・71, 76

SWOT分析・・・・・・・・・・・・・・・・・・・・・・239
スキミング価格・・・・・・・・・・・・・・・・・・・246
スモール・ワールド現象・・・・・・・・・・・206
スリーパー効果・・・・・・・・・・・・・・・・・・195

製品コンセプト・・・・・・・・・・・・・・・・・・244
セールス・フォース・オートメーション・・181
セールスプロセス・・・・・・・・・・・・・・・・・48
セールスメーキング・・・・・・・・・・・・・・・ i
セグメンテーション・・・・・・・・・・・・・・239
接近行動・・・・・・・・・・・・・・・・・・・・・・・・・91
前期追随者・・・・・・・・・・・・・・・・・・・・・・・27
選択肢過多の逆効果・・・・・・・・・・・・・・・71

ソリューション営業・・・・・・・・・・・・・・150

### た

ターゲティング・・・・・・・・・・・・・・・・・240
単純接触効果・・・・・・・・・・・・・・・・・・・・46

チーム営業・・・・・・・・・・・・・・・・・・・・・150
遅滞者・・・・・・・・・・・・・・・・・・・・・・・・・・・27

データベース営業・・・・・・・・・・・・・・・140
テクスト・・・・・・・・・・・・・・・・・・・・・・・141
テレマーケティング・・・・・・・・・・・・・166

ドア・イン・ザ・フェイス・テクニック30
同調性・・・・・・・・・・・・・・・・・・・・・・・・・118
逃避行動・・・・・・・・・・・・・・・・・・・・・・・・・91
取引総数最小化の原理・・・・・・・・・・・246

### な

認知的道具・・・・・・・・・・・・・・・・・・・・・・56

### は

派遣労働者・・・・・・・・・・・・・・・・・・・・・210
パブリック・リレーションズ（PR）・・・249
バンドワゴン効果・・・・・・・・・・・・・・・118
販路コーディネータ・・・・・・・・・・・・・197

PACモデル・・・・・・・・・・・・・・・・・・・・236
非言語コミュニケーション・・・・・・・114

ブーメラン効果・・・・・・・・・・・・・・・・・・76
不確実性プールの原理・・・・・・・・・・・247
プッシュ戦略・・・・・・・・・・・・・・・・・・・249
フット・イン・ザ・ドア・テクニック・・15
プライマリー・ユーザー・・・・・・・・・207
プラシーボ効果・・・・・・・・・・・・・・・・・130
ブリコラージュ・・・・・・・・・・・・・・・・・115
プル戦略・・・・・・・・・・・・・・・・・・・・・・・249
プロセス管理・・・・・・・・・・・・・・・・・・・216
プロダクトライフサイクル・・・・・・・245

ペネトレーション価格･････････････246
返報性の原理･･････････････････････11
返報性のルール･･････････････････180

ポジショニング･･･････････････････241

ま

マーケットメーキング･･････････････ii
マーケティングミックス･････････242
マルチプル・リレーションシップ戦略‥174, 177

模倣戦略･･････････････････････････243

や

野球チーム営業････････････････････159

ら

ラガード（遅滞者）････････････････27
ランチェスター戦略論･･･････････230
ランチョンテクニック･･･････････164

リソースコンパイラー･･･････140, 143
両面提示･･･････････････････････････73

レイト・マジョリティ（後期追随者）‥27
連合の原理･･････････････････････164
6次の隔たり････････････････････207

わ

話題転換法･･････････････････････209

〈執筆者紹介〉〔担当章〕

地頭所　里紗　〔第1章〕
　　関西外国語大学外国語学部助教

米谷　侑子　〔第2章〕
　　株式会社 aim 取締役社長，大阪学院大学非常勤講師

吉田　満梨　〔第3章〕
　　立命館大学経営学部准教授

橋谷　聡一　〔第5章〕
　　大阪経済大学経営学部准教授

松田　温郎　〔第5章〕
　　山口大学経済学部准教授

稲田　賢次　〔第6章〕
　　大阪学院大学経営学部准教授

山本　奈央　〔第7章〕
　　名古屋市立大学大学院経済学研究科講師

大谷　泰斗　〔第8章〕
　　関西外国語大学英語国際学部講師

徐　　恩之　〔第9章〕
　　SBI大学院大学経営管理研究科准教授

渡辺　紗理菜　〔第11章〕
　　神戸大学経済経営研究所特命助教*

澤田　英士　〔第12章〕
　　株式会社アイ・エヌ・ジー・ドットコム代表取締役副社長

池田　浩　〔第13章〕
　　民間放送勤務，神戸大学大学院経営学研究科博士後期課程

大番　和彦　〔第14章〕
　　フォレオプランニング代表

花野　充生子　〔第15章〕
　　時刻表情報サービス株式会社*

名渕　浩史　〔第16章〕
　　有限会社エヌ・エフェクト代表，近畿大学非常勤講師*

＊は執筆当時の所属
カバーデザイン：㈱RURIKO PLANNING

〈編著者紹介〉

田村　直樹（たむら　なおき）〔第 1, 4, 10, 12, 14, 15 章〕

　　現在：岡山商科大学経営学部准教授
　　1968 年 5 月 9 日　大阪府和泉市生まれ
　　関西大学経済学部卒業
　　オクラホマシティ大学大学院 MBA 修了（経営学修士）
　　神戸大学大学院経営学研究科博士前期課程修了，修士（経営学）
　　神戸大学大学院経営学研究科博士後期課程修了，博士（商学）
　　〔専門〕マーケティング競争論，エスノメソドロジー，質的調査，
　　　地域活性化デザイン

〈主要著書〉
　『経営戦略とマーケティング競争』現代図書，2013 年
　『セールスインタラクション』碩学舎・中央経済社，2013 年
　『新しい公共・非営利のマーケティング』（分担執筆）碩学舎・
　　中央経済社，2013 年 ほか

---

平成26年4月 4日　初版発行
平成31年4月25日　初版5刷発行　　　　　　略称：セールスメーキング

## セールスメーキング

編著者　Ⓒ田　村　直　樹

発行者　　　中　島　治　久

発行所　同文舘出版株式会社
　　　東京都千代田区神田神保町 1-41　〒 101-0051
　　　営業 (03) 3294-1801　　編集 (03) 3294-1803
　　　振替 00100-8-42935　　http://www.dobunkan.co.jp

Printed in Japan 2014　　　　　　　　　　DTP：リンケージ
　　　　　　　　　　　　　　　　　　　　印刷・製本：三美印刷

ISBN978-4-495-64651-6

JCOPY〈出版者著作権管理機構 委託出版物〉
本書の無断複製は著作権法上での例外を除き禁じられています。複製される場合は、そのつど事前に、出版者著作権管理機構（電話 03-5244-5088、FAX 03-5244-5089、e-mail: info@jcopy.or.jp）の許諾を得てください。